广西师范大学法学院"地方法治与地方治理"研究丛书
主编 陈宗波

司法理论与实践考察
——以广西情况为例

李德进 著

本书受广西高校人文社会科学重点研究基地
"广西地方法治与地方治理研究中心"资助出版

知识产权出版社
全国百佳图书出版单位
北京

图书在版编目（CIP）数据

守法理论与实践考察：以广西情况为例/李德进著. —北京：知识产权出版社，2019.12（2020.3 重印）

（广西师范大学法学院"地方法治与地方治理"研究丛书/陈宗波主编）

ISBN 978-7-5130-6604-4

Ⅰ.①守… Ⅱ.①李… Ⅲ.①地方政府—社会主义法治—建设—研究—广西 Ⅳ.①D927.67

中国版本图书馆 CIP 数据核字（2019）第 255713 号

责任编辑：龚　卫　　　　　　　　　责任印制：孙婷婷
封面设计：博华创意·张冀

广西师范大学法学院"地方法治与地方治理"研究丛书

陈宗波　主编

守法理论与实践考察——以广西情况为例

SHOUFA LILUN YU SHIJIAN KAOCHA——YI GUANGXI QINGKUANG WEILI

李德进　著

出版发行：知识产权出版社有限责任公司	网　址：http://www.ipph.cn
电　话：010-82004826	http://www.laichushu.com
社　址：北京市海淀区气象路50号院	邮　编：100081
责编电话：010-82000860 转 8120	责编邮箱：gongwei@cnipr.com
发行电话：010-82000860 转 8101	发行传真：010-82000893
印　刷：三河市国英印务有限公司	经　销：各大网上书店、新华书店及相关专业书店
开　本：720mm×1000mm　1/16	印　张：17.75
版　次：2019年12月第1版	印　次：2020年3月第2次印刷
字　数：232千字	定　价：79.00元

ISBN 978-7-5130-6604-4

出版权专有　侵权必究

如有印装质量问题，本社负责调换。

"地方法治与地方治理"研究丛书总序

陈宗波

"地方"本来只是一个地理空间概念，自从出现了国家这一政治组织形式之后，"地方"一词又增添了新的含义，从政治地理学的角度理解，指的是中央治下的行政区划。既然有了"地方"，就必然有"地方治理"。地方治理既是国家行使权力的重要标志，也是行政治理科学化的重要措施，古今中外，概不例外。

法治，已然成为现代国家治理的重要特征和必备工具。有学者指出，现代国家治理必备两个系统，即动力系统和稳定系统。动力系统主要来自地方及其个体的利益追求，并付诸行动，推动国家的发展变化；稳定系统由规则体系构成，主要载体是宪法、法律和制度，它们为动力系统提供稳定的运行轨道和程序。法治是一个由国家整体法治与地方法治构成的具有内在联系的严密整体。所谓地方法治，一般认为是地方在国家法制统一的前提下，落实依法治国方略、执行国家法律并在宪法、法律规定的权限内创制和实施地方性法规和规章的法治建设活动和达到的法治状态。地方治理法治化就是将地方治理各方主体的地位职能、行动规则、相互关系逐步规范化，并在治理过程中予以严格贯彻实施的动态过程。地方法治建设是国家整体法治建设的重要组成部分，是我国全面落实依法治国基本方略、建设社会主义法治国家的有效路径，是自下而上推进法治建设的重要切入点。

在世界多元化的发展格局中，各国治理模式的选择自有其现实依据和发展需要。当下的中国，不管"地方法治"作为一个学术话语还是一个实践命题，其兴起的根本原因还是对经济社会快速发展的现实回应。从经济社会发展需要看，经济越发达，市场主体之间的竞争越激烈，民事主体的纠纷越频繁，财产保护的愿望越强烈，治理法治化的要求越迫切。当国家平均法治化水平无法达到某一先 进地区社会关系所要求的调整水平的时候，这些区域就可能率先在法律的框架内寻求适合自身发展的治理规范。在我国，一个有力的证据就是东部发达省市，如江苏、浙江、上海、广东较早探索地方法治与地方治理路径。它们根据经济社会发展的现状，率先提出了"建成全国法治建设先导区"，意指在其经济与社会"先发"的基础上，在国家法制统一的原则下率先推进区域治理法治化，即地方法治。

完善和发展中国特色社会主义制度，推进国家治理体系和治理能力现代化是我国全面深化改革的总目标。应该说，上述这些有益的实践探索契合了我国国家治理的现实需要和理想追求。实践探索往往能够引领理论的创新，时至今日，地方法治早已跨越发达地区的尝试时空并已成为全域性的法治理念。党的十八届三中全会提出，直接面向基层、量大面广、由地方管理更方便有效的经济社会事项，一律下放地方和基层管理。加强地方政府公共服务、市场监管、社会管理、环境保护等职责。法治是国家治理体系和治理能力现代化的重要体现和保障。党的十八届四中全会提出，"推进各级政府事权规范化、法律化，完善不同层级政府特别是中央和地方政府事权法律制度，强化中央政府宏观管理、制度设定职责和必要的执法权，强化省级政府统筹推进区域内基本公共服务均等化职责，强化市县政府执行职责"，"明确地方立法权限和范围，依法赋予设区的市地方立法权"。随后《立法法》对此及时作出了回应，在原有相关规定的基础上，地方立法权扩至所有设区的市。党的十九届四中全会《中共中央关于坚持和完善中国特色社会主义制度 推进国家治理体系和治理能力现代化若干重大问题的决定》提出，要健全充分发挥中央和地方两个积极性的体制机制，理顺中央和地方权责关系，赋予地方更多自主权，支持地方创造性开展工作，"构建从中央到地方权责清晰、运行顺畅、充满活力的工作体系"。这些目标和举措彰显了中国在国家治理体系和治理能力方面的灵活、务实态度和改革、创新精神。

这意味着地方法治在中国地方社会秩序的建立和维护过程中将发挥越来越重要的作用，并且深刻地影响着国家法的实际运行。我国属于单一制国家，有统一的法律体系，在国家治理结构中，各地方的自治单位或行政单位受中央统一领导。但是我国幅员辽阔，不同地方区域的现实状况差别较大。正如孟德斯鸠所说的，法律和地质、气候、人种、风俗、习惯、宗教信仰、人口、商业等因素都有关系。因此，法治建设需要因地制宜，体现地方治理的个性要求，政治、经济、文化和社会发展的不同特点。地方在社会经济发展中形成的法律制度，也应针对实际情况、体现地方特色。可见，地方法治建设要体现地方特色也是法治中国的应有内涵。因此，根据目前我国地方法律制度的特点，着力解决法治中国建设在地方法治建设中所遇到的独特问题，对于推进法治中国建设具有重要现实意义。

广西是少数民族地区，边疆地区，"一带一路"重要门户，华南经济圈、西南经济圈与东盟经济圈的结合部，社会关系敏感而复杂，在社会主义法治国家建设实践中有其自身的特点和情况。在这样的背景下，2013年4月，广西师范大学以法学院为主体单位，依托广西重点学科——法学理论学科，整合区内外专家学者力量，联合自治区立法、司法和政府法制部门，组建"广西地方法制建设协同创新中心"。2014年7月，根据广西地方法治与地方治理理论和实践需要，在"广西地方法制建设协同创新中心"的基础上，进一步加强力量，组建"广西地方法治与地方治理研究中心"（以下简称"中心"），申报广西高校人文社会科学重点研究基地并被确认。2019年，在前一阶段工作成绩获得自治区教育厅优秀等次考评结果的基础上，又跻身广西高校人文社会科学研究中心A类。

中心致力于建设地方法治与地方治理高端研究平台，在较短的时间内，加强软硬环境建设，创新管理体制机制，汇聚学者队伍，构筑学术高地，服务地方社会经济，经过五年多的建设，初见成效。

大力汇聚专家学者。中心积极建立健全专家库，在加强校内多学科专家集聚的同时，拓宽人才引进模式，利用灵活、开放的政策，吸引学术影响大的学者和学术潜力强的中青年人才加盟团队。目前中心研究人员近60名，其中主体单位广西师范大学主要学术骨干42人，绝大部分具有高级职称和博士学位，多人具有省级以上人才称号。目前，形成了地方法治基础理论、广西民族法治与社会治理、广西地方立法、广西地方经济法治、广西地方政府法治、广西地方生态法治等6个研究团队。

深入开展地方法治与地方治理学术研究。科研成果是衡量科研人员社会贡献大小的重要标志。中心精心策划，合理配置研究资源，开展了一系列科研活动。一是冲击高端研究课题。自中心成立以来获省部级以上科研项目36项，研究经费突破600万元，其中包括国家社科基金一般项目17项及国家社科基金重大项目1项。该重大项目"全面推进依法治国与促进西南民族地区治理体系和治理能力现代化研究"准确回应了中央精神，是西部地区法学领域为数不多的国家社科基金重大项目之一。二是设立研究课题。中心每年安排30万元左右，吸收广西内外学者积极开展地方法治与地方治理研究，年资助课题10余项，包括重点课题。三是资助出版理论研究成果。中心已资助《民族法治论》《民族习惯法在西南民族地区司法审判中的适用研究》等近20部专著出版发行，本系列丛书就属于中心资助出版理论研究成果的一部分。同时中心不限数量资助研究人员发表高水平学术论文。四是组织申报高级别科研奖。2014年来，中心研究人员获得省部级成果奖20多项，其中广西社科优秀成果奖一等奖2项。

当好"智囊"，服务经济社会实践。中心在培育高端服务平台、提供政策咨询服务、参与地方立法等方面已初见成效。目前已经孵化出多个省市级法律服务平台，如"广西地方立法研究评估与咨询服务基地""广西法治政府研究基地"和"广西知识产权教育与培训基地"等，并成为广西特色新型智库联盟成员，从而为地方经济社会发展发挥出更大的整体效用。中心应要求组织专家参与了《中华人民共和国民法总则（草案）》《中华人民共和国国家安全法（草案）》《中华人民共和国境外非政府组织管理法（草案）》修改意见征求工作，以及《广西壮族自治区环境保护条例（修订草案）》《广西壮族自治区饮用水源保护条例（草案）》等80余部国家法律和地方性法规、规章的起草、修改、评估和论证工作。上级有关领导和专家到立法基地视察和调研后，对中心在地方立法工作所做的努力和取得的成绩给予了充分肯定。

可以说，短短五年多时间，广西地方法治与地方治理研究中心的建设取得了可喜的进步，也为广西师范大学法学院法学专业2019年底获评国家法学类一流本科专业做出了贡献。目前，中央和地方高度重视地方法治建设，我们的工作迎来了非常有利的机遇，同时也面临着更高的要求。广西地方法治与地方治理研究中心将坚持围绕广西地方法治基础理论与民族法治建设经验、广西地方经济法治理论与实践、东盟的法律和政策等方面的理论与实践重大问题开展深入、系统的研究，推出一批在区域有一定影响的成果，并以此大力推动广西法学及相关学科的发展，培育本土学术人才和实务专家，为区域社会经济发展和地方治理现代化目标的实现发挥更多的积极作用。

绪　言　*1*

上编　守法基本理论研究

第一章　守法概述　*11*

　　第一节　守法的概念　*11*

　　第二节　守法的基础　*13*

　　第三节　公民守法与法治中国　*17*

第二章　守法动机　*22*

　　第一节　守法的社会分析　*23*

　　第二节　守法的伦理分析　*46*

　　第三节　守法的道德分析　*51*

第三章 我国公民的守法状态 66
  第一节 公民守法能力的养成 66
  第二节 公民守法状态的价值衡量 73
  第三节 新时代公民守法的趋向 79

第四章 论全民守法 92
  第一节 新时代全民守法的必要性 93
  第二节 社会主体守法状况对全民守法的影响 96
  第三节 新时代全民守法的保障 102

第五章 守法与普法的关系 110
  第一节 守法与文化的关系 110
  第二节 法律内化 122
  第三节 守法与教育的关系 126

第六章 普法教育及其实效性 130
  第一节 普法教育的基本理论 130
  第二节 普法教育实效性的内涵与特征 137
  第三节 评价普法教育实效性的标准 141

下编　公民守法实践研究

第七章 广西民族地区普法教育的历程、客观依据及特殊性 151
  第一节 广西民族地区普法教育的历程 151
  第二节 广西民族地区普法教育的客观依据 156
  第三节 广西民族地区普法教育的特殊性 161

第八章 广西民族地区普法教育现状及实效性分析 169
  第一节 广西民族地区普法教育取得成就的访谈分析 169

第二节　广西民族地区普法教育实效性调查
　　　　　　问卷设计与分析　*177*
　　第三节　影响广西民族地区普法教育实效性的
　　　　　　主要问题　*199*
　　第四节　影响广西民族地区普法教育实效性
　　　　　　主要问题原因分析　*216*

第九章　增强广西民族地区普法教育实效性的对策　*227*
　　第一节　广西民族地区民主政治建设对策研究　*227*
　　第二节　合理配置广西民族地区法治教育资源　*233*
　　第三节　充分发挥广西民族地区民族习惯法
　　　　　　在司法中的调适作用　*240*
　　第四节　把法治理念融入广西民族地区民族
　　　　　　互助交往中　*245*
　　第五节　广西民族地区加大治理非法传销的力度　*248*

结　语　*255*
参考文献　*257*
后　记　*269*

绪　言

一、问题提出的背景

我国"七五"普法教育，对我国 30 多年的普法教育提出了新的要求，融入了更多的现代法治理念和法治精神，使我国新时期普法宣传教育活动，正逐步从"法制宣传教育"走向"法治宣传教育"。党的十八届四中全会与我国第七个五年普法规划中"关于在公民中开展法治宣传教育"的提法，较十七大及十七届五中全会之前使用的"继续开展法制宣传教育"的提法有了新的变化。我国法治宣传教育已从中国法制静态层面上升至中国法治的动态空间，从对全体公民简单的法律常识的普及和宣传，到提升全体公民在各项社会事务具体实践活动中自觉学法、守法、用法的综合能力上来；从要求各级领导干部和国家工作人员对法律知识的掌握，到提升他们成为自觉守法和依法办事的模范，进而依法进行对国家社会的治理；从要求全体中共党员严守党章党纪、廉洁自律，到增强党的凝聚力和感召力；全面推进对社会治理的法治化水平，形成良好的社会法治环境。党的十九大报告指出："全面依法治国是中国特色社会主义的本质要求和重要保障。必须把党的领导贯彻落实到依法治国全过程和各方面，坚定不移走中国特色社会主义法治道路，完善以宪法为核心的中国特色社会主义法律体系，建设中国特色社会主义法治体系，建设社会主义法治国家，发展中国特色社会主义法治理论，坚持依法治国、依法执政、依法行政共同推进，坚持法治国家、法治政府、法治社会一体建设,坚持依法治国和以德治国相结合,依法治国和依规治党有机统一,深化司法体制改革,提高全民族法治素养和道德素质。"全方位提升法治宣传教育力度,增强全民的法律意识,不仅是落实我国法制建设的任务,还具有一定的现实意义。法律教育是促使教育对象了解和理解普法教育的基本流程,而且普法的目的也是在全面提升全民对法律的认识程度,使全民心中有法,敬畏法,进而达到守法的目标。评价普法宣传教育的实效性的成败就在于人们知法、守法、用法的程度,以及社会的稳定性与和谐程度。

随着社会的不断发展,社会的复杂程度也随之增加,我国普法宣传教育的基本情况与社会主义法治建设总体要求在共同推进上出现了一定的脱轨现象,不仅影响了普法宣传教育的成效,也对社会主义法治社会建设的总体进程产生了一定的影响。具体到普法教育的主体、对象和内容,现阶段有以下几个急需解决的问题:首先,在法治宣传教育的过程中,没有平衡法律知识与法律文化及思想政治教育的关系,出现了头重脚轻的现象,降低了普法教育的成效。其次,由于少数民族地区的特殊性,法制宣传工作者在进行法治宣传教育过程中特别是对相关法条解读时仍然表现出重义务轻权利、重实体轻程序的倾向,这样不仅无法提高受教育者执法守法用法的能力,而且不能更好地培养人们对法律的信仰。最后,教育方式单一、教育法律体系不健全,需要在法治宣传教育的潜移默化的影响下让人们知道,法律与他们的生活息息相关,要树立学法执法守法的意识,进而达到普法教育的目的,从而提升全民的法律意识和法律修养,促进法治社会的建设。

值得肯定的是,我国法治水平在逐渐提高。本书立足广西民族地区的普法实践,对普法宣传教育进行深入的梳理和反思,从中找出问题的根本所在,进而提升我国民族地区普法宣传教育的实效性。

绪 言

二、问题的研究意义

我国民族地区法治建设是"法治中国"进程中一个不可忽视的问题,民族地区的社会稳定和民主法治建设健康发展也是我们必须面对的热点问题。邓小平同志指出:"如果出现两极分化,民族间、地区间发展差距太大,民族矛盾、地区矛盾、阶级矛盾都会发展,相应地中央和地方的矛盾也会发展,就可能出乱子。"[1]广西民族地区地处我国南疆,南临北部湾,面向东南亚,西南与越南毗邻,是我国重要的国防屏障,也是我国面向东盟开放合作的前沿和窗口,是连接多区域的国际通道、交流桥梁、合作平台。同时,背靠国内大西南,也是我国西南地区最便捷的出海通道。"在少数民族分布上,有壮族、瑶族、苗族、侗族、仫佬族、毛南族、回族、京族、水族、彝族、仡佬族等11个少数民族,其中壮族人口1508.82万人,占31.46%",[2]是全国55个少数民族中人口最多的民族。广西民族构成复杂,少数民族种类、人口较多,民族文化富集、多样性突出。

2017年4月,习近平总书记在广西考察工作时强调,广西是革命老区,是贫困地区,也是边境地区、民族地区,脱贫攻坚工作做好了,边疆稳定、民族团结就有了坚实基础;广西有条件在"一带一路"建设中发挥更大作用。要立足独特区位,释放"海"的潜力,激发"江"的活力,做足"边"的文章,全力实施开放带动战略,推进关键项目落地,夯实提升中国—东盟开放平台,构建全方位开放发展新格局。[3]广西民族地区应适时抓住国家深入实施西部大开发战略、广西北部湾经济区开放开发上升为国家

---

[1] 邓小平文选(第3卷)[M]. 北京:人民出版社,1993:364.
[2] 广西2015年全国1%人口抽样调查主要数据公报[EB/OL]. 南宁:广西壮族自治区统计局,[2017-04-25]. http://www.gxtj.gov.cn/.
[3] 习近平在广西考察时强调:扎实推动经济社会持续健康发展[DL]. [2017-04-21]. http://www.xinhuanet.com.

3

战略、中国—东盟自由贸易区建成和"海上丝绸之路"战略等重大发展机遇,以举办中国—东盟博览会、中国—东盟商务与投资峰会为契机,加快把广西建设成为国际区域经济合作新高地、中国沿海经济发展新一极。广西民族地区法治化程度的高低、公民法治意识的强弱、法律认同感的有无,对我国推行全面依法治国,加快建设社会主义法治国家战略进程具有重要的影响。在我国"七五"普法期间,研究广西民族地区法治教育实效性问题,对实现党的十八大构建"大力弘扬法治精神、共筑伟大中国梦"的宏伟蓝图和广西民族地区社会安定团结和谐的良好法治环境,具有重要意义。

第一,研究广西民族地区普法教育,有利于发展马克思主义民族理论。马克思主义对民族和民族问题进行了规律性研究,指出其与社会问题、阶级问题、革命问题甚至国家统一问题都有密切关联。提高广西民族地区普法教育实效性,增强广西各少数民族群众的法律意识、法治观念,更好地推动广西民族地区法治建设实践,不但是马克思主义民族理论与广西民族地区法治建设具体情况的结合,还是马克思主义民族理论在广西民族地区普法教育实践活动中的运用。根据不断变化的民族问题实际来运用马克思主义民族理论,本书探讨了如何通过提高广西民族地区普法教育实效性,丰富广西民族地区法治建设实践,以实现马克思主义民族问题的"两个共同"目标,使广西民族地区社会稳定,民族共同团结;社会依法治理,各民族共同繁荣发展,从而更坚定地坚持和发展马克思主义民族理论。

第二,研究广西民族地区普法教育,有利于丰富中国特色社会主义理论。广西民族地区是中国—东盟自由贸易区、北部湾经济区开放开发和"海上丝绸之路"战略的核心腹地,其社会稳定、公民法治理念的树立,与实现新世纪国家大发展宏伟目标息息相关。广西民族构成复杂,少数民族种类、人口较多,民族文化富集、多样性突出。在解决民族问题方面,中国共产党自成立以来，就有着鲜明的特色，并已形成了成功的经验，成为中国特色社会主义理论体系的重要组成部分。现实在不断变化，新问题层出不穷，民族地区社会稳定的新思维、新经验、新方法在不断形成，中国特色社会主义理论也在不断地发展和完善。

第三，研究广西民族地区普法教育，能够维护民族团结友爱、社会稳定和谐。社会稳定是各民族人民的共同期盼，少数民族地区的稳定更是关系国家边疆安全与我国和谐社会的建设。提高广西民族地区普法教育实效性，增强广西民族地区公民法律素养和法治意识，是维护边疆民族地区社会稳定、实现民族地区人民幸福的重要基础，是我国各族人民共同团结奋斗、共同繁荣发展的重要保障。中华人民共和国成立70周年的成就史，就是中国共产党领导全国各族人民奋发图强、团结友爱取得的辉煌成就的历史。广西民族地区各级民族领导干部和各民族广大群众要深刻认识到各民族团结友爱是中华民族的优良传统，是中华民族的生命所在、力量所在、希望所在。

第四，研究广西民族地区普法教育，能够更好地维护我国各少数民族的利益。我国是一个多民族的社会主义国家，国家利益和各少数民族的根本利益是一致的。如果国家的利益得不到维护，各少数民族的利益就得不到保障。反之，如果各少数民族的利益得不到维护，国家的利益就会受到损失。各少数民族的根本利益，已由《中华人民共和国宪法》中的公民基本权利和义务相关内容做了详尽的规定，而对于各少数民族其他利益的保护，则是通过我国宪法和民族区域自治法规定的民族区域自治制度，在各民族自治区设立民族自治机关，行使民族自治权，各自治区、自治州、自治县的自治机关，根据本地区的实际情况贯彻执行国家法律、政策，通过制定自治条例和单行条例的形式加以规定和用法律手段予以维护。因此，广西民族地区必须通过增强法治建设，切实维护本地区少数民族的根本利益和其他利益。

第五，研究广西民族地区普法教育，是新时期我国法治宣传教育的新要求。我国普法教育活动轰轰烈烈开展 30 年来，公民的法律意识确实得到了明显增强，法律素质得到了不断提升；不仅重视具体法律法规的学习，同时也重视法律理念和法律精神的传播；坚持法制教育与法治实践相结合，提高了法制宣传教育的成效。普法教育对于我们这个具有特殊国情的国家来讲意义非常重大，普法效果显著。2016 年 4 月 "六五" 普法总结报告显示，我国通过开展法治宣传教育活动，全体公民在各项社会事务具体实践活动中自觉学法、守法、用法的综合能力得到提升；各级领导干部和国家工作人员对我国法律体系和法律知识已基本掌握，国家社会的依法治理程度明显得到提高；全体中共党员基本能够严守党章党纪、廉洁自律；对社会全面治理的法治化水平得到提升，全社会良好的法治环境正逐步形成。许章润、张明新、苏力等一些学者认为，尽管我国普法教育的效果不能令人完全满意，但是普法活动是有必要的、有意义的，只是普法教育的效果有待进一步提高。"受到目标定位、参与主体的积极性、物质条件、传播手段、认识水平等因素的制约，尽管声势浩大，但其效果却不尽人意。……我国的普法教育只有实现本土化才能达到实效化，普法必须跟上时代。"[①] 苏力教授也认为我国 "送法下乡" 式的普法教育，是 20 世纪以来中国建立现代民族国家基本战略的延续和发展。[②]

中央颁布的七个五年普法规划对普法实效性的要求，呈现了一个不断提高重视度的趋势。在 "一五" 普法规划中有一处表述，"普及法律常识工作，在指导思想上要实事求是，从实际出发，讲求实效，力戒浮夸和形式主义；在方法上要实行以点带面，典型示范，分类指导"[③]。在 "二五" "三五" 普法规划中未

[①] 张明新. 对当代中国普法活动的反思 [J]. 法学, 2009 (10)：30.

[②] 苏力. 送法下乡——中国基层司法制度研究 [M]. 北京：北京大学出版社, 2011：194.

[③] 中共中央 国务院. 关于向全体公民基本普及法律常识的五年规划（1985 年 11 月 5 日中发〔1985〕23 号）.

绪 言

提及实效性词语。在"四五"普法规划中有一处表述,"要结合本地区、本部门、本行业的具体情况,有针对性地开展法制宣传教育,既要兼顾全面,又要突出重点,采取切实措施,防止形式主义,保证法制宣传教育真正有实效"①。在"五五"普法规划中分别从"各职能部门制定的法制宣传教育活动的方式、方法和计划,要提高工作的针对性和实效性;在开展法制宣传教育活动中要区别对待、分类指导、因人制宜,防止形式主义,注重实效"② 两处进行了表述。在"六五"普法规划中有三处表述,"要求针对不同的对象制定的普法教育宣传内容和采用的教育方法,要有针对性和实效性;针对不同行业的特点和需要,制定切实可行的宣传措施,提高法制宣传教育的实效性;加强长效机制建设,落实责任单位,明确工作职责,量化工作指标,确保活动取得实效"③。而在2016年的"七五"普法规划④中提及"实效性"达到了六次⑤之多,分别从推进法治宣传教育工作创新上,法治宣传形式创新上,法治宣传教育机制上,法治宣传教育目标

---

① 中共中央 国务院.关于在公民中开展法制宣传教育的第四个五年规划(2001年4月26日中发〔2001〕8号)。

② 中共中央 国务院.关于在公民中开展法制宣传教育的第五个五年规划(2006年4月27日中发〔2006〕7号)。

③ 中共中央 国务院.关于在公民中开展法制宣传教育的第六个五年规划(2011年3月23日中发〔2011〕6号)。

④ 中共中央 国务院.关于在公民中开展法治宣传教育的第七个五年规划(2016年4月18日中发〔2016〕11号)。

⑤ "七五"普法规划中六处关于普法实效性的表述:"1. 要健全普法宣传教育机制,实行国家机关"谁执法谁普法"的普法责任制,健全媒体公益普法制度,推进法治宣传教育工作创新,不断增强法治宣传教育的实效;2. 要求法治宣传教育"要创新宣传形式,注重宣传实效";3. 与新形势新任务的要求相比,有的地方和部门对法治宣传教育重要性的认识还不到位,普法宣传教育机制还不够健全,实效性有待进一步增强;4. 普法宣传教育机制进一步健全,法治宣传教育实效性进一步增强,依法治理进一步深化,全民法治观念和全体党员党章党规意识明显增强,全社会厉行法治的积极性和主动性明显提高,形成守法光荣、违法可耻的社会氛围;5. 总结经验,把握规律,推动法治宣传教育工作理念、机制、载体和方式方法创新,不断提高法治宣传教育的针对性和实效性,力戒形式主义;6. 创新工作理念,坚持服务党和国家工作大局、服务人民群众生产生活,努力培育全社会法治信仰,增强法治宣传教育工作实效。"

上，法治宣传教育工作理念、机制、载体和方式方法创新上，服务党和国家工作大局、服务人民群众上，提出了要不断增强法治宣传教育的实效性。从这六个不同角度面对提高法治宣传教育活动实效性进行阐述，充分说明了我国在当前为实现"两个一百年"奋斗目标和中华民族伟大复兴的中国梦的新形势下，党和政府对我国普法教育的实效性重视度之高。

上编 守法基本理论研究

第一章　守法概述

正如"徒法不足以自行",健全的法律规章制度,关键在于实施和执行,而实施的关键在于公民将法律规章制度内化为自觉的行动,自觉践行法律各项要求与社会主义核心价值观。公民守法直接关系社会主义法治实现的程度,因此,大力弘扬社会主义法治精神,加强社会主义法治文明建设,是践行中国特色社会主义法治体系各项要求,是社会治理体系现代化的显著特征。法治中国的建设是一条充满困难的、曲折的道路,要想到达法治社会建成的目标就必须坚持厉行法治,科学立法、严格执法、公正司法、全民守法这"十六字方针"一定要落实到实际。可见,全民守法政策的实现直接关系依法治国的推进。

第一节　守法的概念

对于守法的概念可以理解为组织和个人根据现行法律的规定选择进行或不进行某种行为的活动。守法成本是组织和个人为遵守法律规定和履行法律规定的义务而实施或不实施某种行为所付出的代价。胡旭晟在《守法论纲——法理学与伦理学的考察》(1994)一文中认为:从长远看,努力提高人的素质是一个社会解决守法问题的根本途径,而守法精神的培养亦与马克思的"人的全面发展"相一致。① 张文显主编的《法理学》中，谈到守法是法的要求，守法是人出于契约式的利益和信用的考虑，守法是由于惧怕法律的制裁，守法是出于社会压力，守法是出于心理上的惯性，守法是道德的要求。② 李洁萍在《论法治进程中的守法因素》（2005）一文中指出，必须树立法律的权威和至上性，充分发挥法律对合法权益的保障作用，从而使人们形成那种发自内心对法律的信仰和崇敬，并把法律内化为自身行为的准则，形成守法的氛围，民众自觉自愿地遵守法律。③ 刘同军在《论和谐社会语境下公民的守法主体精神》（2007）一文中认为，公民的守法行为是实现法律秩序的基本要求，而守法主体精神的塑造则是形成和谐社会秩序的基本路径。④ 陈和芳在《守法行为的经济学分析》（2013）一文中指出，在以经济发展为优先目标的社会中，由于经济规律的制约，守法主体对法律的遵守并不能达到完全守法的理想法治状态，而只能达到这样一种程度，在这种程度上，社会总体上达到了福利最大化的要求，即完全守法的要求难以实现及良好守法行为只能是最符合资源有效配置的守法行为。⑤ 莫纪宏在《"全面推进依法治国"笔谈之一：全民守法与法治社会建设》一文中提到全民守法的问题，认为全民守法是一项系统性工程。全民守法是社会生活的每一个参与者、社会关系的所有领域都能够遵从宪法和法律的权威，形成良好的遵守和服从规则的

---

① 胡旭晨. 守法论纲法理学与伦理学的考察 [J]. 比较法研究，1994（1）：1-12.

② 张文显. 法理学 [M]. 北京：高等教育出版社，北京大学出版社，1999：241-243.

③ 李洁萍. 论法治进程中的守法因素 [J]. 华南农业大学学报，2005（3）：111-115.

④ 刘同军. 论和谐社会语境下公民的守法主体精神 [J]. 河北法学，2007（2）：65-69.

⑤ 陈和芳，蒋文玉. 守法行为的经济学分析 [J]. 求索，2013（11）：196-198.

守法意识。[1]

综上所述，公民守法有以下几个主要观点：有学者认为提高人的素质有利于实现公民守法；有学者认为发挥法律的权威与强制制裁性，能约束公民守法；还有学者认为，全民守法有利于社会良好秩序的形成。在社会发展的过程中，全民守法是社会发展的必然要求。让公民自觉养成学法、遵法、守法的意识，需要很多因素。既需要公民内在自身的规则意识与法治信仰，也需要健全的法律规章制度进行约束。因此，一方面要完善健全法律顶层设计，另一方面也需要全民去践行法律各项要求，将纸面的法律付诸实践，应用于人们日常工作生活。

第二节　守法的基础

一、良法

良好的法律是实现守法的前提和基础。法律能否被遵守及如何被遵守与法律本身的善良密切相关。古希腊著名的思想家亚里士多德认为："法治应包含两重含义：已成立的法律获得普遍的服从，而大家所服从的法律又应该本身是制定得良好的法律。"[2]良法，又称"善法"，它是一个动态发展的概念，在不同的历史时期和不同的历史条件下，人们对良法含义的理解各不相同。

真正实现全民守法，前提要有法可依。法律有良法与恶法之分，好的法律才是实现全民守法的关键所在。制定法律需要科学

---

[1] 莫纪宏. "全面推进依法治国"笔谈之一：全民守法与法治社会建设 [J]. 改革，2014（9）：5-10.

[2] 亚里士多德. 政治学 [M]. 吴寿彭，译. 北京：商务印书馆，1965：199.

立法，严格遵守各项程序要求，还需要把握以下几点内容。

一是制定的法律应该与当前我国物质经济基础相适应。李双元等在《中国法律理念的现代化》指出，中国法律目前正在沿着现代形态或近似于现代形态的准现代化进程演变；社会主义的现代化建设，是一个内含经济现代化、政治现代化和法律现代化的庞大而复杂的系统变革工程，其中经济现代化又是起决定作用的——经济现代化必然要求同时实现政治现代化和法律现代化。[①]

二是制定的法律应合理配置各方面的利益。由于社会经济的发展和社会利益的多样性，在制定法律时有必要考虑利益关系的各个方面。此外，"在大多数情况下，守法只是在特定约束下追求自身利益的一种选择"[②]。陈和芳也在《守法行为的经济学分析》（2013）一文中指出，在以经济发展为优先目标的社会中，由于经济规律的制约，守法主体对法律的遵守并不能达到完全守法的理想法治状态，而只能达到这样一种程度，在这种程度上，社会总体上达到了福利最大化的要求，即完全守法的要求难以实现及良好守法行为只能是最符合资源有效配置的守法行为。[③]因此，这需要在立法过程中体现民主，即在制定法律时进行深入的调查研究，广泛征求公众意见，顺畅地表达人民的需求，在执政党、政府、社会机构和公众之间建立有效的制度化沟通渠道。

三是从物质因素而言，顶层设计的初衷也会考虑物质因素对于法律制定的影响，即违法成本与守法利益。良法的制定必然是公民能从守法之中收获幸福感、安全感，而违反法律规章制度，影响的不仅仅是生活幸福感，也包括违法成本。

---

① 李双元，蒋新苗，蒋茂凝. 中国法律理念的现代化 [J]. 法学研究，1996（3）：45-64.
② 苏力. 法治及其本土资源 [M]. 北京：中国政法大学出版社，2004：76.
③ 陈和芳，蒋文玉. 守法行为的经济学分析 [J]. 求索，2013（11）：196-198.

二、良好的公民素质

社会主体自身的良好素质是守法的主观条件。社会主体自身的素质包括文化素养、道德观念、法律意识和行为自律等。其中，文化素养是社会主体接受法律知识、提高法律意识、增强法律观念的基本前提，也是社会主体理解和接受法律教育的前提。道德概念作为具有内在约束力的主观成分，主要从内部控制社会主体，也是衡量自身和他人行为的价值尺度。良好的公民法律意识是法律得以遵守的关键因素。

三、良好的社会环境

良好的社会环境是法律得以遵守的社会条件，包括社会经济状况、政治状况、执法状况、历史文化传统、科技发展水平等。经济状况指生产力的发展水平和市场经济的发展程度。政治状况包括许多因素，主要是执政党的地位，国家权力机关与其他机关之间的关系，社会民主制度的健全性，政治文化的发展程度及阶级地位和社会关系。执法对公民接受法律的影响主要表现在两个方面：第一，严格公正的执法将增强公民的守法意识，鼓励公民履行职责，同时使公民能够履行职责，增强他们对法律的社会信任。第二，不严格、不公正的执法将会使公民对于政府执法丧失信心，影响其守法意识产生。公民普遍守法实际上是一种法律认同感的表现，政府严格执法是政治认同感产生的必要条件，只有作为社会治理者的国家机关、政府机构成为公民心目中守法的代表，全民守法才能真正实现。严格执法还是优秀法律文化产生的重要因素，守法意识是法律文化中的一种，现代意义上的法律文化要求守法精神内化为自觉守法者的道德诉求和精神诉求。在我国的传统文化中，"治国用重典"这一治国理念是古代社会统治者们对于法的适用方式。公民在重刑主义的统治下形成了"轻法惧诉"的心理，这种文化意识对守法意识的产生是极为不利的。由于中国没有西方那样的法治传统，因此，在新时代建设中就更应该坚持法治道路，坚持严格执法，将守法意识内化为传统意识，从而使社会公民自觉守法。朱熙宁和王弋飞在《论法治社会下法律意识之型塑》（2014）中认为：传统中我国所意识或认识的法律，在礼的精神或许近似于西方自然法，但对法律的认识，却截然与西方不同。[①]故而，中国传统法律中没有现代法律意识和西方法律意识。在一个过去没有民主制度、宪法和法治理念的社会中，往往需要很长时间来反对或改造传统的法律意识，唯如此宪法规则或法治的法律意识才能演进。

法律意识的养成是一个过程，不能一蹴而就。真正将法治理念深入人心，既需要立法者完善法律制度，也需要相应机构部门积极宣传法律法规，开展形式多样的法律宣传活动与法律实践守法活动，让公民在潜移默化的社会环境中自觉养成法律意识。

四、良好的公民法律认同

公民对法律的认同主要是由于法律认同使大多数人遵守法律。法律是公平正义的体现，它是社会成员在长期的集体生活过程中逐渐适应的约定习惯并形成的一种意识。法律认可促进法律的良性发展。在古老的严刑峻罚中，有诸如腰铐之类的可怕刑罚。人们的同理心和同情心，认为这种惩罚是不人道和不合理的，最终统治者取消这种法律，促进法律取得进步。

公民对于法律的认同源自于法律对其权利利益的确认与保护，社会成员在法律规定的范围内行驶权利、获得自由。如果其行为范围超出了法律规定的范围，那么就要承担相应的后果。法

---

① 朱熙宁，王弋飞. 论法治社会下法律意识之型塑［J］. 法制与社会，2014（34）：12-15.

律的价值之一是保护公民的生命安全,在一个稳定的社会环境中,公民为了自身安全会自觉遵守法律,在不侵犯他人权利的同时行使自己的权利。违法行为的出现是违法者在衡量了守法利益与违法利益之后做出的选择,如偷盗行为,一旦行为人认为盗窃所得的财物价值要超过法律要其承担的后果的价值时,盗窃行为就会出现。但在其意识中偷盗这一行为是违法的,否则就不会产生价值对比的思想。无论是违法后认罪伏法,还是畏罪潜逃、逃避惩罚,都是认同、承认惩罚存在的表现,甚至在违法准备阶段,行为人为了违法行为的顺利实施,要比普通公民更加了解法律知识。所以,对于违法的少数,尽管其行为没有遵守法律,但是他们的法律认同感是存在的。

第三节 公民守法与法治中国

一、法治中国建设

党的十八大以来,"法治"一词就频频出现在各项会议与要求中。随着社会经济的发展,社会对法治的要求越来越高,法治理念也在逐渐被更多人接受,法治理念的各项要求也在被更多人践行。笔者认为,建设法治中国,全民守法是关键,一切国家机关、社会组织和公民个人都要带头守法,在全社会自觉形成学法、守法、尊法、用法的法治氛围。

全民守法要求社会上一切主体力量,将法律法规作为生产生活的重要依据,严格遵守法律法规,切实履行法律赋予的各项义务与责任,真正担负起法治社会建设的重任。全民守法是建设法治国家的基础,是维护社会稳定的要求,是促进社会和谐的保证，也是立法、执法、司法三者的末端。

在新媒体时代，法治中国在完善法律体系的过程中注重结合中国传统文化、观念、习俗等民间规则；在适用法律的过程中考虑中国社会的传统文化因素；在法律执行过程中考虑中国特有的文化观念；在法律体系的完善中关注社会性规范，让法律得到不断完善，不断深入人民内心。

建设法治中国，在于党的领导干部带头守法。党的领导干部在法治中国建设中发挥着决定性的作用，影响着依法治国实现的进程。领导干部带头学法、守法能够更好地履行职责，能够切实提高工作服务水平与能力，切实将权力用在百姓人民身上。将权力关进制度的笼子里，就是要求领导干部审慎用权，自觉坚守法律红线。党的领导干部要做到有权必有责、用权受监督、违法必追究，要做到身先士卒、以身作则，为全社会共同守法树立榜样，从而全面推进依法治国。

建设法治中国，在于政府公职人员带头守法。政府公职人员自觉遵守法律法规各项要求能发挥模范带头示范作用。倘若政府公职人员知法犯法，将对法律的权威带来很大负面影响，对社会发展产生不可估量的副作用。政府公职人员在工作与生活中，都应当将法律法规作为约束自己各项行为的一项准则，对于法律不允许的坚决不做；对于法律允许的，也应当牢记自由是相对的。

建设法治中国，在于普通老百姓自觉带头守法。公民个人活动受法律保护的同时也受到法律约束，不存在超越法律之外或者凌驾于法律之上的特权。各级行政机关加强普法宣传教育，通过群众喜闻乐见的形式，加强守法意识在公民内心的地位，营造学法、尊法、守法、用法的法治环境，增强普通老百姓对法治建设的信心。只有做到全民守法、遇事找法、办事循法，法治中国才会形神兼具，行稳致远。

建设法治中国，在于国家法律体系的不断完善，在于党的领导干部带头守法，在于政府公职人员带头守法，在于普通老百姓自觉守法，在于全社会自觉形成学法、守法、尊法、用法的法治氛围。

二、守法与法律权威

法律的国家强制力是法律与道德的一个区别，法律的国家强制力正是以国家作为后盾来保障法律的权威与法律的制裁性。唯有不可动摇的法律权威，才是法律实施、遵守法律的关键。其中，离不开立法者科学立法，也离不开司法者公正司法，同样与全民守法息息相关。1949年初，董必武曾指出："使党员同志知道国法和党纪同样是必须遵守的，不可违反的，遵守国法是遵守党纪中不可缺少的部分，违反国法就是违反了党纪。我们党员应当成为守法的模范。"[1] 首先，领导干部要带头守法，这样会起到上行下效的作用。包振宇和徐李华在《论公民守法的文化推动力——从两种区域法治概念谈起》（2015）中谈到，在现代社会，立法、司法和执法日渐发展成为专属于国家的权力，即便是在市民社会充分发育的西方社会，国家也是立法、司法和执法活动的最主要的主体，公民对立法、司法和执法活动的参与往往是间接的，需要借助国家力量或者通过国家机制实现。[2] 其次，要树立法律权威，也需要司法工作者坚持不懈的努力。司法工作者作为法律的运用者，其法律素质直接影响法律公平正义的实现，能否让每一个群众在每一个案件中感受到法律的公平、公正，司法工作者的法治水平影响深远。司法工作者能否真正理解法律、将法律作为维护社会秩序、社会公平正义的工具，既要求司法工作者具备专业的法律知识与处理负责案件的经验与技能，也需要他们真正理解各项法律制定背后的深远初衷。唯有此，才能将法

---

[1] 董必武. 董必武政治法律文集[M]. 北京：法律出版社，1986：190.
[2] 包振宇，徐李华. 论公民守法的文化推动力——从两种区域法治概念谈起[J]. 扬州大学学报（人文社会科学版），2015（2）：17-24.

律真正用于维护社会公平正义。除此以外，司法工作者更需要自觉遵守与践行法律法规各项要求，坚持法律底线不触碰，坚守党纪党规不动摇。董必武在谈到司法活动时认为："司法活动要具备一定的形式，世界上任何实质的东西，没有不以一定的形式表现出来的。形式主义和形式是两回事。"① 这里的"形式"，指的是在司法机关处理案件遵循正当程序原则。董必武强调："按照程序办事，可以使工作进行得更好、更合理、更科学，保证案件办得正确、合法、及时，否则就费事，甚至出差错。"②法律法规为我们日常生活提供了各项依据，要求我们在日常生活之中自觉将法律法规作为行为准则，各项行为守法是基础，其他建设性的各项事物都是建立在合法合理的基础之上。法律具有预测性，就是让公民根据法律制度预测自己的行为是否合法，因此，法律在相当长的一段时间不会随意修改与废除。但是随着社会的不断发展，有些规定不能满足社会需求，新的法律制度便应运而生，继续成为社会一切主体生产、生活的依据。

三、全民守法对法治中国进程的促进

法学家川岛武宜说过："一定程度的守法精神存在的必要性，对于近代法来说，是为了积极地使近代法及其经济统制实际发挥作用本来就不可或缺的条件。"③因此，全民守法是法治中国建设的基础。全面推进法治中国建设是一项复杂的系统工程。法治与经济建设、政治建设、文化建设、社会建设和生态文明建设有机结合，与人们的行为规范密切相关。从自己的角度来看，多层次、多领域、多环节的工作不仅需要党、政府和执法部门的努

---

① 董必武. 董必武法学文集 [M]. 北京：法律出版社，1986：521.
② 董必武. 董必武法学文集 [M]. 北京：法律出版社，1986：548 - 549.
③ 李爱平，马未宇. 论现代法意识的生成——川岛武宜"守法精神"之借鉴 [J]. 重庆科技学院学报（社会科学版），2008（11）：46 - 47.

力，也需要全社会的共同进步。它还要求提高每个公民的法治意识。虽然有好的法律，但如果人民不能都遵守，法治就无法实现。全民守法政策的落实，是全社会主体提升学法知法遵法的自觉性的表现，也是包括守法意识在内的优秀法律文化形成的条件。能够调动各类守法主体用法崇法护法的主动性，对推进依法治国、依法执政、依法行政和法治政府、法治社会建设具有重要意义。

第二章 守法动机

唯物辩证法对发展原理的描述是这样的：事物的发展是事物外部矛盾和内部矛盾共同作用的结果。内因是指事物发展变化的内在原因，是事物变化发展的根据，是事物发展的根本原因，但不是唯一原因。作为事物发展的另一动力，即外因，是指事物发展变化的外部原因，是事物变化发展的必要条件，能够起到加速或延缓的作用。外因和内因两者共同构成了事物发展的动力因素。内因作为根本原因，其对于事物存在、发展的作用是不可替代、无法比拟的。外因必须通过内因影响事物发展，是内因的补充。对于公民守法来说，公民守法的源动力主要有两种：第一，国家制定法的强制力的外因动力；第二，公民自觉守法的内因动力。国家制定法的强制力固然重要，但纵观国家法律的产生与发展过程，不同历史形态法的强制力是不稳定的、不持久的，而公民自觉守法内心力才是深远的、长久的。因此，"只有当正义之法真正得到了人们的内心认同，并通过广大守法者的自觉拥护和积极遵守而获得实现时，人类的正义理想才能在正义之法的指导下圆满达成，法律也才体现出对于维护正义最大的价值所在"[1]。根据马克思主义观点，法律产生的初始动机与直接目的就是建立并维护社会的秩序，通过赋予公民一定的权利和自由引导公民的各种行为，使公民的行为方式和行为结果彼此协调和顺应，使得相应的社会秩序得以建立。也就是说，社会秩序的建立和维护，很大程度上受制于公民对法律是否能够主动自觉遵守，即公民对

---

[1] 李建华，等. 法律伦理学 [M]. 武汉：中南大学出版社，2002：350.

法律的信仰程度。法律的价值则以公民的需求为基础，法律的存在与发展也始终以公民的主观需要及其观念的相应转变为前提。

第一节　守法的社会分析

现代市民社会理论主要是由黑格尔提出并由马克思加以完善的。马克思把市民社会规定为市场经济中人与人的物质交换关系和由这种交换关系所构成的社会生活领域。法律作为市民社会的规制标准，要求公民在国家规范的范围内实现物质交换，从而形成稳定的和谐社会生活。法律实施的效果体现在社会实践当中，人民对法律的遵守是评价法律适用效果的重要标准之一。作为法律规范的显性作用，是由自律性和内在性作为支撑的。而这些隐性条件表现为公民内心道德和伦理标准，他们共同构成了与市民社会精神相吻合的内在性自律秩序。因此，现代社会发展所需要的法治理念以弘扬人的自由意志和个体理性为价值取向。作为法治精神中的重要内容，守法精神既不是公民奴性的表现也不是国家强权作用的结果，它体现的是社会生活中的人民出于自由和理性考虑，将正义与利益放在首位，认同法律的权威性，将遵守法律作为其自身所坚守的道德伦理的一部分，进而形成法律信仰和法律文化。

一、公民守法的社会属性

（一）人的社会属性

根据马克思关于个人与社会关系理论，人是社会中的人，其生存与发展需要在整个社会群体中互动才能实现。人是群居动物，历史发展证明个人生活是无法满足其生活物质需求的。正所谓"百技所成，所以养一人也，而能不能兼技，人不能兼官，离居不相待则穷"（《荀子·富国》）。社会是人类生活的共同体，是人们相互交往的产物，是各种社会关系的总和。马克思说："人的本质不是单个人所固有的抽象物，在其现实性上，它是一切社会关系的总和。"人的最根本的特性是人的社会性。生活在现实社会中的人，必然是生活在一定社会关系中的人，具有人在社会实践基础上形成和发展起来的人与人的关系属性。人的社会性又包括物质性、精神性和制度性，即人的生理结构跟其他人相似而不是跟其他动物相似。物质性是指人的生存和发展离不开一定社会的物质基础作保障；精神性是指人有自己的意识、思维、感情、观念、信念等；制度性则是指人的社会活动需要有在某一社会生活领域中设立的一整套相对稳定的、规范人们行为的社会秩序作保障。这些使人与其他动物产生了本质区别。我们可以从三个层面理解人的社会本质属性：首先，人类社会的形成是历史运动的过程，是人不断活动的结果。其次，人类社会基本行为规范是以经济交往为本质的物质交往关系，实则是社会中发生的人与人之间的物质交往关系，独立于并决定着社会经济活动的领域。最后，人在生产和生活方面对社会具有较强的依赖性。在社会生活中，每个人的行为必须符合社会的一般要求。个人是社会的人，而社会则是个人组成的社会。马克思曾指出："由于他们的需要即他们的本性，以及他们求得满足需要的活动，把他们联系起来，所以他们必然要发生相互关系。"[①] 所以，人的需要是在社会生活中得以满足的，其产生于社会关系并在人们互动中得以实现。人们在寻求满足个人需要的社会活动中，必然形成一定社会秩序，社会个体之间、个体与自然之间、社会与自然之间的互

---

① 马克思，恩格斯. 马克思恩格斯全集［M］. 北京：人民出版社，1972：514.

动发展及各自的矛盾变化都要遵循一定的规则与要求。因此，在人类发展过程中，为了保证个人生存条件及社会的稳定有序，规则遵守意识是人们社会生活中必不可少的条件。人只有在社会集体中生产与发展，公民守法的社会属性才能得以体现。

（二）法的社会属性

"人类的法律起源于动物的本能而形成的固定在原始人类的脑中抹不去的习惯与模式。"① 这些习惯（规则）的存在，使得人类能够在丰富多样的社会实践中不断抽象出一般性的行为模式，社会劳动分工及社会构成就变得越来越复杂起来。从人类的个体习惯到群体风俗、惯例，到具有一定时空意义的社会规范，再到体系化的社会行为规范，是一个量变到质变的过程。当部族或部落分裂成许多个民族进入氏族社会，再进入奴隶社会，伴随着国家的出现，原始社会习惯法的形态和内容随之演变为指导人们行为法律规范。为使社会生活不断延续下去，就要求人们的行为模式和习惯基本保持一致，就需要有规则来指引、约束和评价人的行为，让社会生活中每个人的行为与其他人趋同，并在同等的权利范围内自由选择，自由权利的行使能够与社会其他成员共生，从而满足了法律产生和发展的社会条件。不同历史形态的人类社会，受当时不同历史条件的影响，为了规范人的社会行为和社会整合的需要，当权者制定了不同形式和内容的法律规范。马克思在考察资本主义社会时，先对社会生产力和生产关系、经济基础和上层建筑做出了定义，并进一步揭示了其所组成的社会结构。然后又在静态分析的基础上，从动态角度考察这种社会结构的内部矛盾的运动发展。社会结构的变化表现为社会变迁（指社会的发展、进步、停滞、倒退等一切现象和过程的总称，主要

---

① 约翰·麦·赞恩. 法律的故事 [M]. 刘昕, 胡凝, 译. 南京：江苏人民出版社，2010：18.

指社会结构的的变化)①,在社会变迁的复杂过程中,法作为社会一个重要的组成部分,对社会变迁具有能动作用,既可以引导社会进步,也可以遏制社会退步。相对于社会变迁而言,法既是反应装置又是推动装置,在这两种功能中,尽管法对社会的被动反应得到了更普遍的认知,但法对社会的积极推动作用正在逐步加强。法律是"镶嵌"在社会中的法律,社会的变化必然导致法律的变化,但法律的改变也必然引起社会的变化。

马克思主义对于法的本质的观点是,法是国家意志的体现,是以统治阶级利益为出发点和落脚点的,是从统治阶级的立场,根据统治阶级的利益和价值标准来调整社会关系的。这一观点揭示了法与统治阶级、国家、社会物质生活条件的必然联系。国家法律制度的形式与实质内容影响着社会结构的变迁,法律制度内容的设计如果维护原有社会结构,那么,制度的实施和执行就可遏制社会结构的变迁;法律制度内容的设计如果是打破原有社会结构、构建新的社会结构,那么制度的实施和执行就推动社会结构的变迁。而从社会学角度看,除了国家正式制定法之外,在特定社会中还有大量内化于人们社会生活中的民俗、习惯和规则等,这些也实际影响着社会结构和社会秩序,推动着社会的渐进式变化。

(三)法治的社会生活方式

广义的社会生活方式是包括社会个体、社会群体和国家三种基本社会主体的活动方式。

首先,从法治模式的产生过程看,法治是人类社会较为理想的社会生活方式。纵观人类历史发展进程,从神治(神意)到人治、礼治、德治,最终选择法治。神意在古代文明中出现最早,曾是古代占据主导地位的治国理论,与君权神授密切联系在一

---

① 陈信勇. 法律社会学教程 [M]. 杭州:浙江大学出版社,2014:168.

起，用宇宙中神秘精神力量来解释王权和法律的形成，以神的意志来论证统治秩序和法律强制力的正当性。我国古代春秋战国后期，秦朝采用法家理论，推行"法治"，使秦国迅速强大起来并统一了古代中国。但其后推行的法家"重刑轻罪""以刑去刑"的思想，导致残酷的暴政峻法，严重激化了社会矛盾。继而汉朝承袭了儒家的"礼治""德治""仁治"思想，这种强调道德教化，主张以德为主，以刑为辅的儒家政治法律观，对我国古代历朝历代的法制体制产生了深远影响。西方法律启蒙思想家柏拉图早年主张"人治"即一人之治，认为"法律的制定属于王权的专门技艺，但最好的状况不是法律当权，而是一个明智而赋有国王本性的人作为统治者"①。当时的政治现实迫使他的治国理想转向法律和秩序，在柏拉图的理论中，作为国家治理的规范手段，法律在国家政治统治中占有极高的地位，所有受其统治的公民都要服从并尊重它。这种全然依靠法律治理国家的理想状态是国家幸福长治的条件。亚里士多德继承了其老师的治国理论，并进一步提出更接近现代意义上的法治理念，即著名的"法治二重论"：服从法律和制定良好的法律。他为法律赋予了最优良统治者的地位。其法治理念也为后世所认可并得到传承。欧洲中世纪思想家孟德斯鸠在前者的基础上，结合当代社会特征，提出了"三权分立"和"权力制衡"的国家治理模式。他认为："一切有权力的人都容易滥用权力，这是万古不易的一条经验。有权力的人们使用权力一直到遇有界限的地方才休止。因此，从事物的性质来说，要防止滥用权力，就必须以权力约束权力。"② 这一理论的提出至今都影响着现代资本主义国家的法治政治建构。

其次，从政治国家的角度看，法治是现代政治国家的基本运行方式。法治是经过中西历史检验的优于人治的治国方略。现代

---

① 柏拉图. 政治家 [M]. 黄可剑, 译. 北京：北京广播学院出版社, 1994：92.
② 孟德斯鸠. 论法的精神（上册）[M]. 张雁深, 译. 北京：商务印书馆, 1961：154.

法治国家存在于法律规定的基础下，其政治权力的配置和运行受到法律的制约，政治纠纷的处理方式也要按照法治理念的原则运行。随着法治理念下国家社会的发展，越来越多的国家政策和法律法规出现以应对社会方方面面的变革。历经漫长的历史实践探索，中国共产党领导中国人民选择了新时代中国特色社会主义法治道路。党的十五大初次提出了将"依法治国，建设社会主义法治国家"作为基本治国方略，至此，拉开了中华人民共和国法治建设的序幕。历经党的十六大、十七大的理论完善和相关治国政策的落实，直到党的十八大的召开，将全面依法治国作为新时代中国建设"四个全面"战略布局的重要内容。现如今，在党的十九大报告中，习近平总书记提出，"全面依法治国是中国特色社会主义的本质要求和重要保障"。社会主义本质要求，成了依法治国的新定位。

最后，从社会角度看，法治是维持社会稳定，保障人民权利和利益的最佳选择。在法治社会当中，社会个体、社会群体和国家（政府）都是法律规范下的守法主体，各社会主体对法律制度的反应与态度就是法治生活方式的表现，亦成为各社会主体的重要生活方式，形成了个人自治、社会自治和国家治理的一个多元社会治理体系。通过既定的立法程序将既有的国家（政府）权力转化为法律规定的权力，将国家行为规制到法律的框架下，依法行政由此成为法治国家的重要条件之一。倘若国家政府可以处于法律之上，强制行使在法律规定范围外的行为来干预全社会的活动，公民将无所适从，法律规范将失去对公民社会行为既有的指引、引导和评价作用，最终破坏法治。

二、公民守法的理由

在人类历史的长河中，自国家和法律产生以来，不同历史形态下的统治集团都在不断探寻维护本统治集体地位的理论、学说，以达到该统治集团所设计的社会状态和社会秩序的形成。中西方不同历史发展时期，均涌现了大批的哲学家、思想家和法学家，形成了人类社会法治建设进程中丰富的治国理论和法学学说。

（一）西方守法学说

1. 社会契约论

社会契约论是西方古典自然法学派关于国家和法律产生过程的一种理论，其中对于社会个体遵守共同体的规范的必要性作了较为详细的解释。该理论认为，人类之所以要从自然状态转为社会状态，主要有两个原因：其一是自然状态不好或有缺陷，人们在这种状态下人身和安全没有保障；其二是人类本身有一种自我完善的能力，加上私有制的出现，使人类的自然状态难以继续。主张国家和实在法产生的唯一途径就是社会契约，即全体或广大社会成员感觉生存受到威胁，自愿订立契约，约定上交一部分自然权利，建立国家和制定法律规范，以规制社会个体之间各种关系的处理方式，保护他们的正当权利，使之不相互侵，以此保障每一个共同体中个体的生存安全。其认为法律是在公意之下的一种表现，法律的制定要经过全体社会成员的同意。早在古希腊时期，泰戈尔就提出法律是一种依照人类法则（正义和相互尊敬）制定的相互保证正义的约定俗成和国家生存的保证，人人都应该有参加社会政治和决定政治事务的权利。这一理论作为西方社会契约的先驱，在经过17世纪英国的洛克和18世纪法国的卢梭的系统阐述后，成为资产阶级反对封建法制的主要理论武器。

契约论代表人物霍布斯从"人性恶"观点出发，认为人人都是利己主义者，好猜疑争斗，人与人之间的自然关系是一种紧张的、互相争夺资源以维持自身生存的动物关系，是一种战争关系。在这样一种战争状态下，人们自身生存无法保障，为了追求一种和谐的、利于自身发展的社会环境，人们应当将社会生活规制于契约当中，牺牲部分权利自由。为了不辜负这些上交的个人权利，共同体中的个体将会自发地保护所形成的社会集体以及赋予其集体形式的社会契约，此时，共同意志得以形成。"这就是一大群人相互订立信约、每个人都对它的行为授权，以便使它能按其认为有利于大家的和平与共同防卫的方式运用全体的力量和手段的一个人格。"① 制定对所有人都有约束力的法律，是人们用以区别是非的行为准则，是一种必须服从不能违背的命令。

契约论代表人之一洛克是一位"性善论"者。他认为，自然法是因自然权利而设立的，只有自然权利受到尊重的地方才有自然法。自然权利包括财产的拥有权、生命权、平等权、自由权。这些权利是与人俱来的，无一不受到自然法的保护。因为人的本能是重天赋权利的，所以自然状态中的人们都能遵守自然法。② 他同时指出："法律一经制定，任何人也不能凭借自己的权威逃避法律的制裁；也不能因地位优越为借口，放任自己或下属胡作非为，而要求免受法律的制裁。"③ 洛克要求人人自觉守法，如果一个人享有法律之外的特权，那么整个社会成员的权利就会受到威胁。特别是地位优越的人，身边有下属可供差遣的人认真守法是要求人人守法的关键所在。洛克还提出了重视法律教育的观点。他认为，法律遵守的效果取决于社会成员法律意识的有无。公民的知法、守法、护法是实行法治的社会基础。这一点反映了洛克把法律教育作为法治必要条件的治国远见。为了避免"立法代表一旦选出后，民众就成了奴隶，就等于零"的情况发生，洛克强调，无论任何时候立法机关制定的法律，其效力在于人民的支持和同意。离开了这个条件，"任何人的任何命令，无论采取什么样的形式或什么样的权力作为后盾，都不能具有法律的效力

---

① 霍布斯. 利维坦 [M]. 黎思复，黎廷弼，译. 北京：商务印书馆，1985：137.
② 严存生. 新编西方法律思想史 [M]. 西安：陕西人民出版社，1989：115.
③ 洛克. 政府论（下篇）[M]. 叶启芳，瞿菊农，译. 北京：商务印书馆，1964：59.

和强制性"①。

  社会契约论的另一代表人是卢梭，他也是西方近代古典自然法学家最激进的代表。他从野蛮的人性出发推理自然状态和自然法，随着人的能力不断完善和人类的不断进步，人们逐渐产生了新的需要和技巧，在交往中产生了"为了自己的利益和安全应遵守的最好的行为规则（法律）"②，同时在不知不觉中产生了相互权利、义务的观念。他在1762年出版的政治代表作《社会契约论》中指出："人是自由的，尽管是屈服于法律之下。这并不是指服从某个个人，因为在那种情况下我所服从的就是另一个人的意志了，而是指服从法律，因为这时候我所服从的就只不过是既属于我自己所有、也属于任何别人所有的公共意志。"③卢梭强调守法即自由，除了守法，人没有社会自由。法律所体现的公意就是守法人的意志，所以服从法律就是按自己意志行事，就是自由。他认为人民保卫法律就是捍卫自由，提倡建立公民宗教，使遵守法律成为公民的信仰。

  社会契约论将公民的守法理由归于自己的同意和承诺，因为他们都是社会契约的当事人，政府通过法律统治社会成员的正当性来源于社会成员的同意和承诺。同时，社会契约论所表示出的公民需要遵守的义务范围限定在契约约定的范围之内及公民所授权范围内。如果国家的行为超出了公民所约定契约的范围，公民就有权拒绝接受国家行为的管理和所衍生的法律义务。对于现代社会来说，社会契约论中所定义的公民守法条件也略显不足，即它只适用于那些明确表示同意订立契约和自愿上交权利的人，而现代国家中的普通公民并不符合这些条件，所以无法证明其具有服从法律的义务。另外，后来的人为何没有直接参与签订契约，

---

① 洛克. 政府论（下篇）[M]. 叶启芳，瞿菊农，译. 北京：商务印书馆，1964：82.
② 卢梭. 论人类不平等的起源和基础[M]. 李常山，译. 北京：商务印书馆，1962：119.
③ 卢梭. 社会契约论[M]. 李平沤，译. 北京：商务印书馆，2003：23.

其是否有服从法律的义务，不得而知。

2. 功利主义论

早在古希腊时期柏拉图就认为，寻求利益是每个公民所关注的，没有人故意去选择违法行为使自己遭受不幸。法律是帮助人们选择与国家共同利益相符的社会生活模式的规范，其不仅是引导人们和国家实现正义的一种手段，也是平衡社会各集团利益的一种力量。"遵守法律，乐老年人所乐的东西，哀老年人所哀的东西……其目的就是在于培养我们要和谐。"① 在19世纪西方社会，随着商品生产的社会化、世界化的发展趋向，急迫地要求资产阶级法律思想家、法学家迅速统一人们的法律意识，英国法学家边沁首创功利主义法学，功利思想是边沁法学理论的核心。他认为功利原则是人间法律的出发点和归宿，是法律制定和实施的唯一准则。法律实施的基础是功利主义，人的一切行为的取舍都在于对功利的权衡，反对社会契约理论。他从人的实际本性开始，从人的主观心理动机出发，指出人们对待苦乐的共同态度是"避苦求乐"——追求快乐、减少痛苦是人们行为的唯一动因。根据功利原则，奖励会给人带来快乐，吸引人们为善，凡能给自己或他人带来快乐的行为均为合法行为；反之，惩罚给人带来痛苦，法律以苦惩罚人们，制止为恶，所以凡是给自己或他人带来痛苦的行为就是违法行为。快乐幸福就是功利，功利给人带来幸福的效果，因此成为人们趋之若鹜的目标。"边沁认为即使在社会契约论中服从的义务也是以功利主义原则为基础的，因为它真实地说明：只有我们服从法律，才能实现最大多数人的最大幸福。"②

功利主义另一代表人密尔主张功利和幸福是指导人类行为的规律，是否有利于增进幸福、避免痛苦是衡量是非功过的最终道

---

① 柏拉图. 文艺对话录［M］. 朱光潜，译. 北京：人民文学出版社，1963：309.
② 韦恩·莫里森. 法理学——从古希腊到后现代［M］. 李桂林，等，译. 武汉：武汉大学出版社，2003：199.

德标准。他认为:"最大幸福主义,主张行为的是与它增进幸福的倾向为比例;行为的非与它产生的不幸福的倾向为比例。"①

功利主义论从功利和幸福的角度解释公民守法的理由,虽有相当的合理性,但也遭到了诸多的批判。批评者认为功利主义没有考虑个人意识的全部作用,在守法与不守法之间所做出的选择是公民在多方面权衡下做出的选择,而不是仅仅因为结果的好坏。公民守法的原因是多种多样的,既不能简单地考虑法律制度方面,也不能忽视公民自身的原因。

3. 暴力威慑论

暴力威慑论认为,公民之所以遵守法律,是畏惧国家强制力的制裁和经济损失。该理论的渊源是奥斯丁创始的分析法学,他认为对于一切实在法来说,最重要的概念莫过于"义务",强调人对法律的承受,它是自主权者对被统治者发出的基本行为要求,对义务的绝对的一体遵循是一切法律的最基本特征。奥斯丁指出:"命令或者义务,是以制裁为后盾的,是以不断发生不利后果的可能性作为强制实施条件的。"② 当代西方法学主流之一的现代新分析法学派是在奥斯丁的老分析法学派的基础上延续发展而来的。现代新分析法学中的纯粹法学创始人凯尔逊,虽然对奥斯丁的分析法学的基本观点和基本方法在很多方面进行了发展和修正,仍认为法律是调整人们行为的一种强制性秩序,违反法律的人,将受到国家行为(即刑事制裁、民事制裁、行政制裁等)剥夺违法者生命、自由或财产等的制裁,遇到反抗时还要使用暴力。国家权力是一种合法的强制力,以规范为内容,是规定了制裁的法律规范的思想,对人们行使了心理上的强制,从而推动了人们的行为。"法律是一种秩序,通过一种特定的技术,为共同体每个成员分配义务从而决定他在共同体的地位;它规定一种强制行为,对不履行义务的共同体成员加以制裁,如果我们忽视这

---

① 约翰·穆勒. 功利主义 [M]. 唐钺,译. 北京:商务印书馆,1957:7.
② 奥斯丁. 法理学的范围 [M]. 刘星,译. 北京:中国法制出版社,2002:20.

一因素，我们就不能将法律秩序同其他秩序区分开。"①

4. 法律的社会控制论

社会法学派是西方近代法学流派，产生于无产阶级尝试掌握国家政权（巴黎公社）与资产阶级不断斗争的社会混乱时期。西方各国开始推进社会立法运动，充分利用国家强制力，加强法律对社会生活特别是经济生活的干预，为暴力镇压无产阶级运动制造法律依据。迎合时代发展起来的社会法学显示出重视法律在社会生活中的作用、法律的社会目的和社会效果。德国法学家耶林从"利益斗争论"观点出发，认为法律既然是通过斗争而产生、存在和发展起来的，那么在斗争中强制手段就必不可少，外部强制手段是法律的形式特征。20世纪美国法学界一代宗师庞德从社会学角度提出了"通过法律的社会控制"理论。该理论认为，社会控制就是为了维护社会的安定有序，通过某种手段将人类行为方式规定到国家制定的社会行为规范当中去，人们按照规范制度享有权利履行义务的过程，就是社会控制。主张法律就是社会控制的工具，通过法律实现社会控制。在回答为什么需要法律来实现社会控制时，庞德认为这是由人的本性所决定的。在社会中生活的人的本性都有两种趋向，这种趋向是在人们幼小时候受某些偶然出现的因素所影响的，进而在其毕生行为选择中明显表露出来的。这种趋向有两个方面：一是为满足自我需求而产生的具有威胁性质的本性，另一个是较为温和的，具有包容性质的社会本性。从内涵上来看，这两种本性是相冲突的。在自我欲望满足的推动下，前者将不断扩张进而发展到不惜牺牲别人的利益以满足自己，正所谓"人不为己，天诛地灭"。这种本性是自然存在于所有人身上的，是暴力冲突产生的根源。与此相反的是，人的第二种本性驱使着人们自我适应社会，希望在社会集体中得到保护，实现个人和集体的共同利益。在此基础上，人们经常要面临

---

① 凯尔逊. 法与国家的一般理论 [M]. 沈宗灵, 译. 北京：中国法制出版社, 2002：20.

这两种不同的选择。在文明社会中，一般情况下社会本性一般占据优势。然而，自我扩张的本性伴随人一生的本性，是不可能消失的，在于社会本性的冲突中也会有占上风的情况，这时就需要外力对其进行控制，帮助人们克服自我欲望的驱使。这就要求有一种强有力的控制工具。在现代社会，法律就被赋予了高效社会控制手段的任务。"社会控制的任务以及我们称之为法的那种高度专门化形式的社会控制的任务，就在于控制这种为了满足个人欲望的个人扩张性自我主张的趋向。"① 庞德把这种法律对个人扩张性的控制活动和过程称之为社会工程，其认为作为社会工程的工程师、立法者、法官和法学家应该保证法律控制手段在社会生活中顺利产生作用。他们的任务是建构出一张最佳的工程图纸，并在国家政府的帮助下成功实现"法治"的建成。因此，他们研究的重点是如何通过各项控制方式来达到社会控制的目的，只将目光放在法律的目的、作用和效果上，而忽视了对法律本质的分析探讨。在这种将法律作为控制工具的意义上，法学就是社会工程学，法学的任务就是在假设法律成功发挥社会控制功能的基础上研究法律规范。

这种对法律社会控制作用理念的提出，对第二次世界大战期间西方法西斯列强以暴力对人民专横统治制约的形成，有着巨大的影响。

（二）我国古代守法学说

1. 西周守法观

西周建国之初，商族遗民的反抗情绪还很强烈，内部的阶级矛盾也很尖锐。在这种情况下，自身力量尚相对薄弱的西周如何以方圆百里的"小邦周"长久稳固地统治疆域广阔的"大国殷"？再者，殷商一向虔诚事神，宣扬自己的统治是"受命于天"。那

---

① 庞德. 通过法律的社会控制 [M]. 沈宗灵，译. 北京：商务出版社，1984：81.

么如何解释以周代商的合理性以稳定民心？应当说，西周统治者并未从神权桎梏中完全解放出来，仍然认为王权承受于天命，把天命作为巩固统治的精神支柱，所以周王自称"天子"，以便利用殷商遗民敬神畏天的心理使之恭顺地臣服于自己的统治。但是，西周所处的历史背景已不同于商，前车之鉴使得周初统治者在宣扬"君权神授"的同时，对这一理论进行了重大修改和补充。

第一，"以德配天"与"明德慎罚"思想。周公认为，"天命靡常"（《诗经·大雅·文王》），"皇天无亲，惟德是辅"（《左转·僖公五年》），就是说天命不是固定不变的，上天对人间君主亦无亲疏之别，天命只授予那些有德者，保佑辅助他们拥有土地和臣民。人间君主一旦失去应有之"德"，天命就会随之消失或转移，国家便会由此衰亡。因此，要想"祈天永命"，求天赐予自己长久稳固的统治，就必须"敬德""明德""以德配天"。从单纯的"敬天"到重视"敬德"，这是西周法律思想上的一大进步。

与"以德配天"思想相适应，西周统治者在法制方面将"明德慎罚"作为立法、司法以及处理各项政务的指导思想。所谓"明德"就是崇尚德治，提倡德教；所谓"慎罚"就是对适用刑罚采取慎重和宽缓的政策。"明德慎罚"就是强调将教化与刑罚相结合，先德后罚，先教后杀，反对"乱罚无罪，杀无辜"（《尚书·无逸》），以避免积怨成怒，招致杀身亡国之祸。其目的在于更有效地施用刑罚，以缓和阶级矛盾，保持社会秩序的安定。

第二，"亲亲""尊尊"的礼治观念。受西周宗法等级制度的影响，统治者将"亲亲""尊尊"思想贯穿于全部立法、司法活动中。所谓"亲亲"指在家族中要严格明确宗法上的亲疏、长幼，尊卑有等，贵贱有别，要求"父慈子孝，兄爱弟敬，夫和妻柔，姑慈妇听"（《左转·昭公二十六年》）。所谓"尊尊"指在国家中要严格划分政治上的尊卑贵贱，等级森严，不可逾越，要求"君令臣共",君仁臣忠,下级贵族尊奉上级贵族,所有贵族听命于周王。"亲亲"的核心是孝,亲亲以孝为首,旨在维护父的地位;"尊尊"的核心是忠,"尊尊"以忠为首,旨在维护君的权威。

西周重视德教,用刑宽缓审慎,提倡忠孝,实质上是为了调和社会矛盾,使人们由在家孝于亲进而达到在国忠于君,强调人们听命于天,服从君主的命令,最终实现预防犯上作乱、巩固奴隶主阶级政治统治的目的。

2. 儒家守法观

孔子于春秋末年创建了儒家思想学派。面对当时的社会大变革,孔子的政治法律主张表现得比较保守,他希望恢复西周的宗法等级秩序和传统礼乐制度,提倡"礼治",要求人们"克己复礼"(《论语·颜渊》),提出了"为政以德"的"德治"思想。他认为,刑和法虽能使人暂时免予犯罪,却无廉耻之心;只有用德礼教化引导民众,人们才能有廉耻之心而安分守己,达到"无讼"目的。在此基础上,孔子提出了"为政在人"的"人治"思想,主张治理国家"在于得贤人也"(《礼记·中庸》)。所以,他提倡统治者以身作则,强调"其身正,不令而行;其身不正,虽令不从"(《论语·子路》)。

继孔子之后,战国时期的孟子使儒家的法律思想得到了继承和发展。针对当时诸侯兼并争雄的战乱局面,其从民众对于统治者的重要性出发,明确提出:"民为贵,社稷次之,君为轻,是故得乎丘民而为天子"(《孟子·尽心下》)。为了缓和当时社会紧张的局面,孟子把孔子创立的"仁学"进一步发展成为"仁政"学说,极力主张"施仁政于民,省刑罚,薄税敛"(《孟子·梁惠王上》),"以德服人",反对"以力服人"(《孟子·公孙丑上》)的兼并战争。孟子主张"仁政",反对专制暴君滥杀无辜。他强调"教以人伦"(《孟子·公孙滕文公上》),"贵德而尊士"(《孟子·公孙丑上》),"辅世长民莫如德"(《孟子·公孙丑下》),"惟仁者宜在高位"(《孟子·离娄上》)等,都是孔子所倡导的"礼治""德治"思想的继续。

从儒家的政治思想、法律观念主张中不难看出,他们认为统治者与其制定严酷的法律,强制人们遵守,不如用道德教化和礼制来约束人们,防止犯罪发生。尽管道德教化短期内难见成效,但长期实施,就能让人们因道德自律而自觉守法。儒家的这种强调道德教化,主张以德为主、以刑为辅的政治法律观,对我国古代历朝历代的法制体制产生了深远影响。

3. 道家守法观

春秋时期,老子创建了道家学派。面对旧的社会体制日趋瓦解的社会危机,他深感无可奈何,表现出一种消极颓废、失望的思想情绪。他认为,治理国家最好的方法是"无为而治",即"我无为而民自化"(《老子》)。他主张以自然界的本来法则为"法",反对一切人为之法,表现出一种"自然法"倾向。(虽然西方17世纪"古典自然法"思想从人民主权和法律公意说出发奠定了西方现代法学的基础,但早在公元前春秋战国时代我国道家就明确提出了道法自然的"自然法"思想,比西方"古典自然法"思想整整早了将近17个世纪,这也充分展现了我国古代法律文化的灿烂和深厚。)他认为法会加剧社会危机,礼义会引起社会混乱。他把礼视为忠信淡薄的产物、引致混乱的祸首,将提倡仁义忠孝看作废驰、六亲不和、国家混乱的反映,表明他对周礼已完全丧失信心。

后来的庄子进一步发展了老子"道法自然"的法律思想,强调顺应自然规律,人们不要刻意制造规则改变这种自然规律,人要以自然的态度(自然、社会和人生三个层面)对待自然,对待他人,对待自我。提出了绝对无为的政治主张。他认为:"帝王之德,以天地为宗,以道德为主,以无为为常。"(《庄子·天道》)他从根本上反对建立任何形式的刑名赏罚、礼乐法度,提出"赏罚利害,五刑之辟,教之末也;礼法度数,形名比详,治之末也"(参见《庄子·天道》)。

道家学派老子希望社会回到"鸡犬之声相闻,民至老死不相往来"的消极状态。庄子否定一切人类文明文化,要求人们弃绝智慧才干,抛却物质财富,甚至泯灭是非标准,达到超然物外、物我两忘的境界。庄子比老子更为悲观颓废,选择回避现实,遁入历史虚无主义和消极宿命论中。

4. 墨家守法观

战国初年的墨子创建了墨家学派。当时的频繁战争给广大民众带来深重灾难。墨子站在社会下层平民劳动者的立场上,提出了"兼爱""非攻"的思想,主张"兼相爱,交相利"(《墨子·兼爱中》),反对"攻伐无罪之国"(《墨子·非攻下》),反对侵略战争,以维护广大民众的生命财产安全。墨子进而提出"尚贤"的思想,要求统治者"不党父兄,不偏富贵,不嬖颜色;贤者举而上之,富而贵之,以为官长;不肖者抑而废之,贫而贱之,以为徒役"(《墨子·尚贤中》)。只要是贤者,"虽在农与工肆之人,有能则举之,高予之爵,重予之禄,任之以事,断予之令"(《墨子·尚贤上》)。墨子还明确主张:"赏当贤,罚当暴,不杀不辜,不失有罪。"(《墨子·尚同上》)提出了"尚同"的思想,坚持以"刑政"等"壹同天下之义"(《墨子·尚同上》),改变混乱的政治状况。

墨家的这种"官无常贵而民无终贱"的思想,实际是对世卿世禄制和宗法等级制的否定。其主张天下无论大小国家,都是上天的城邑,人无论年长年幼、权贵或贫贱,都是上天的臣民,百姓与官贵平等,这实质是一种维神论维天论思想。其反对使用暴力手段要求平民去遵守法律,其实质是否定法律应具有的强制性。而墨家主张和平,反对侵略战争,对维护现代世界和平有一定的启示意义。

5. 法家守法观

春秋时期由管仲、子产、邓析等创建法家学派,发展于战国时代的李悝、商鞅、慎到、韩非等人，他们否定了夏商以来的天命神权观点，而且对奴隶制的政权统治与宗法等级秩序提出了大胆怀疑。如春秋时期，有人即明确指出"天道远，人道迩，非所及也"（《左传·昭公十八年》），"国将兴，听于民；将亡，听于神（《左传·昭公三十二年》），"社稷无常奉，君臣无常位，自古以然"（《左传·昭公三十二年》）。还有人针锋相对地提出"事断于法"（《邓析子·转辞》）、"君臣上下费贱皆从法"（《管子·任法》）的"法治"主张，为法家法律思想的形成奠定了基础。

　　法家思想的主要观点有以下几方面：第一，"事断于法"，"刑无等级"。针对奴隶制时代的"礼治""德治""人治"传统，商鞅提出了"缘法而治"和"燔诗书面明法令"（《韩非子·和氏》）的主张，要求焚毁宣扬礼治的学说著述，唯以法令为治国的依据。慎到则明确提出了"大君任法而弗躬，则事断于法矣"（《慎子·君人》）的法治思想，韩非更强调法的重要地位，提出了"以法为本"（《韩非子·饰邪》）的主张。商鞅主张"刑无等级""君臣山下贵贱皆从法"（《商君书·赏刑》），强调适用法律一律平等，官吏"依法行政"。第二，"重刑轻罪""以刑去刑"。战国时期社会动荡，以法家为代表的新兴地主阶级，为了建立和巩固自身的统治，大都主张实行重刑轻罪，即将重刑适用于所有犯罪行为而不是建立在量刑的基础上实施惩罚。这种原则推行的目的和作用，并不在于惩罚，而是对社会公民起到杀一儆百的刑罚的预防作用，最终达到"以刑去刑"（《商君书·赏刑》）的目的，亦即消灭犯罪，废除刑罚。"重刑连其罪，则民不敢试；民不敢试，故无刑也。"（《商君书·赏刑》）第三，布法于众，明白易知。在春秋后期，法律文本就曾作为社会规范的表达形式而出现。到战国时期，文本形式的法律律令就正式作为调整社会生活的控制手段。"法者，编著之图籍，设之于官府，而布之于百姓者也。"（《韩非子·难三》）法家的这种观点，对法律的制定和适用提出了新的要求,"明白易知而必行"是公民知法守法的必要条件。

首先,法家注重法律威慑作用,倡导"法治",反对儒家"德治",视法律为治国的唯一工具。主张遇事用重罚,让老百姓畏惧法律不敢违反,强调法的强制力和威慑力,使百姓从而被动守法。其次,法家主张将法律公布于众,让老百姓了解法律,成为人们日常社会行为的规范,注重宣传法律,发挥法律的教育作用。对我国当代开展普法教育具有一定的启示。最后,反对君主、贵族等级特权,主张君臣、官民适用法律平等,注重对官吏的管理,要求官吏"依法办事",对我国现代法治具有一定的积极影响。

综上所述,在春秋战国时期,我国古代传统儒、道、墨、法四大法学流派经历了萌芽、成立、发展和成熟过程。战国后期,法家代表人物商鞅通过一系列的变法活动,使秦国迅速发展起来,成为当时势力最强的一个国家,先后灭掉齐、楚、燕、韩、赵、魏六国,建立了我国历史上第一个统一的封建专制中央集权制国家,代表新兴地主阶级利益的法家思想也逐渐占据了主导地位。秦朝一反儒家"礼治""德治""仁治"思想,通过焚书坑儒、罢黜异说、以法为教等手段,制定了一套极端严酷残暴的刑罚体系,厉行"法治"统一制度。秦朝残酷的暴政峻法,严重激化了社会矛盾,被陈胜、吴广领导的农民起义所推翻,最后刘邦再次统一全国建立汉朝。虽汉承秦制,但在立法思想和法律制度方面,汉朝有所改进和更新,提出"罢黜百家、独尊儒术",自此,我国延续几千年的封建社会开始走上德主刑辅、礼法并用的儒家化道路,直接影响和决定了后世封建法律制度的发展方向。

(三) 我国近现代守法观

我国古代的守法思想,无论是儒家的道德教化,还是法家的守德,其所针对的对象主要是民,而非君。君主凌驾于法律之上，法自君出，而且单行法规也以君主敕令的形式出现。古代法家虽然强调"以法治国"，但本质上仍是以巩固君权为目的的"人治"下的法治。到明末清初，伴随着封建制的衰落和资本主义经济的萌芽及城市市民阶层的出现，一些先进的资产阶级启蒙思想家和改良、改革派的思想家针对封建专制主义的"一家之法"进行了批评，并在此基础上提出了具有民主因素的守法法治理论。

1. 我国近代守法观念

"鸦片战争"后，中国主权日渐丧失，西方欧洲文化逐渐进入中国，被迫屈辱地接受"西学"，中国的社会性质发生了根本的变化。西学东渐，中西文化在不平等的前提下进行沟通，清统治者被迫调整政策和采纳"新政"，时任刑部左侍郎的沈家本主持清末修律活动。为了适应改革法制的时代需要，沈家本大力提倡明法必须先要明理，而明理的重要途径就是提倡法理学研究，他把法理学研究看成是法律工作的先导。他认识到在法律与政治的关系中，政治仍是主导地位，政治在法律的适用过程中有着巨大的影响，政治的败坏，必然对法律实施产生"有法而不守，有学而不用"的不良影响，"法学之衰也，可决其政之必衰"；实行法治要以仁道为宗旨，重视道德教化的作用，主张教养为主，惩治为辅；反对重刑酷刑，改良监狱，认为应该是感化人，而不是单纯的惩罚；同时他也十分重视执法的问题，持平执法，不仅会弥补恶法，而且也能促使人们守法使社会安定。梁启超主张把立法权交给"多数之国民"，这种观点指出了法治与民主不可区分的关系，即只有符合和反映出民众共同利益的法律，才能够得到民众的认可从而自发地服从与尊重，只有制定良好的法律才能起到保障公民权利利益的作用。同时，他强调法律制定之后要坚决、认真贯彻执行，做到令行禁止，取信于民。如果制定的法律不能遵守就失去了立法的意义与价值，徒具虚名，有法等于无法。

以沈家本、梁启超为代表的维新派法律思想受到了西方资产阶级法律观念的影响，对中国传统的法律思想进行了理性的分析和考察，吸收了优秀的"德主刑辅、以仁统法"的法律思想，批评并摒弃了封建末期极端专制的法律规范制度。这些当代的新兴思想对后世法律文化的发展有巨大的影响。虽然维新派的革命家们所进行的尝试由于种种原因而失败，但是其在法学上的贡献是值得肯定的。罪刑相宜，罪刑法定，反对比附，这些在今天的法律中也都得到了体现，这说明他们的思想在当时的先进与正确。

中国近代史上伟大的民主革命家和思想家孙中山先生，在充分调查和研究中外法律发展潮流之后，提出了"奉大法以治国，国之大事，依法律解决"①的思想，他将法视为治国理政的利器，是社会治理的最高也是最有效的方式。"今日办法只有以人就法，不可以法就人。"②强调守法主体为全体社会公民，主张在法律面前人人平等，一切政党和势力均要在法律的规范进行活动。他指出，"民国既为人人共有之国家，则国家之权利，人人当共享，而国家之义务，人人当共担。界无分乎军、学、农、工、商，族无分乎汉、满、蒙、回、藏，皆得享共和之权利，亦当尽共和之义务"③。他对政府和官吏还特别提出严格守法的要求，提出国家官员、政府组织从上到下皆是守法的主体，是管理人民、服务人民的公仆，据此，在官员就职时，应当进行宣誓来保证其履行职责，遵守法律。"凡百官吏于就职，必发誓奉公守法，不取贿赂；以后有违誓者，必尽法惩治之。"④总之，法律规范一旦制定就是全社会的规范制度，没有人可以超脱出法律之外进行活动和实施行为。孙中山的这些法治思想与实践对我国现在的法治建设仍然具有一定的价值。

---

① 中国社科院近代史所. 孙中山全集（第四卷）[M]. 北京：中华书局. 1985：448.

② 中国社科院近代史所. 孙中山全集（第四卷）[M]. 北京：中华书局. 1985：349-444.

③ 中国社科院近代史所. 孙中山全集（第二卷）[M]. 北京：中华书局. 1985：451.

④ 中国社科院近代史所. 孙中山全集（第五卷）[M]. 北京：中华书局. 1985：429.

2. 我国现代守法观

中华人民共和国成立之后，由于历史原因，我国的法治建设经历了一个艰难曲折的探索过程。现代意义的法治建设发展是在改革开放之后。1978 年，党的十一届三中全会决定实施社会主义法制的发展政策，并提出了"有法可依、有法必依、执法必严、违法必究"的法制建设方针。从此，中国开始了完善法律制度、建设法制中国的新篇章。法治建设成为国家持续发展和民族复兴的中国特色社会主义道路中的重要内容。这一政策的实施体现在各个方面，在关于党内法律与国家法规的关系上，党章中指出"党必须在宪法和法律的范围内活动"。而作为其他法律的母法，宪法规定了"一切国家机关和武装力量、各政党和各社会团体、各企业事业组织都必须遵守宪法和法律。一切违反宪法和法律的行为，必须予以追究。任何组织或者个人都不得有超越宪法和法律的特权"。现今依法治国的理念是在党的十五大上初次提出，并对其含义作了明确的定义，"依法治国，就是广大人民群众在党的领导下，依照宪法和法律的规定通过各种途径和形式，管理国家事务，管理经济文化事业，管理社会事务，保证国家各项工作都依法进行"。党的十六大中将"依法治国，建设社会主义法治国家"规定到政治文明的范畴之中。党的十七大提出了"全面落实依法治国基本方略，加快建设社会主义法治国家"的国家政策。党的十八大以来，以习近平同志为核心的党中央在前人的基础上，创造性地发展了中国特色社会主义法治理论，制定了全面依法治国、建设中国特色社会主义法治体系和社会主义法治国家的发展方针。这一理论体系的形成，结合了时代特点、当下人民社会生活基本矛盾和国家发展的需求等多方面的要求。习近平中国特色社会主义新思想为开展和落实中国特色社会主义法治之道奠定了思想基础，为推进全面依法治国政策的实施提供了理论指引。该理论确立了新的法治十六字方针即"科学立法、严格执法、公正司法、全民守法"。"科学立法"是全面推进依法治国的前提，"严格执法"是全面推进依法治国的关键，"公正司法"是全面推进依法治国的重点，"全民守法"是全面推进依法治国的基础。所有这些都表明我国的法治建设已经迈入了崭新的历史阶段。2017年党的十九大明确了新时期中国发展分两步走的策略，对于法治建设也要分成两个阶段来到达最终目标。新时代的中国特色社会主义思想为法治中国建设指明了前进方向、基本任务、实践路径。以十九大为起点，我们踏上了新时代的新征程。

3. 全民普法教育

从1986年党中央宣布全国普法开始，以五年作为一个周期，到如今已开展"七五"也就是第七个五年的普法教育和宣传计划。在这个"七五"普法计划中，党中央对全国的普法教育做出了总的指示，制定了普法活动的工作原则和主要任务。围绕党中央的指示，结合实际，开展高效、合理的普法教育活动。在一系列原则方针的指导下，2018年3月，《宪法》的第五次修改将原序言中的"发扬社会主义民主，健全社会主义法制"修改为"发扬社会主义民主，健全社会主义法治"。从"制"到"治"的宪法修改，在基本法层面对于国家法治策略给予了肯定，完成了从中国律法体系从法制到法治的根本转型，是我国社会主义法治建设迈出的历史性一步。宪法作为我国根本大法，是我国法治建设的制度建立基础。在宪法中作出这样的修改，对于推进全面依法治国政策的落实有着本质上的积极作用，对法治理念的普及也起着不可替代的作用。我国的法治宣传教育从两个方面展开：一是公民了解法律，认识法律，产生基础的法律心理；二是在知法的基础上树立法制观念、形成法治信仰。要达成这样的法治标准，就要从公民和国家政府两个方向进行改变，全体社会公民要学法遵法守法用法，国家政府部门要依法行政，依照法定职权和法定程序行使国家权力，在国家普法教育下，形成法治思维和法治方式处理社会问题和维护社会秩序的思维模式。新时代中国的全民普法教育政策既是中国历史上也是人类历史上规模空前和影响深远的法治建设方式，是一场思想进化和大幅度提升人民文化水平的宣传教育运动。通过国家政策的进一步落实，法律文化中的权利义务观念、自由平等观念、民主法治观念、公平正义观念等先进思想逐渐内化为人们内心意识。全体社会在了解法律，理解法律的基础上，将守法观念转化为理性认识，进一步形成个人伦理道德的一部分，法律信仰得以形成，社会守法蔚然成风。

第二节 守法的伦理分析

一、守法的伦理渊源

中国古代文献中所载"习贯"，引意为逐渐养成而不易改变的行为，是积久养成的行为方式；而在西方文化中，习惯是人们在相互交往中逐步形成的，"习惯乃是为不同阶级或各种群体所普遍遵守的行动习惯或行为模式。它们所涉及的可能是服饰、礼节或者是围绕有关出生、结婚等生活重大时间的仪式"[1]。这些观点各成一派，互有异同，但不难看出，习惯正是基于社会的交往和博弈，且符合双方的意愿演化而来，是一个群体或是族群的共识结构性行为。具体到习惯和法律视角下，笔者赞同习惯就是个人或是群体在社会交往活动中所形成的共识结构性行为规则。

根据马克思主义理论，国家和法律都不是自然产生的，而是人类社会发展到一定历史阶段的产物。从法律和国家的关系来看，法律是随着私有制、阶级和国家的产生而产生的。在阶级和国家产生之前是不存在法的，这一阶段我们一般称之为原始社

---

[1] 博登海默. 法理学、法律哲学与法律方法[M]. 邓正来，译. 北京：中国政法大学出版社，2004：379.

会。"在原始社会,那时社会主要是以血缘关系为基础的氏族组织,氏族有议事会、经选举产生的酋长和军事首领,这里的氏族首领不是阶级社会的国王或总统,这时调整人们行为的规则就是习惯,比如禁止族内通婚、实行血族复仇等。"[1]它的实施依靠的是氏族社会舆论的力量、传统力量和氏族部落领袖的威信,这就是习惯法的最初状态。不过随着生产力的发展,产品有了剩余,原有氏族内的平均分配制被打破,也就出现了私有制和阶级剥削,原始社会的氏族联盟和氏族习惯于是就逐渐被国家法律所代替。例如,古罗马的《十二铜表法》就是在这个背景下而出现的,此法之前,古罗马一直都是习惯法占据统治地位,法官们负责解释这些不成文的习惯法,但法官利用这个权利为贵族谋利益,以达到维护其共同利益的目的。民众经过长期的斗争,要求制定成文法的愿望终于实现,因将这些法律条文刻在十二块牌子(铜表)上而得名为"十二铜表法"。以这一过程为代表,由此开启了习惯法到制定成文法的转变。

综上,我们可以得出如下一个简单的结论:原始社会时期氏族为了维护本族的繁荣和稳定,以不成文的习惯规则来规制氏族内部的秩序,但随着私有制、阶级和国家的产生和发展,原来的习惯已不足以来继续维持整个社会的稳定和运转,由此促成原始习惯法向成文法的转变,同样随着社会分工、生产力的不断提高,相继出现了不同的部门法,进而形成了现代法律体系。

二、守法的伦理分析

(一)源于自然规律之中正义的价值——人与上帝间的精神契约

人和上帝之间所订立的精神契约,是世俗世界规范行为的法

---

[1] 沈宗灵. 法理学 [M]. 北京:北京大学出版社,2000:143.

律符合自然要求及人类文明发展条件的证明。二元秩序是自然法理论的独创性观点，而这种证明是通过自然法所构建的二元秩序实现的。在不完美的实在法之上，还有完美的——因为它绝对公正的——自然法；然而，实在法只有符合自然法才是合理的。

一方面，古希腊的代表认为宇宙中有更高的自然秩序，人类要想生存于自然当中，就需要遵守自然法则，过着同自然规律相符合的社会生活。另一方面，人作为社会动物其生存方式具有政治性。只有当人们生活在城邦中，才能满足自身需要，得到幸福满足的社会生活。在此基础上，古希腊哲学家们提出了美德理论，即城邦的主要目的是使人们过上适应自然的社会生活，因此，这种目的对生活在当时的人们的品格和道德要求提出了较高的标准。至此，可以将希腊哲学的描述为："生活本身是变动不定的，但是生活的真正价值则应当从一个不变动的永恒秩序中去寻找。这种秩序不在我们的感官秩序中，而是只有靠着我们的判断力才能把握它。"[1] 亚里士多德对此也有相应阐释，"有些人天生就是自由的，有些人天生就是奴隶"，"主人之所以称为主人并不在于他有知识，而在于他具有某种品格，同样这也适用于自由人和奴隶"[2]。对于法律秩序，他认为法律的目的在于造就能够维护城邦与人的关系、秩序规则模式与促进城邦的安宁。在此基础上他提出了著名的"良法之治"的二重理论，即普遍守法与制定良好的法律。

（二）基于功利价值——纵向的服从模式

随着宗教的衰落和人类自我意识的觉醒，法律的功利价值也逐渐显现。这种将人的基本权利放在第一位的，最终目的是服从的价值体系认为只有人们享有基本权利才具有服从的义务。"服

---

[1] 卡西尔. 人论 [M]. 甘阳, 译. 上海：上海译文出版社, 1985: 11.
[2] 柏拉图. 法律篇 [M]. 张智仁, 等, 译. 上海：上海人民出版社, 2001: 123–154.

从的目的是保护，这种保护，一个人不论在自己的武力或旁人的武力中找到，他的本性就会使他服从并努力维持这种武力。"① 霍布斯在人性的基础上阐述了他的自然状态理论。他认为人生而为恶，自然状态下的人是一种狼性动物，时刻处于对自然资源的争夺和竞争当中，每个人都有怀疑、荣誉和竞争的动机。这些人之间的斗争纠纷是无法自然停止的，无休止的侵略、掠夺进而发展成为战争状态。因此，人类社会的自然状态就是一种战争的状态。同时，他也认为人生而平等和自由，"人所具有的自然理性使每一个人相信，可以通过订立信约和授权确立一个统一的人格，使该人格拥有绝对权利以保障每一个人的生命和自由，人们所需要做的就是立约与授权，以及在国家建立之后的信守与服从"②。这就是"服从"的逻辑，是多层次的，它包含着国家和民间社会建立和秩序维护的两个不可或缺的方面。首先，出于保护的目的，主权确立了主权的合法权威和绝对权力，从书面协议和授权到代表权利，再到主权。其次，主体为了获得保护，确立了主体遵守法律的义务和自由，从书面协议和授权到被代表，再到主体的服从。因此，为了维护自我保护的绝对权利，人们只能通过协议进入政治国家。对于国家中法律适用主体——法官来说，任何没有权威的法官的状态都是自然状态，如何协调法官法律权威与公民自然权利的关系，霍布斯的解决办法是给予主权绝对权威，使人们不可能回到没有权威的状态。这意味着人们必须对法律产生敬畏感，从而尊敬法官这一主要法律权威代表，进而服从法律。

（三）源于公平平等价值——横向模式

平等性契约的代表人物是洛克、卢梭等自然法学家。洛克认为，在自然状态下，无论出身和品格，每个人都是自由和平等

---

①② 霍布斯·利维坦［M］．黎思复，黎廷弼，译．北京：商务印书馆，1985：172．

的，每个人都可以依照个人意志自由地选择行为，他人无法干涉，无需获得任何形式的许可来处置自己的权利，也没有任何人有资格审判和评价他人的行为结果。平等是因为人与人之间没有支配或从属关系。在自然状态下，人们享受自然的所有条件和他们无区别地管理身心的能力。"谁企图将另一个人置于自己的绝对权力之下，谁同那个人就处于战争状态，但在洛克看来，自然状态存在三大缺陷：（1）缺少一种事先确定的、众所周知的法律，即缺少判断与解决纠纷的准则；（2）缺少一个有权依照法律来裁判政治的公认的公正裁判人员；（3）缺少权利来支持正确的判决，使之得以执行。"① 因此，自然状态下人们的生活是不稳定的，虽然人们的生命、自由、财产权利是自然状态下应有的个人权利，但是为了保护自身所有的自然权利，就自然而然地衍生出了一种决定权，即洛克笔下的审判权。例如，在人们对自身权力采取救济的状态下，每个人都有惩罚的权利，如果有人干坏事就会产生重复惩罚，进而容易演变成为一种战争模式，社会就会卷入巨大的矛盾之中。采取社会契约是一个比较好的解决方案，与霍布斯观念不同的是，洛克所描述的社会契约形式是在一种好的自然状态基础上建立的，不需要上交权利给主权者，甚至不需要主权者的存在，是一种理想主义的规则建立形式。

  与霍布斯和洛克不同，卢梭认为自然状态是人类的黄金时代。人们没有理性，没有善恶之分，当然不会互相侵犯。然而，在自然状态下，随着人类理性和能力的发展，以及社会分工的进一步细化，人类性别、年龄等生理因素开始影响社会生活技能的高低。后来，随着人类理性认知和知识水平的提高，智慧、财富和政治地位的出现使社会不平等开始显现出来。在卢梭笔下，土地私有制是使人类脱离自然状态的原因。因此，卢梭的社会契约概念就是消除这些随着历史发展而出现的不平等因素，在人类自

---

① 吕世伦. 西方法学思潮源流论 [M]. 北京：中国人民大学出版社，2008：76.

我意识和社会契约中找到一个平衡点,回到同人类自然状态相同的社会秩序当中。公共意志就是解决方法的最好选择。在公意的制约下,每个人都必须绝对遵守社会契约中所规定的规范制度。如果一些人不履行,这意味着合同已经到期,那么就会违反公意所表现的共同利益,就会受到社会其他公民的谴责。当执政党不履行合同时,社会契约失衡,公民权利受到侵犯,其就有权解除合同。但只有当执政党采取暴力镇压时,人民才有权以暴力对抗暴力,以期重获自由。

第三节 守法的道德分析

一、法律的道德渊源

人类社会的发展是一个漫长而又复杂的过程。从原始奴隶社会的茹毛饮血,到封建社会的阶级统治,再到如今提倡的法治社会建设。在这一过程中,以家庭为单位的个体组合逐渐成为部落,最后再慢慢发展到国家城邦的形式,其文化、宗教礼仪、道德、规则等方方面面都随着社会形态的演变而逐渐完善。现代社会意义上的法律律令和法律准则是前人思想和智慧的结晶。以最初的由血缘关系为纽带形成的家族契约为开端,规则制定的最初目的就是使每个个体都可以自由安全地生存于自然之中。经历过漫长发展的具体的法律律令,虽与当时的社会契约规则之间存在着巨大的差异,但是就其二者的最终目的,从某种意义上来说具有一定的一致性。"任何规则必蕴含着一定的法理,载述着一定的道德关切,寄托着深切的信仰。"① 无论是哪种社会形态下形成的规则,其中必然蕴含着符合其时代特征与地域色彩的思想之道。迄今为止,就人类社会现存所有的法律规则来看,恒定不变的还是全人类思想观念中共同的道德准则,如公平正义、平等自由、民主人权等。"这是人世生活本身的要求,也是合理的人间秩序的固有品质。"②

道德,是一种社会现象,从马克思主义角度来说,道德就是由经济关系最终决定的、按照善恶标准来评价并依靠社会舆论、内心信念和传统习惯来维持的规范、原则和意识的总称。以上述道德内涵来看,其也具备一定的调整社会秩序的功能,是一种社会控制机制。道德作为一种具有原则性的、普遍性的、根植于人们思想深处的社会规则,相较于法律存在的时间要长,覆盖面要广,甚至从某种层面上来说,法律是以道德为基础的。一个社会中存在的法律是否为制定良好的法律,是否符合广大人民的共同利益,其评价标准之一就是道德。法律源于道德,受道德制约,法律的发展依附于道德的存在。

在最初的社会形态中,约束人们行为的是习惯,这种古老的原始习惯最终慢慢发展为现代意义上的法律。原始,这二字并不代表着当时的规则落后或是不合理,相反,原始习惯中也存在着先进的道德秩序或是权利义务秩序。只是对于作为控制现代社会强而有力的法律体系来说,当时的规则作为一种政治意义上的控制手段是原始的。原始习惯中存在着道德、宗教等一些其他的规范模式,而可以称之为法律的调整手段并没有像其他手段那样大的触及面。"在法律秩序的初始阶段,人们信奉的观念乃是维持和平或治安。"③ 当时法律的目的之一就是维护正义,其手段有三

---

①② 罗志勇. 罗斯科·庞德:法律与社会——生平、著述及思想[M]. 桂林:广西师范大学出版社,2004:序言.

③ 庞德. 法理学(第一卷)[M]. 邓正来,译. 北京:中国政法大学出版社,2004:374.

种：一是自行救助，其通过受害者本人或其亲属实施的救助；二是诸神或是代理者的救助，这是宗教组织社会的救助方式；三是国家救助即政治组织的救助。三种救助手段都是保障最低层级的一般安全中的社会利益，其他层面的秩序则由其他力量来调整。为了维护社会和平和秩序，原始法律从三个方向进行调整：一是限制自行矫正的方式，包括私斗和械斗；二是通过某种手段来满足被害人的报复心理；三是提供当时社会所存在的可以消除纠纷或争议的审讯活动。在社会文明度不高的原始社会中，人们对于解决纠纷、伤害补偿的救济观念就是"以牙还牙，以眼还眼"。这种自行矫正过程中的报复行为虽然满足了被害者的复仇心理，但不利于稳定安全的社会秩序的建立。此时为了其维护和平安全的目的，原始法律开始限制报复行为、调整实施报复的方式并且限制私斗和血亲报仇，慢慢发展为可以用和平的救济措施取代私人的自行矫正方式。但总的来说，原始法律相较于其他的社会调整手段是当时社会背景下最弱的一项，其规范范围极为有限，手段方式单一，仅仅为了维持一般社会的最低的安全利益，而且在很大程度上要受到宗教或最高统治者的限制。随着社会的不断发展，人类思想的进步，教皇审判等极具宗教色彩却又无法保障正义的律令模式逐渐被高度理性的、具有国家强制力的法律体系所取代，法律秩序也与其他社会控制形态逐渐分化。

  法律要到达更高的控制效果和更好的社会治理水平，文本形式的发展是极为重要的环节。原始法律在当时社会背景下由法学家思想家的推动逐步发展出了文本的形式，古罗马时期的《十二铜表法》便是当时原始法律从不成文的习惯法到成文法发展的体现。从习惯法发展成为成文法，体现了当时社会对于裁决者权力的限制，贵族的司法专断权和宗教背景下的法律体系都因此而受到制约。成文法的发展受到社会形态发展的影响，东西方文化的差异导致法律体系形成的不同。古代中国昙花一现的法家思想缔造了取缔周朝的大秦帝国，但这种严格的法律形式却并没有存在太长时间，甚至后世的有些人将秦国的统治描述为暴政。直到西汉的统治者将儒家思想与法相结合，创设了新的家族本位和国家本位相结合的理论，并使之成为封建时期中国的统治思想。其强调"以礼入刑，德刑相辅"，将法律与道德有机结合起来，将封建思想融入法律规则来保障统治阶级的地位，从而到达维护社会稳定的目的。直到今天，当时的道德习惯、风俗文化仍然影响着现代法律的发展。在儒家思想的影响下，中国的法律文化发展日益集团化，走上了一条氏族—宗族—国家社会的集团本位道路，强调集体主义，家族本位。而西方的法律体系发展道路则完全不同，西方法律源于极具自由开放精神和强调个人特色的希腊法和罗马法，注重私法精神的体现，其发展是一条由氏族—个人—神—个人的个人本位道路。不同于中国古代的义务上位，西方法律发展更加注重个人权利的保护，这与西方国家政治、经济、文化及随之而产生的思想精神是一致的。在法律文本化的发展过程中，不同的思想基础决定了不同的发展道路。中国的法律文化具有公法属性，是一种刑事性的法律体系，成文法较为完善，系统性的法律规则和法律制度组成了中国法律体系；而西方法律文化是较为开放的大陆法和英美法体系。二者对于成文法的重视程度截然不同，尽管现代社会的发展，二者逐渐融合，但其发展道路的差异是不可忽视的。

  法律文本的出现是推动法律进步关键的一步，无论是具有完整架构的成文法体系还是不具有法典形式的习惯法体系，当法律规则成为文字模式并具有一定形式时，其权威性和确定性才能充分体现，但是只具有形式的法律并不能适应当今社会政治、经济、文化发展的需求。随着人类文明的高度发展，简简单单的法律和由规则机械组成的法律制度渐渐淘汰于历史长河之中。随之而来的是结合当代社会思想结晶，符合全体人民共同利益以及内心道德准则的法律体系。庞德的《法理学》对于西方法律发展的介绍中有这样两个历史阶段：第一阶段是严格法，即严格遵守形式，将原始法的相关规则固定到文本当中，使其具有一定的形式。这一时期的法律极具刚性，采取极端的个人主义，因其完全坚持形式主义而"拒绝考虑各种情形或各种交易的道德方面"①，因而是非道德的。这一时期的严格法虽然可以有效地防止争议，抑制司法裁量者的权力滥用，但是弊端也明显暴露出来。所以庞德提出了下一个阶段，即第二阶段衡平法和自然法。这是继严格法之后的一个法律自由化的阶段，这个时期正值欧洲大陆自然法学派的兴盛，此时的法律发展离不开正义、道德和理性。其将法律与道德等而视之，强调道德义务应当成为法律义务，在司法程序中注重理性而不是一味依靠专断规则来处理案件。这一阶段的法律将正义追求放在首位，重视法律的内涵和精神多于法律的规则形式，这是与严格法截然不同的。这一时期的法律充分考虑了公民个人的感受及社会集体的高度道德性，但同时，由于对于道德的过高追求，导致了两个问题，一是人们试图使用法律强制手段来规范那些未确定有法律秩序的伦理问题；二是过分强调理性和道德赋予了法官太过宽泛的司法裁量权。庞德笔下这两种法律模式都是法律发展过程中的尝试，如今的法律发展已接近成熟。结合前人的思想和现代社会发展的模式，现代意义上的国家法，不仅要求法律文本形式方便法律更好实施，而且要求在意识形态上与国家社会高度统一；不仅需要刚性的、严厉的、具有国家强制力的法律制度，同时也需要蕴含道德准则、结合文化思想的法律文化。

二、守法的道德机制

无论是在哪一个阶段，法律都是与道德紧紧缠绕在一起的。道德和法律作为上层建筑，是一个国家和民族文化构成的一部

---

① 庞德. 法理学（第一卷）[M]. 邓正来, 译. 北京: 中国政法大学出版社, 2004: 388.

分，具有本民族和国家的独特色彩。中华传统道德对中华法系的影响延续至今，儒家思想中的道德教育也深深根植于中国人的内心深处。道德依靠社会舆论、传统习俗和人们内心信念来约束公民的行为，而法律作为一种国家强制力保证实施的社会控制手段，依靠国家机器来保障实施。在西方法学中，"法律是道德的最低底限"这一主张，将法律所调整的行为范围整合于层次较低的道德准则，如勿杀人、勿偷盗等。这些道德要求"是一个社会得以维系的最基本条件，是对人们最低限度的要求，是人们必须遵守的义务性道德"[1]。相对于上面所提到的"义务性道德"，还有另一些处于较高层面的道德准则，属于"愿望性道德"，包括奉献、仁慈、宽容、博爱等，而法律作为一种刚性的社会控制手段有时则不适用于这些道德准则的规范。法律与道德这两种调整手段的关联性导致公民在遵守法律和道德准则时存在重合的区域，具体体现道德他律、道德自律两个方面。

（一）守法的道德他律

知法守法，唯有知法才能守法。知法在此有两个含义，一是民众了解法律内容，二是民众了解法律内涵。仅仅知道法律的文本内容是不够的，还需要认识到法律应当被遵守，认识到法律的权威性，这样才能到达法律实施的效果。这种守法感知对外部法律和公民自身都提出了较高的要求。从法律的角度上来看，一部能够得到全体社会公民承认遵守的法律首先要符合全体公民的共同利益，要与公民内心深处的道德准则有机结合，同时适应外部社会环境的变化，成为治理国家的有力手段。公民认识法律、了解法律的途径是多种多样的，无论是通过系统学习还是案例教育，亦或是其他途径，对于法的第一印象决定着法在其心目中的地位。良法善治，亚里士多德的二重法治理论指出：一是已制定

---

[1] 孙国华，朱景文. 法理学[M]. 北京：中国人民大学出版社，2015：303.

的法律获得普遍的服从；二是所服从的法律又应该是本身制定良好的法律。一部良法是有序社会秩序的制度保障，是公民守法的基础。而良法的判断标准存在于公民内心，即是否符合其内心已存的正义观，是否与其遵守的道德准则相适应等。基于5000年的中华文化，传统道德准则经过一代又一代的传承，如今已深深融入中华儿女的骨血之中。法律是基于道德而产生的，在社会形成初期，道德规则代替法律律令发挥着社会调整的功能。如今，法律体系发展趋于成熟，道德仍然是检验法律制约法律的有力准则。公民基于内心已存的道德标准来评价所了解到的法律，虽然在这一阶段中，公民接触到的法律可能仅仅是表面的、浅显的法律条文，但就是这种潜意识的认识，影响着公民内心对于法律的判断，决定了日后法律实施的效果好坏。

认识法律是守法的第一阶段，如何在认识法律的基础上产生守法的意识是公民守法的第二阶段。法律意识分为两个层次，一是法律心理，法律心理是法律意识中较为感性的一类，它是人们通过对法律现象直观的观察所形成的一种感性认识，是一种内心感受和通过对社会法律想象的长期接触所形成的习惯和习俗。法律心理很大程度上受道德准则的影响，在这一阶段，道德就等同于人民心中所坚持的法律。二是法律思想体系，法律思想体系是较为理性一类，它表现为系统化、理论化的法律思想、观点和学说，是人们对于法律现象的自觉的反映。法律思想体系并不像法律心理一样只是对某一法律现象的分散的意识，而是一种有系统的、对一系列法律问题整体化、理论化的思维。这两种法律意识都较为典型。事实上，很大一部分人的法律意识存在于这两者之间，是感性和理性交叉作用产生的结果。守法意识也是在这一从法律心理转变为法律意识的过程中逐渐形成，其中，除去法律本身和社会因素，道德准则是支撑公民守法意识形成的重要支柱。在法律心理层面上，出于对法律制度的陌生，公民本能地依赖于内心既存的道德标准，随着法律的普及，公民对于法律的接受程度也受到传统道德教育的影响。例如,遵纪守法是我国社会主义道德教育的内容之一,随着道德教育的开展,守法意识也慢慢渗透到群众心中,因此,守法意识的形成离不开道德的外在影响。

从守法感知到守法意识的形成,道德的约束作用不可忽视。在原始社会中,违反规则就要受到惩罚,在社会高度文明的今天,除了公民内心出于对法律的敬畏而产生的内心谴责,作为一种高效的社会控制手段,法律的惩罚功能也不容忽视,这也是公民守法的外部刺激之一。而道德同样作为具有社会调整功能的规范模式,也存在着否定评价的功能。出于公民守法意识形成过程中的矫正意义,道德以一种较为缓和的方式产生着作用,它鼓励人们遵纪守法,谴责违法乱纪的行为,这些正面或负面的评价都是通过社会舆论、内心谴责和群众认同等方式表达。不具有强制性。而法律评价手段则不同,对于不守法行为,法律作为统治者维护社会秩序的工具,将运用国家强制力进行否定或是肯定的评价,后果也相较于道德评价更为严重。道德和法律从两个方面对公民守法思想的形成进行矫正,两者相互配合的同时也在相互制约,道德是法律实施的基准,法律的适用离不开道德而法律是最低限度的道德。外部他律有助于公民形成正确的法律意识,从而培养积极的守法精神。

(二) 守法的道德自律

从认识法律到守法意识的形成再到自觉地遵守法律,这一过程并不仅仅是简单的演进过程,公民对于法律的服从历来是一个古老的话题,公民是否守法实际上受诸多外界因素的影响,同时,源于公民自身内部的影响也很大程度上制约着守法意识的形成。公民自身的影响可以分为两类:一从群体层面来说,全体公民之中存在何种影响;二从个体层面来说,公民自身对守法观念的形成需要何种条件。

在第一个层面中,保持一个群体稳定性的最重要的一点就是认同感，群体之中的人们之所以遵守法律，一方面，因为他们认同自己是群体中的一分子，从社会契约论的角度来说，就是他们认同自己的合约和契约当事人的身份。在一个社会群体之中，当统治者所制定的为了维护自身统治的法律具有保障社会秩序的作用，民众处于一个自身稳定、和谐的环境下时，人民是很愿意服从这样的法律，很愿意将自己一部分权力移交于集体来保障自身的生存。另一方面，法律的良性发展需要社会认同，法律是对正义、公平的诉求和体现，是社会成员在长期生活中所逐步积累的制度模式。这种制度模式受传统道德的影响，在法律发展过程中，不合理的法律规范会被社会群体心中的道德准则所否定，当这种否定普遍存在于一个稳定的社会当中时，群众个体就会对这种法律产生一种"否定"的认同感，从而促使良好的法的出现并使之得以服从。公民内心的守法要建立在认同感的基础上，将意念认同逐步转化为行为认同再到最后的守法认同，是我国法治建设的重要目标。

在第二个层面，从公民自身角度出发，良好的守法品格是在社会中遵守法律、保障社会秩序的重要途径。守法品格的培养要求公民有较高道德素养，遵纪守法是公民道德建设的一个重要内容，它要求公民不仅要有知法、懂法、守法、护法的法律意识，还要把法律意识转化为自觉依法行使权利和履行义务的法律行为，以法律的手段维护自身合法权益，维护履行公民基本道德规范，公民个人守法品格的培养是道德自律的一种体现。区别于上文所说的道德他律这种外部规范形式，因自律而形成的守法品格具有一定的稳定性，不会简单因为社会发展而改变。在这种概念下所形成的守法意识才能真正内化到公民心中，因此，要建设中国特色法治社会，公民守法道德教育的培养就极为重要。无论从群体层面来讲还是从公民个人角度来讲，遵守法律这一社会主义基本道德观念都要内化为公民法律意识的一部分。从社会内部出发，将法律规范的概念深深融入公民行为模式当中，保证社会安全、稳定、和谐的发展，使法这一社会控制手段发挥其应有的作用。

三、守法的道德价值

法律与道德紧密联系，密不可分。"道德在精神文明这个复杂的结构体系中占有重要的地位，同法律的关系也极为密切。"[①] 作为法律文化当中的重要部分，守法同道德也是联系在一起的。道德相对于法律来说要更早地出现在社会生活之中，其所产生的对于人们行为和思想价值的影响是巨大的。从最初的家族道德规范，到如今的适用于全社会的社会主义道德素养。道德，这一经过悠久历史文化熏陶的传统文化所传承下来的不仅仅是简简单单的规范文本，还包括其既包含前人智慧结晶又随社会不断发展的思想价值体系。

（一）道德价值的内涵

"道德"一词在西方语言中源出拉丁文，意味风俗、风尚，是指在一定历史条件下，人们共同生活所需要遵守的风俗习惯，这种社会习惯具有一定的规则形式，它对社会生活中人们的行为模式进行调整。在古代中国的思想当中，道德可以分为两部分，一是道，意为天道，是自然中存在的法则，是人们生活的根本。二是德，是指人们自身的品德修养，是存在于人们内心的美好品质。"所谓道德，就是指成己、成天、成人的法则，包括内在的心性修养和外在的行为规范。只有拥有正义美德的人，才可能了解如何去运用法则。"[②] 马克思主义认为，道德是一种社会意识形态，它是人们行为的准则和规范，是共同生活的保障。不同的时代、不同的阶级有不同的道德观念，没有任何一种道德是永恒不

[①] 付子堂. 法律功能论［M］. 北京：中国政法大学出版社，1999：206.
[②] 付子堂. 法律功能论［M］. 北京：中国政法大学出版社，1999：207.

变的。道德是一种多元性的、历史性的、传承性和共同性的社会规范,经久不衰的道德理念必然是符合时代特征且为后世先进社会阶级所承认的规范模式。道德价值是随着道德规范一同存在着的,是将道德规范中某些概念提炼升华所形成的价值观念。道德价值是指个人行为对于他人和社会所具有的道德上的意义,其集中体现在符合道德原则的行为之中。

根据马克思主义关于道德本质的观点,当处于社会生活中的人们的行为不符合统治阶级所提倡的道德观时,其行为就被评价为恶,就是不利于社会稳定的。尊老、集体、真诚、律己、报答、责任、平等等这些都是普世的道德价值中的内容。就像道德具有阶级性一样,其所产生的价值观也是具有阶级性的,不同的社会和阶级具有不同的道德价值观,无产阶级的道德价值观主要体现在为维护社会利益而做出的牺牲价值。

(二) 道德价值的实现

道德在社会中的已有地位不是一蹴而就的,伦理概念先于道德而产生,有了群居的人,有了人们共同遵守的风俗和惯例,随之而来的就是伦理生活,道德意识是后来伴随着自我意识的觉醒才产生的。哲学家康德曾提出了著名的三大道德律令:普遍立法、人是目的及意志自由。这三者层层递进,从人的道德意识为切入点提出道德的形而上学原理,通过绝对命令的形式将道德提升至自由意志的自我立法。通过实践可以发现康德的道德理念具有极大的理想主义色彩,社会中具体的每一个个体都具有自身的独特性,每个人都是有私心的,在复杂的社会生活中,不可能要求个体去遵守一个理想化的行为准则。那么道德价值的实现只能不断提升公民自身道德意识、素养和觉悟,从底层面慢慢向更高的层面发展,并无限接近理想化的道德世界。

在道德素养的宣传教育过程中,培养公民的理性自觉和道德情感非常重要。道德价值的实现,也体现在公民对于道德规范的遵守。理性自觉，是指公民在思想上理解道德，承认道德。社会生活中所存在的道德规范符合其内心的价值观念，在经过理性思考选择之后，道德价值成为其人生价值的一部分。这种道德价值的实现模式是智慧的，是社会个体在克服自身欲望的前提下做出的自觉选择，这意味着道德价值的正确性和公民个人道德素养的提高。与理性自觉不同，出于道德情感而遵从道德规范的方式是一种感性的选择。道德情感是一种情感体验，是指个体对一定的社会存在和道德认识的主观态度；是在一定社会条件下，人们根据道德准则要求到的活动时所产生的爱慕、憎恶、信任、同情等比较持久的内心体验，如爱国主义、集体主义等社会主义道德素养，都需要社会个体对这些道德标准产生认同感和情感体验，才能更好地遵守当时社会条件下的道德规范。

道德价值的实现也体现在公民的行为选择之中，公民心中对于善恶的定义受到社会生活中众多因素的影响。道德是调整社会、规范秩序的手段之一，要求人们在其规定的范围内做出行为，超出范围的行为是不当的，是不被允许的，要受到道德谴责的。这就要求人们在理性自觉和道德情感的作用下做出正确的行为选择。例如，大多数的偷盗者都能够意识到盗窃这一行为是不正确的，但是在外部环境的影响下还是做出了实施盗窃的行为。这就是错误的价值选择，违背了道德，违反了法律。综上所述，道德价值的实现不仅要求在内心层面的道德修养的提高，还要在实践中得到落实。

（三）守法的道德价值目标

法律和道德作为上层建筑的组成部分，共同服务于社会机体，二者紧密联系，同时也存在着差异。法律是具有阶级性的，是掌握国家政权的社会集团的意志体现，道德同样也具有一定的阶级性。一个社会当中的统治者，会将其所希望延续下去的，有助于维护其统治地位的道德规范作为社会主流道德进行宣传和教育。法律与社会主流道德在本质上是一样的,都是同一经济基础之上的上层建筑,由相同的经济基础决定并共同服务。"在法律的制定过程中,掌握国家政权的社会集团往往将社会主流道德的原则用法律的形式固定下来;而在法律的实现过程当中,又离不开道德准则的约束和辅助。"① 二者都是同一社会价值的体现,法律产生于道德,又体现着道德精神,其总的价值目标和精神内容大致相等。在特定的社会生活中,国家法律必须符合一定的道德标准才能成为公民所普遍遵守的社会规范。

1. 守法的内在道德价值目标

守法作为法律意识中的重要内容,也同道德价值有着不可分割的关系。法律规范与道德准则同时作为社会控制手段,相互作用,同时调整着社会生活的方方面面。道德为法律规定了价值基础,法律的实施在某种基础上要满足于道德目标的要求。守法作为法律实施必要环节,实现法的精神与目的是其应有的内在含义。

正义和自由是法律价值的内容,同时也是道德价值的目标。自从法律出现以来,关于正义和自由的讨论声就一直存在,法律是善良和公正的艺术,法律的善良秉性是其正当性和可接受性的基础。早在2000多年前,哲学家们就对这一问题进行了深入的讨论。亚里士多德认为一部全社会公民都遵守的法律必然是正义的;近代自然法学派对法与正义的关系又做出了更深一层的解析,其认为正义是法律评价的标准,不包含正义价值的法律就不是法律。而在现代社会,正义价值同样重要,正义是社会秩序维持的重要道德观念,公民守法的内心确信很大程度上是出于对法律正义性的信任。道德价值中的正义概念包含着法的正义标准,公民对于社会生活状态的设想,对于道德秩序和法律秩序的期望是公民产生守法意识和守法认同感的根据。因此,正义是公民守

---

① 付子堂. 法律功能论 [M]. 北京:中国政法大学出版社,1999:213.

法的内在道德目标。

自由，作为关乎人们生活幸福指数的重要条件，对于法律实施过程同样重要。人生来就是自由的，自由地生存于自然之中，自由地享受物质生活条件带来的便利。但出于集体稳定性、社会秩序和个人安全的考虑，个人的自由又是需要受到限制的，例如个人自由权利的行使不得妨害他人利益。法律，存在于国家集体，其作用就是规定一个范围，使一个国家集体中的人在范围之内自由地做出行为。作为集体中生活的公民，要想获得自身权利自由就必须遵照法律的规定，在相应范围内做出行为选择。相对地，法律必须保证公民的自由权利，这是法律的道德基准，过分限制自由的法律是不正义的，是不符合道德的，是不具备守法认同感的法律，这种法律的最终结果就是被时代、被社会自身所抛弃。因此，法律的自由价值对于公民守法也十分重要。

2. 守法的外在道德价值目标

社会环境对法律实施的效果有着巨大的影响，一部法律最终要达到何种社会效应，起到何种社会调制功能，不仅取决于法律本身，同样取决于其存在的社会形态。"社会是各种相互联系、相互作用的因素所构成的复合体，在这个复合体中，任何一个社会因素的变化，都会直接或间接地影响到社会整体的均衡和稳定。"[①] 社会是法律的基础，法律的制定与适用都是建立在社会生活基础上的，适用于一个国家社会中的法律必然要符合其所坚持的意识形态，"法律应该是社会共同的，有一定的物质生产方式所产生的利益需求的表现，而不是单个人的恣意横行"[②]。相对地，社会需要法律对其进行控制，法律是由国家制定的，由国家强制力保证实施的社会控制手段，它体现着统治阶级的共同利益，维护社会秩序，保持社会状态的稳定。法律的社会控制功能要在道德准则的标准下实施，道德价值对于社会状态的追求在于

---

① 付子堂. 法律功能论 [M]. 北京：中国政法大学出版社，1999：109.
② 马克思恩格斯全集 [M]. 北京：人民出版社，1972：291-292.

秩序和公民共同利益。一个良好稳定的社会秩序是国家发展的前提，人们对于秩序的追求从古至今就没有中断。原始社会的秩序靠家族血缘关系来维系；随着社会的发展与思想的进步，人们自我意识的出现促进道德规范的产生，道德成为社会秩序的调控手段；再到后来，国家的出现确定了法律在众多社会调整方式中的地位，法律是维护社会秩序的利器。安全是众多社会利益当中最底层的利益，是群体中的个体所追求的最低社会环境要求。公民将自身的部分权利移交给集体，目的就是要求集体保障其生存，也就是安全的社会秩序。公民守法的目的也是为了能够在稳定有序的社会环境中得到自身发展。

利益是除秩序外第二个外在道德目标，人们在讨论道德与利益的关系时，第一反应是二者相互排斥，但其实道德与利益的关系并不是完全对立的两种关系，甚至在某些方面是相通的。中国古代圣贤对于道德与利益的关系早已做出评析，认为对于道德的诠释要全面考量到其对社会的影响。康德所提出的理想化道德理念出现在现实生活中是不可能的，人是具体存在于世间的生命体，追逐利益是人的本能。法律作为现代社会的规范机制，要充分考虑人们对于守法和违法的利益标准。如果违法行为所获得的利益大于守法行为，那么法律就会成为一纸空谈，所以利益是要求公民守法的标准。可见，要在处理好利益与道德关系的基础上，尽量符合道德标准，才能更加接近道德价值目标。

第三章 我国公民的守法状态

第一节 公民守法能力的养成

一、公民守法的认识过程

公民守法能力是公民法律素养的体现,不仅指公民遵守法律的能力,而且是公民法律信念与法律运用能力的体现,与公民的受教育水平与法律知识水平息息相关。公民守法能力自然也不限于原先的消极守法,更包括从认识法律的内涵出发,达到认识法律、运用法律、维护法律的积极守法状态。而积极的守法状态使得公民有着社会主人翁的意识,能够主动为法治国家的建设添砖加瓦,愿意做一些有利于法治发展的事情,包括遵守法律、运用法律及为法律的调整与完善做贡献。

由此可见,公民拥有较高的守法能力会使社会呈现比较良好的守法状态,这也是一个完备的法治社会体现的一个方面,因此公民守法能力的养成是中国法治建设的一个关键点。公民的守法能力当然不可能是与生俱来的,公民守法能力与公民成长所处的时代背景及教育程度息息相关。就个人来说,公民的守法能力是在从小到大的法律知识教育中逐步养成的,就社会来说公民的守法能力随着社会的法制建设进程而不断变化提升。罗马不是一天建成的,公民守法能力的养成也不是一朝一夕可以完成的,公民守法能力的养成有着一个漫长的过程,公民首先要认识法律,了解法律,确信法律代表着公平正义,然后才会对法律有情感上的认同与渴求,在意志层面上会去追寻法律,选择法律,而后在心中树立起法治的信念,自身的行为会自觉地达到守法的状态,提升自身的法治意识,养成公民守法能力。公民守法能力养成的第一步是公民对法律的认识。孟德斯鸠说:"法律不能让人难以捉摸,而应该能为普通人所理解。法律不是高深的逻辑艺术,而是一位家长的简单道理。"① 理解这个简单道理的第一步就是认识它。

在改革开放之初,我国不管是经济还是文化、教育等方面与发达国家都有着很大的距离。在这种情况下,我国的法制建设还不完善,老百姓常常将法律与民间的普遍道德要求相互混同,保持着十分朴素的道德观念,遇到纠纷通常会使用自己的方式解决,判断责任也很少通过法律条文的规定。正是因为对于法律的认识不足,公民不相信也不愿意去使用法律,这时候公民的守法能力较差,老百姓们守法并不是主动、积极去维护法律、运用法律,而是畏惧法律,害怕法律的惩罚。

经过数十年的法制建设,我国的法制体系从无到有,从有到全,已经基本建设成了一个完备的体系,而对公民的普法工作也进行了很长的时间。现如今,我国公民的受教育程度不断提高,从小开始的法律知识普及教育,使大部分公民都对法律有了基础的认识,对于法律的认识不再是简单的"违法了就要受惩罚"的刻板印象,知道法律存在的意义及一些常用法条的内容,也能够使用法律来维护自身的合法权益。公民认识了法律,了解了法律,进而学习法律、运用法律、维护法律,为巩固、完善我国的

---

① 孟德斯鸠. 论法的精神[M]. 许明龙, 译. 北京: 商务印书馆, 2009: 693.

法律体系，建设法治国家出一分力。

二、公民守法的情感需要

在公民对法律有了初步的认识之后，就会渴求法律带来的稳定的秩序，公民们会对守法有一种十分强烈的感情需要。自古以来，中国的老百姓从来没有缺少过对于正义的追求，中国公民一直都渴求着正义，而正义也是中国传统道德文化中不可或缺的一部分。在传统文化中，公平正义早就以"平等""均富"等方式体现出来，所以中国民间"尚公好义"，崇尚"德"。正因为如此，在民间传说中，不管是忧国忧民的屈原，还是精忠报国的岳飞，又或是正气长存的文天祥，坚持着正义的仁人志士，都非常受大家的尊崇。而法律自诞生之初，古希腊的法学家们就将其看作"正义"的化身，认为良法就是正义最好的体现。中国人民对公平正义的情感渴求与关注人民利益的法律代表的公平正义正好契合，正是公民的情感需要选择了法律来维护社会的秩序。改革开放之后，我国的发展步伐重新迈动，人民十分需要一个稳定的社会环境来发展生产力，我国的法制建设也从这时开始。从无法到有法可依，可是说是人民的情感选择，当时的人们十分需要一个完善的法律体系来维护社会秩序，给予他们一个安全、稳定的社会环境，公民选择了法律，那么公民守法就有了自身的情感需要。他们需要稳定的秩序，安全的环境，而法律则是维护稳定秩序最好的工具。我国是社会主义国家，党和政府代表的是最广大人民的利益。随着经济社会的高速发展和市场经济日益发达，人民更加需要稳定的秩序来确保他们有着安全、舒适的生活环境，需要有正当的、统一的标准来维持市场的运转，也需要有法律的武器来保护自身的合法权利与劳动成果。人民渴求稳定的秩序与良好的法律，来保护来之不易的美好生活，而守法自然是遵守秩序、维护秩序最直接的体现。因此，公民守法是公民内心的情感需求，稳定的秩序是人类社会发展必须拥有的前提。古话有"宁为太平犬，莫作乱离人"，稳定、和平、安全的生活环境是公民们内心情感所追求的东西，只要法是善法，维护着他们的基本利益，维护着社会秩序的稳定，公民自然愿意去遵守它，这是公民在认识清楚法律之后，内心情感的渴求。

三、公民守法的意志动机

公民守法，不仅仅只因为心中的情感需要，还有着意志动机，公民守法是时代发展的选择。随着经济的发展与社会的进步，公民渐渐开始对于法律与稳定的社会秩序有了很大的需要。不同于以往的"大锅饭"时代，原先采用生产资料集中的生产方式，公民的私有财产甚少，而政策直接的上行下效，也使得原先的法律规定使用甚少，几乎就是一纸空文，那时的人们对法律的需求不大。改革开放以后，人们对法律的需要日益激增。因为市场经济的开放，人们互相之间的交流变多，他们通过努力开始赚取自己的私人财富，其私有财产增多，私有财产之间的互通与交流也在增多，这也使得公民之间发生的纠纷不断增多，这时候法律作为解决纠纷的一种手段进入了公民的视野，而不断发展的市场经济也需要法律来维护市场秩序的正常运行。为了保护自己的合法财产不受侵害及自身合法权利的实现，原先只通过政策调整社会关系的国家管理手段已经不能满足大家新的需求。公民在认识法律之后，希望能够继续维持市场的稳定秩序，有一个开放、公平、安全的市场环境，也希望有一个强有力的手段来保护自己的合法利益，而法律带来的就是稳定的秩序，而公民守法就是对法律的遵守与执行，是确保秩序稳定的要求。并且公民对法律维护的公平正义与带来的稳定还有情感上的需求，种种因素之下，守法自然是公民们意志上的选择。不管是为了保护改革开放以来自己所努力取得的私有财产，还是经济与市场的继续发展对稳定的秩序有更高的要求，都要求有良好完善的法律制度来保护合法权益。时至今日，经过多年的法制建设及普法工作宣传，公民的法律意识较之以往已经大大提高，公民确切地认识到一部良好的法律是维护幸福美满生活的保护墙，而遵守法律，全民守法则是对目前美好生活最好的维护。公民从自身的需求出发，寻求着幸福美好的生活，需要公民守法，给予自身生活的安全感与幸福感，能保护自己的合法权利；从自身的事业理想出发，希望完成自己人生的理想，也需要公民守法，为某一领域的发展构建一个公平、良好的竞争环境与发展平台；又或者从实现民族伟大复兴的中国梦出发，为了社会发展，民族进步，一个稳定、安全的环境也是必不可少的。所以，公民守法是公民意志动机的选择，公民认识法律之后，情感上渴求守法，意志上选择守法，才能为建设法治社会、法治国家打下良好基础。

四、公民守法的信念理想

公民守法最重要的就是要在心中树立起法治的信念理想。在公民认识法律后，就应当在心中树立法治理念，尊敬法律。改革开放之初，我国公民法律意识淡薄，文化程度不高，大多数公民的法律知识较少。在确立依法治国的基本国策之后，国家大力发展法律教育，积极开展普法工作，为的就是加强公民的法律意识与法治思想，希望能在公民心中树立公民守法的信念理想。公民认识、了解法律之后，树立起公民守法的信念理想，将法律当作信仰，那么做出守法的行为也就顺理成章了。公民将法治放在心中，有守法的信念理想，就会自然地参与到法治国家的建设当中，拥护推进法治建设的举措。树立公民守法的信念理想是公民守法能力养成的一个重要环节，也是实现全民守法，建设社会主义法治国家的必要举措。如果公民心中没有守法的信念理想，那么即使再通晓法律，法律也只是他的一种工具而已。没有守法的信念理想，代表着从内心上还不完全相信法律，自然不可能给予法律百分百的信任，自然也无法达到一种积极的守法状态。

五、公民守法行为的形成

公民在心中树立起法律的理想信念之后，自然就会影响到自身的行为，在自觉中形成守法的行为。行为是跟随内心的意志选择的一种行动，如果公民在心中树立起了对法治的信仰，那么公民会不自觉地跟随自身法治理念而做出符合法治理念的行为，学习法律、了解法律、运用法律，都是从内心公民守法的信念理想出发，从公民自身的法治素养和法律意识出发，遵守法律是自然而然的行为。人类的行为受到欲望的驱动，如果没有约束，那么公民的行为必然会侵犯其他公民的合法权益，所以在改革开放之初，国家需要恢复法制，使用法律来约束人民的行为，规定相应的权利与义务，让公民在享受权利的同时受到义务的限制。当时的公民法律意识淡薄，守法行为大多是基于国家强制力威慑下的消极守法行为。在认识到法律是维护社会稳定发展的工具与手段，一旦违反法律就要受到国家强制力的惩罚，而国家执法必严、违法必究的政策也更加重视。随着时代的发展与社会的进步，法律知识得到广泛的普及，法治国家建设的新阶段对于公民的守法行为有了新的要求，那就是积极的守法行为。法治国家已经不仅仅满足于公民单纯的消极守法，遵循法律的规定，遵守法律赋予在其身上的义务，而是对公民有着更高的期望，希望公民能够像遵循道德一样发自内心地信仰法律，使用法律，使用法律赋予自己的权利。公民积极守法行为形成的基础就是公民的法治意识与法律素养，它要求公民在日常生活中不仅要遵守法律，还能熟练运用法律知识解决平日里的纠纷，在无法调和的时候能使用法律的武器保护自己的权利，拥有法治社会主人翁的意识，积极参与立法讨论，监督政府公开与司法执法程序的合法进行，维护法律的公平正义，以带动社会的法治发展及公民法治思想的转变。所以，公民积极守法行为的形成是一个艰难的过程，必须从心中的信仰出发，才会自然而然地做出正确的守法行为，去维护法律、完善法律，做一切对法治建设有利的事情，而每一个积极守法行为都可以带动整个社会法治的进步与发展，从而推动全民守法与社会主义法治国家的建设目标的实现。

六、公民守法能力的养成

公民心中有了法治的信念理想，有了守法行为的形成，最后一步就是公民守法能力的养成。公民的守法能力自然不是指字面上的"遵守法律的能力"，而是将公民守法能力的概念扩展开来。公民的守法能力不仅仅是遵守法律，维护法律，更是指公民在社会活动中保持着一种"法治"的状态。这种状态需要公民有守法的信念理想，自然而然地发自内心做出守法行为，在行为的不断重复与积累经验中，不断养成公民的守法能力。公民守法能力的养成要求公民有着一定的法律意识与法律素养，并且还拥有法治的信念理想。打铁还需自身硬，公民守法能力的养成与公民自身的素质息息相关，要养成公民良好的守法能力，自然离不开对公民法律意识以及法治素养的培养，这就要求我们继续加强法制宣传教育，不断提高公民的受教育水平，使公民能够基本掌握最基础法律知识，并且了解一些法律基本原则的理念，能够使用法律赋予的权利来维护自己的利益，使最广泛的公民能够对公民守法有认同感，树立起全民守法的信念理想，构成整个社会全民守法的守法体系，进入一个良好的公民守法状态。

当然，公民守法能力的养成不可能仅仅靠公民自身就能实现，还需要整个社会的共同建设。首先，在立法方面需要保证立法质量，立法切实有效，符合人民的利益。如果立法本身就有违公平正义，或者存在瑕疵，无法解决实际问题，那么让公民遵守只能是天方夜谭。其次，要给公民创造出一个良好的守法平台，毕竟普通公民的法律技能有限，在公民遇到法律困难的时候，法律援助机构可以及时提供法律方面的咨询以及解答，鼓励公民使用合法渠道维护自身权利，对于公民不了解或者不能理解的立法目的与条文，有关部门应该及时释义，为公民答疑解惑。最后，在执法环节应当严格执法、文明执法，杜绝暴力执法的情况出现，给予公民一定的救济途径。在司法环节要公正公开，审判时要恪守公平正义，提高公民对法治工作的满意度与信任度。只有公民心中认同法律，认为法律代表着公平正义，公民才会把全民守法的理想信念放在心中，形成良好的守法行为，养成较好的守法能力。

第二节　公民守法状态的价值衡量

一、守法与社会秩序

秩序是法律的基础价值。人类是群居动物，当人类所组成的这个社会发展到一定程度的时候，就必须要结束混乱的无秩序状态，建立起一个权威的秩序规则。在这种秩序的规制下，公民的行为才有可确定性，鼓励积极向上的行为，禁止恶习，保障自身的生命财产安全，使用这种规则来化解纠纷，以避免陷入永无止境的血亲复仇之中。法律的制定与实施，其目的之一就是为了保证一个良好稳定的秩序，通过立法来确定公民的权利义务，通过司法来维护法律的权威，化解纠纷、惩恶扬善，这样才能为社会的发展创造出一个和平稳定的环境，也给公民带来温馨、安全的社会环境。但同时，整个法律体系的运转也基于稳定的秩序之上，一旦失去了秩序的地基，没有了秩序的保障，那么法律就会直接面临着许多来自现实层面的威胁，不断威胁到法律的权威、公信力与生命。良好的秩序是法律运行的基础，法律需要良好的秩序来确保法律的强制力实施，而法律又通过强制力的约束，维护秩序的稳定，二者互相依存。正如古希腊哲学家亚里士多德所说："法律就是秩序，有好的法律才有好的秩序。"

法律是社会的调适器，维护着整个社会的秩序与稳定，而公民守法也是整个法律体系中的一个环节，对于维护秩序当然有着积极的意义。法律的规定是维护秩序的武器，它的效力由国家的强制力来作为后盾与支持，因此，在一般层面上，不管是何种组织或者个人，都应当"守法"。守法应当是社会任何个人与组织的基本行为准则，而一个良好的守法状态，是一个秩序良好社会的基础，法治是使用法律治理国家的最高理想状态，想要达到法治，良好的公民守法状态是必不可少的。法律是趋于共识成立的，体现着一个民族的"一般精神"，但是我国幅员辽阔，社会上不同的群体有着不同的利益诉求，而每个公民之间也因为成长环境与成长过程的不同存在着很大的差异性。在这种情况下，现代社会的利益诉求日趋多元化，完全没有矛盾的社会是不可能存在的，完全没有纠纷发生也只是美好的想象，但是要达到"夜不闭户，路不拾遗"一般良好秩序的治理状态却是完全有可能的。公民们坚守着消极的守法状态，意味着公民们遵守着法律条文的规定，使得法律条文的实施行之有效，自然是维护了当前社会秩序的稳定。公民们积极的守法状态又促使公民们在平日里的矛盾与纠纷的解决中遵循法律的规定，而完善的权利义务体制给了公民使用法律来化解纠纷的可能性，从而维护了社会秩序的稳定。

二、守法与公民自由

自由是法最本质的价值，也是自古以来众多法学家追求向往的目标。但是自由并不意味着可以做任何事情，法国大革命纲领性文件《人权宣言》第 4 条对自由的定义为："自由即有权做一切无害于他人的任何事情。"自由也从未赋予一个公民肆意妄为的权利，简而言之，自由并不是想做什么就做什么，而是在合法的法律规制框架下的任意享有自身的权利，即一些学者所认为的"自律的自由"。诚然，世界上没有什么事物是绝对的，任何事物都拥有两面性，自由也是如此。马克思说："自由就是从事一切对别人没有害处的活动的权利。每个人所能进行的对别人没有害处的活动的界限是由法律规定的，正像地界是由界标确定的一样。"① 在人类社会中，每一个人都与其他个体有着千丝万缕的联系，不能孤立存在，一个公民享受它的自由，那么也一定与另一个公民的自由息息相关。自由有它的边界，自由的边界是他人的自由，行使自己所拥有的权利，也不可避免地与他人的权利范围发生交叉与重叠。自由的享有也应该在法律所规定范围之内，在公民享受个人自由的时候，当然不得损害其他人的权益或者公有利益。罗尔斯说："自由只能因为自由的缘故而受到限制。"② 孟德斯鸠也表示："如果一个公民能够做法律所禁止的事情，他就不再自由了，因为，其他人也同样会有这个权利。"③ 法律给予追求自由的人最大的满足之后又套上了义务的锁链，在公民享受自由的同时，也要受到法律的约束，不得侵犯他人的合法权益。

公民有着良好的守法状态有利于自由的保护。公民的消极守法状态意味着公民遵守法律规范，遵守法律并不是意味着公民的权利受到限制，并不是禁止自由，而是为了更好地保护自由，法律发挥它自身的调整作用，是为了创造更好的社会环境，是为了最大限度地保护人们的合法权利。正如卢梭所说："人生来自由，

---

① 马克思恩格斯全集 [M]. 北京：人民出版社，1956：438.
② 约翰·罗尔斯. 正义论 [M]. 何怀宏，何包钢，廖申白，译. 北京：中国社会科学出版社，1988：9.
③ 孟德斯鸠. 论法的精神 [M]. 许明龙，译. 北京：商务印书馆，2009：184.

但又无往不在枷锁之中。"自由并不是为所欲为，并不是不受约束，法规的限制是人们获得更好自由的前提条件，只有法规将其限制在一定的界限内，才能更好地保障每个公民都能有自己最基本的自由。公民有着良好的守法状态，是为了更好地保护社会公益和其他人的权利，让公民们的权利得到更好的保护与行使。博登海默表示："法律始终是增进自由的一种重要力量，与此同时也是限制自由范围的一种重要工具。"[1] 公民的行为必然要受到社会的约束，如果不对其进行限制，一味崇尚绝对的自由就会引发许多社会问题。而公民积极的守法状态就更加有利于实现公民的自由，公民守法的积极状态代表着公民在法律的指导下使用法律的武器来保护自己的合法权利不受侵害，公民不仅知法懂法，还能守法用法，通过法律手段来解决问题，来保护自己的自由，实现自己的自由。

三、守法与公民平等

平等，是众多法学家毕生追求的目标。平等代表着人类社会的美好愿景，西方法学家宣称的人生而平等就代表着这种美好的理念，也得到了人们的认可。但是，在现实之中，因为个体与环境的差异，绝对的平等是现阶段的人类社会难以实现的，就好似那句古老的格言"世界上没有两片相同的树叶"。平等是公民的基本权利之一，每一个文明的和谐社会都追求并且尽量实现人格上的平等、机会上的平等及权利上的平等。在现实生活中，每个公民自身的情况都不一样，所处的地位也不一样，因为经济实力、文化水平等因素的高低不一，各个社会群体的社会地位不一样，所以在实际生活中受到法律保护的力度也不一样。权利与法律的平等毋庸置疑，但是在权利的实现与法律的实行中，因为权

---

[1] 博登海默. 法理学：法律哲学与法律方法 [M]. 邓正来，译. 北京：中国政法大学出版社，2004：307.

利主体的差别，导致对权利保护的不同，占有更优秀社会资源的人群会处于优势地位。美国学者布莱克说："法律最声明狼藉的一点在于：它赋予富人比穷人大得多的权利。"[1] 如果放任这种情况不管，那么弱势群体在诉讼中很可能受到不公平的待遇，所以罗尔斯认为即使在相同即机会条件与相同待遇下也要进行差别待遇，因为一些公民由于家庭差距等原因从一开始就在竞争中处于劣势，对"最不利者"进行差别待遇，再加上对等的机会与待遇原则，才能尽可能地平等。正是这种外部环境与内部选择的差异性与不可复制，导致了绝对平等的难以实现。博登海默这样定义平等的概念："平等乃是一个具有多种不同含义的多形概念。它所指的对象可以是政治参与的权利、收入分配的制度，也可以是不得势群体的社会地位和法律地位。它的范围涉及法律待遇的平等、机会的平等与人类基本需要的平等。"同时，"法律在增进人与人之间的平等和群体与群体之间的平等方面发挥过显著的作用；与此同时，它也维护并认可了许多不平等的现象"[2]。可见，完全绝对的平等是现阶段的人类社会难以实现的，这使得我们退而求其次，追求形式上的平等，即权利上的平等、待遇上的平等、机会上的平等。

我国是社会主义国家，法律代表着广大人们群众的利益，平等权是我国公民的基本权利之一。尽管我国幅员辽阔，各个地区之间的发展不平衡的问题也一直存在，但公民之间的平等是写入宪法的内容，我国法律赋予了公民平等享有法律规定的权利，履行法律所规定的义务。一直以来，我国的法律都在维护着广大人民群众的平等权利，给予平等的待遇，公平的机会，对于社会上的弱势群体也有着特别的救济措施。所以，公民守法在一定程度

---

[1] 布莱克. 社会学视野中的司法 [M]. 郭兴华, 等, 译. 北京：法律出版社, 2002：96.
[2] 博登海默. 法理学：法律哲学与法律方法 [M]. 邓正来, 译. 北京：中国政法大学出版社, 2004：307.

上维护了公民平等，公民不违反法律，不去谋求某些"快捷通道"，就是对公民平等最好的维护。而公民积极通过法律、运用法律来维护自己的权利，也正是公民平等权的体现。将法律放在心中，积极使用法律武器与不平等的现象做斗争，为建设社会主义法治国家贡献力量，更加能够保证公民平等权的实现。

四、守法与公平正义

博登海默说过："正义有着一张普罗透斯似的脸，变换无常、随时可呈不同形状并具有极不相同的面貌"。① 正义是所有法学家所追求的目标，他们都把法律看成"正义"的化身，但是在不同的时代对正义的定义也各不一致。柏拉图认为正义就是各个阶级各司其职，尽管其中有着阶级的不平等；亚里士多德则与他的老师意见相左，认为平等是正义的尺度；斯宾塞则认为正义应该与自由的联系最为密切。但是不管如何，正义都是衡量法律之善的尺度，也是法治中不可缺少的部分，公平与正义是自古希腊以来就认为的法所追求的最上层的价值之一，是现代社会所崇尚的与认可的崇高理想。就社会主义法治国家来说，公平正义应该代表着人民的根本利益，是在社会制度下各个方面实行统一的拥有正当性的价值标准，采取同一种价值取向的社会状态，它在社会的不同领域有着不同的要求。

习近平总书记指出："全面依法治国，必须紧紧围绕保障和促进社会公平正义来进行。公平正义是中国特色社会主义的内在要求，是我们党追求的一个十分崇高的价值目标。全心全意为人民服务的宗旨决定了我们必须追求公平正义，保护人民权益，伸张正义。"

法律的功能是解决纠纷，化解社会矛盾，是为了解讼止争，

---

① 博登海默. 法理学：法律哲学与法律方法［M］. 邓正来，译. 北京：中国政法大学出版社，2004：261.

如果在法律的实施过程中无法彰显公平与正义,那么审判的结果就不会被人民群众所接受,那么法律就无法达到原本的目的,无法解决应该解决的问题,法律的权威与公信力就会被不断削弱,最终也就失去了它原本的效力。

公民拥有一个良好的守法状态对于维护司法乃至社会的公平正义都有着积极的效果。就公民守法的消极状态来说,公民遵守法律法规,对于违反公平正义的行为进行不作为,有利于促进司法公正。公民积极的守法状态,使得公民面对失去公平正义的审判时,能通过正当的法律程序采取法律救济措施,这一方面维护了自身应享有的合法权利,另一方面推翻了原先不公正不正义的判决,在社会上能起到良好的示范与带动作用,更能够推进公平正义的建设。"司法公正对社会公正具有重要引领作用,司法不公对社会公正具有致命破坏作用,这就要求我们在实践中推进公正司法。"积极良好的守法状态对于公正司法有着极其重要的推进作用。消极的公民守法是公正司法顺利运行的前提,积极的公民守法是在司法错误时公民维护正义的救济手段,对社会上的不正之风进行监督,在立法过程中听取人民群众的意见,也使得立法能够更加贴合最广大人民的利益。将公民守法纳入公平正义的法治环境的建设之中,是社会主义法治公平正义建设必须要做的事情,一个良好的公民守法状态让公平正义的实现事半功倍。

第三节　新时代公民守法的趋向

一、我国法制建设时期公民守法表现

改革开放以来,我国国家建设各方面获得了巨大的成功,并

逐步由法制建设转向法治建设之路。回顾过去的法制建设进程，自1978年12月召开的党的十一届三中全会以来，在思想上进行了拨乱反正，将民主与法治确定为国家法制建设的核心思想，并且提出了国家法制建设时期的十六字方针："有法可依、有法必依、执法必严、违法必究"，开启了我国社会主义法制建设的新征程。自此，国家逐步将各项管理事务纳入法制轨道之中，确立了依法治国的基本方略，依法行政、依法执政成为党和政府治理国家的新理念。有法可依与有法必依使得我国的立法工作重新开始，为了实现有法可依，国家逐步完善了中国特色社会主义法律体系的建设；结合有法必依，开启了全民普及法律知识的普法教育活动，很快使我国公民的聚焦到放在法律之上，在全社会逐步达成了依法治国的法治理念共识；执法必严与违法必究制止了市场经济刚刚开放之初的违法犯罪行为，展示了法律的权威，维护了秩序的稳定，为经济建设的飞速发展提供了良好的环境。我国开展社会主义法治国家建设，是一个宏伟的理想，是一个伟大的蓝图，也不是一朝一夕就能够建成的。在我国法制建设时期"十六字方针"的指导下取得的一系列显著成果，为我国社会主义法治国家的建设奠定了良好的基础。

邓小平思想是马克思主义与中国实际相结合的理论成果之一，是中国特色社会主义法制建设的思想指导，在邓小平思想的指导下，我国法制建设融入了民主与法治的内涵。"为了保障人民民主，必须加强社会主义法制，使民主制度化、法律化，使这种制度和法律具有稳定性、连续性和极大的权威性，做到有法可依、有法必依、执法必严、违法必究"。由此，民主与法治成为我国改革开放沿着法治道路前进的标杆，在之后的立法、执法、司法改革中，相关政策实施也严格遵循着民主与法治的要求。在我国探索法制建设的道路上，"十六字方针"是我国法治发展的奠基石，是未来我国建成法治国家、法治社会的基础，研究法制建设"十六字方针"的内容和实施状况，对我国新时代推动法治中国建设进程有着巨大的指导意义。

(一) 有法可依

"文革"期间,法制工作遭受严重破坏,改革开放之初,国内各领域都存在着立法空白与法律缺陷,各项工作均面临着无法可依的局面,导致社会环境的不稳定,百姓生活缺失安全感。同时,公民的法律意识比较淡薄,法律知识匮乏,公民想要守法,就要先有法可守,面对这样的社会现象,我国法制改革首先要考虑的就是立法。因此"十六字方针"将"有法可依"作为法制建设的第一步,将当时的工作重心放到立法上来。有法可依代表了我国社会治理、国家治理向法制的转变,在各个方面都有法可依,建设中国特色社会主义法制体系,是推进依法治国方略的重要举措。在这一思想的指导下,党的十五大确立了到2010年形成中国特色社会主义法律体系的要求,在数十年的立法活动及改革中,我国立法工作取得了重大的成效,形成了以宪法为核心的中国特色社会主义法律体系,在政治、经济、文化等社会各方面都做到了有法可依。有法可依的实现也推动了公民守法状态的实现,有助于公民在这段时间内保持较好的守法状态,为我国接下来的法治建设打下了坚实的基础。

我国进行社会主义现代法制建设时间不长,积累经验不足,且各领域立法又无先见经验供借鉴,社会的快速发展要求法律部门的齐全,法律规范涉及范围尽可能的要广,立法活动在国家社会管理各领域全面铺开。在这种形式下所立之法质量不敢奢求太高,法律部门相互之间的系统性不强,常常出现有各种法律规范互相冲突的情况。在实践过程中,正是因为这种相互之间的不协调、不一致,导致了法律规范竞合而引起的法律责任的竞合状况,造成了同案不同判现象的出现。例如,消费者侵权案件,可以依照《中华人民共和国消费者权益保护法》构成违约行为而应承担违约责任,依照《中华人民共和国侵权责任法》构成侵犯公民人身、财产的合法权益而应承担的侵权责任,这种不同法律规范之间的界限不清与不协调也导致了法律适用上的困惑,不利于社会的和谐与依法治国的推进,也不同程度造成了公民守法方面的迷茫。我国是成文法国家,法律文本的规定性不统一,无法适应快速变化的社会环境,因此,就需要不断地修改与完善法律文本使其符合时代变革。立法是法治建设的前提,一部良好的法律是法治国家、法治社会的必备条件,无论国家处在哪个发展时期,立法活动都需要得到重视。

随着时代的发展,对立法工作的要求也在不断的提升和转变,从"量"到"质"形成了完备的法律法规体系,更快达到"科学立法"应有的标准。

(二) 有法必依

有法必依在我国法制建设初期,是对各社会主体最基本的守法要求,即在有法律条文规定的领域,有法可依的情况下,必须要做到有法必依。法律的生命在于实施,而公民对于法律的遵守与尊重程度,将会影响到国家法律规范实施的效果。守法是法律文化建设中的重要内容之一,是一个国家高效法治化程度的体现,有法必依正是对社会各主体守法的基本要求。在当时法制领域百废待兴的情况下,不仅缺少可以依照行事的行为规范,也无分配权利与义务为内容的法律规范,社会各主体缺失守法的基本精神。在民主与法制已成为国家法制建设主题思想的背景下,如果仅仅是有法可依,而不能做到有法必依,那就等于法律无法发挥自身应有的规范作用和社会作用,也就只能成为书面上的法律而已。在实践中,法律规范很难起到指引、评价、规范人们社会行为的作用。由于我国传统社会重人情、轻法律思想的影响下,我们的社会环境逐渐偏向于人情社会,人的影响要大于法的影响,这极不利于现代意义上的稳定和谐的社会局面的形成。因此,有法必依应是法制建设阶段的中心环节。

在有法可依对立法做出要求的前提下，为了让法律进入公民的视野，使得公民遵守法律，将法律作为维护秩序稳定、化解纠纷矛盾的工具，"有法必依"相关政策应运而生。有法必依不仅是简单的、笼统的要求所有公民遵守法律，它对不同类型的社会主体提出了不同的要求。对于普通公民来说，首先要对其进行相关法律知识的普及，消除传统意义上"人情社会"的观念，将法制意识普及到全社会当中。将法律文本变为实践中指导人们社会行为的规范模式，将守法精神植入公民内心，将优秀的法律文化内化为公民遵法守法的观念意识，最终形成法律信仰，使遵守法律的良好风气在社会中蔚然成风。对于法律职业者来说，有法必依要求法律职业者有较高的法律素养，包括对执法人员在执法过程中做到有法必依，严格的按照法律所规定的程序来执法，防止公权力的滥用。有法必依是法律正义的要求和前提，执法人员法律素养的提高直接关系到对具体案件的处理，关系到对公民权利的保障，既是民主与法制的要求，也是保障法律有效实施的必要条件。

我国公民的法律意识随着 30 多年来普法教育活动的开展，尽管已经获得了显着的提升，但要将守法由原来的公民被动的服从转变为公民主动地遵守，扔需要我们几代人在公民学法遵法守法用法等各方面进一步努力。不过总体来说，经过前一阶段的开展，有法必依的政策落实获得了巨大的成功。在新时代推动我国法治建设进程中，对社会主体守法的要求也在随着社会发展而不断提高，努力在全社会践行"全民守法"的新目标。

（三）执法必严

执法必严可以说是有法必依的更高层次的要求，"历史的经验表明，法令行则国治国兴，法令驰则国乱国衰。要努力使全社会成员都能严格依法决策、依法办事、依法管理、依法办案、依法监督等，这是依法治国的重要内容。"① 执法必严要求执法者在执法过程中必须一丝不苟地完成自己的执法任务，坚决的维护法律的尊严与权威，是对宪法赋予国家行政机关及其工作人员公权力的限制，也是对公民合法利益的保护。执法人员在执法中不得超过法律赋予他们的职能权限，这在一定程度上限制了公权力的滥用。在执法过程中要严格区分法律规范对权利与义务的分配界限，依法对行政相对人实施制裁、限制合法权利的时候，也要尊重公民其他的合法正当权利，不得超过法律赋予的强制力范围，执法离不开这个"必严"。在卢梭的《社会契约论》当中，把执法者的权力作为共同体中所有成员所上交的权力，在这种意义上，执法者应当符合共同体中成员的期待，而只有在满足共同体成员安全有序的社会生活的前提下，其才会接受执法者对其部分自由的限制，从而到达维护社会稳定的的目的。执法的严格也是对宪法和法律地位的一种保障，唯有正义的执法结果才能服众，才能将法治意识成功转化到公民深层意识之中，从而树立法律权威。

通过数十年的法制建设及普法教育活动的开展，现代社会环境下，具备较高法律意识的公民对执法者的期望愈加理性，社会执法环境也更为复杂，尽管执法人员的法律意识与法律素养已有了显著的提高，但现实中的执法环境与法治国家建设目标的要求仍然有所差距，所以我国的法治队伍建设仍需进一步的努力，用"严格执法"的新标准践行法治建设之路。

（四）违法必究

违法必究强调国家司法职能部门对于违法犯罪行为的惩罚与追究，在全社会培养起违法犯罪必受法律惩处的社会共识，引导社会主体学法、守法，评价、规范社会主体社会行为的法律性，

---

① 吴国平. 执法必严的问题探析 [J]. 福建政法管理干部学院学报，2000 (2).

在我国公民内心树立法律的权威,任何违法犯罪行为都逃不出法律的强制制裁,公民对违法犯罪不再有侥幸心理,不会为了自身的一私利益铤而走险,从事违法犯罪活动,违法必究成为维护社会环境稳定的重要条件。违法必究不仅在社会实践意义上是国家法治建设的保障,在公民法律意识的养成上也起着不可估量的作用。对社会违法行为的惩罚也是对普通公民的一种犯罪预防与普法教育,只有当违反法律应承担的不利后果不可避免,且可能较大于其通过违法行为所能获得的非法利益时,违法行为才可能有效的得以制止。维护法律的权威与秩序的稳定,保护公民的合法权益,为经济的发展提供了良好的环境,为公民的合法权益提供了保护,这是违法必究应有价值。违法必究体现了法律对公民合法权利的保护,必须要求在法律面前人人平等,任何人都不能享有凌驾于法律之上的特权,向公民展示了法律的公平正义之价值,使得公民主动遵守国家法律法规,进而推动我国法治社会的建设。

新时代对违法必究方针的要求不同于以往时期,社会的发展变革迅速,违法方式也有着新的形式,这不仅仅在客观上增加了执法、司法人员处理具体案件的难度,在主观上,由于公民个人法律意识的增强以及对法律精神有较深层的理解,也对违法必究提出了更高标准的要求。因此,在新时代大力推进我国法治建设进程当中,要全面结合社会实际来继续完善法律的惩罚机制,使其更加符合法治国家建设的需要,严格践行"公正司法"的新理念。

二、新时代法治中国公民守法的发展

经过 40 多年的法制建设,我国已经基本建成了一个完整的社会主义法律体系,在法律规范方面从无到有,从有到优。党的十八大以来,以习近平总书记为代表的党的领导核心围绕着进一步展开依法治国提出了许多新的理念与要求,党的十九大决定成立中央全面依法治国领导小组,加强对法治中国建设的统一领导。对于依法治国进行新的实践,经过多年依法治国政策的推行,基本建立了中国特色社会主义法律体系,在数十年的工作中,也积累了宝贵的实践经验。随着法治建设进程的发展与社会实际环境的变化,相对于原先的"十六字方针",社会的发展给我们提出了新的需要。在新时代的法治中国,公民守法的任务有了新的发展,面对新的问题和挑战,我们结合社会的新需求与这些年来的宝贵实践经验,对原来的理念进行了更新换代。习近平总书记提出了"新十六字方针",即科学立法、严格执法、公正司法、全民守法。新的方针与旧方针的内容相比,有继承也有发展,也对公民守法状态提出了更高层次的要求。

(一) 科学立法

在新时代法治国家的建设中,我们首先要考虑的就是法律的数量及质量,我们对立法的需要是从立法的数量到立法的质量的转变,从原先的有法可依到科学立法的转变,科学立法对我们的立法质量提出了新的要求。在改革开放以后,我们经过了数十年的法制建设工作,这使得我们不再处于当初无法可依的窘境,也不再是在一片漆黑中摸索,摸着石头过河的阶段,我们在法制建设方面硕果累累。随着经济的发展,人民生活水平的提高,精神生活的丰富和文化素养的提升使得人们对法律质量的要求也相应提高。亚里士多德说:"我们应该注意到邦国虽有良法,要是人们不能全都遵循,仍然不能实现法治。法治应该包含两种意义:已成立的法律获得普遍的服从,而大家服从的法律又应该是本身制定得良好的法律。"① 科学立法,确保立法的质量与科学性,是创造出全民良好守法状态的前提。只有立法科学,符合最广大公

---

① 亚里士多德. 政治学 [M]. 吴寿彭, 译. 北京: 商务印书馆, 1981: 199.

民的根本利益，从公民的角度出发，维护公平正义，大家才会从内心认同这个法律，将遵法守法当做信念存在心中，法律才树立起权威，得到公民们的肯定和拥护。古罗马政治法律思想家西塞罗认为："法律的制定是为了保障公民的福祉、国家的繁昌和人们安宁而幸福的生活。"① 因此，公民拥有法律信念与法律信仰，认识法律，能够熟练地在平时生活中使用法律，也对科学立法有着促进作用，更是建立社会主义法治国家的前提要求。

当前，我们在各个方面基本的法律体系已经建成，所以，接下来我们考虑的不是有法可依的问题，而是所依的法是否是正确，是不是能够切实解决社会问题，即立法质量的问题。在早期的立法阶段，为了快速弥补一些方面的法律空白，我们或是借鉴了其他地区的先进经验，或者在立法时较为仓促，导致所立的法律难以满足当前人民与社会发展的需要，还有很多问题存在，如立法过于笼统，操作性、实用性不强，难以解决问题，成为一纸空文；立法不够体系化，不同法律出现"撞车"的情况；立法目的与观念不够先进，不能准确调整权利与义务的关系，不能解决问题，或是立法在某些地区水土不服等。习近平总书记说："人民群众对立法的期盼，已经不是有没有，而是好不好、管不管用、能不能解决实际问题；不是什么法都能治国，不是什么法都能治好国。"② 就目前的实际情况，提高立法质量刻不容缓，科学立法的提出准确把握住我国目前在立法方面的主要问题。一方面，科学立法要求在立法角度更加科学合理，提高立法的质量，保证立法内容科学有效，能够切实解决社会问题，符合社会需要。在一些新兴领域方面也要加强立法力度，保证立法的专业性与科学性，对原先有质量瑕疵或者已经不符合时代与社会需要的法律规定尽快更新。完善法律解释机制也是增加立法质量的重

---

① 西塞罗. 论共和国·论法律 [M]. 王焕生，译. 北京：中国政法大学出版社，1997：219.

② 习近平总书记在十八届中央政治局第四次集体学习时的讲话（2013年2月23日）。

要方式。法律规范是用文字的方式表达出来的，法律应当是明确的，但是法律条文的表达却受到文字框架的束缚，面对同样一段法律条文，不同的人会有不同的见解，有不一样的解读，所以法律具有不确定性。霍姆斯曾说过，法律的生命不在逻辑而在于经验。因此，在立法解释上，最高人民法院与最高人民检察院要提高自身的法律水平，及时出台更有质量的法律解释。

另一方面，科学立法要求在立法的程序上更加严谨。修订、制定法律应该广泛听取相关专家与广大人民群众的意见，在立法的各个环节中更加体现出人民的意志，符合人民的心声，这是公民守法的新要求，也是建立一个良好的全民守法社会的必经之路。

（二）严格执法

"法的生命力在于实施，法律的权威也在于实施，法律的有效实施，是全面依法治国的重点和难点。"[①] 一部再如何完美的法律如果束之高阁，不去实施，它就无法发挥自身的作用。正因如此，执法领域不管在什么时候都是我们所需要关注的重点领域。在原先的法制建设时期，党和政府恪守执法必严、违法必究的方针，在执法领域取得了很大的成果，但是就这一领域而言，我们仍然面临着严峻的考验。习近平总书记提出了严格执法的新方针，与原先执法必严的要求变化不大，这表示了在执法领域我们依然要借助之前的成功经验，继续砥砺前行，也表示在执法这一领域，还有很多的不足之处，执法不严的现象还时有发生。特别是随着时代快速发展，科学技术的飞跃前进，新事物的不断出现，违法行为的手段更加多样化、复杂化，更加隐蔽且难以发现。近年来，新式的违法行为，如电信诈骗、网络传谣等层出不穷，不仅对公民财产安全造成很大侵害，更对政府公信力造成了严重损失，而且网络犯罪因其成本低廉、复发性强，也给执法带

---

① 中共中央宣传部. 习近平总书记系列重要讲话读本 [M]. 北京：人民出版社，2017：94.

来了很大的困难。如果执法不严，违法者逍遥法外，那么伤害到的就是法律的权威，将使公民的安全感丢失。所以，法治政府必须是严格执法的政府，法治国家也必须是严格执法的国家，只有严格执法，才能维护法律的权威和生命力，才能有促使公民守法的强制力措施，才能使公民们受到约束。

严格执法从另一方面来说，也要求执法人员在执法过程中要严格按照法律的要求，不能违反法律程序，不能在执法过程中暴力执法，或者是违法执法，甚至知法犯法。严格执法对执法人员的素养提出了新的要求。目前的执法人员队伍中，执法过程中只看结果不问过程的情况还是时有发生，遇事不按程序进行，忽视程序上的规定，或者在执法中出现粗暴、轻率的情况，这不仅激化了矛盾，还会在社会上产生不好的影响，降低执法者队伍的公信力与公民守法的信念。法治国家要求执法者队伍有着极高的法律素养，法律法规不仅仅规定着公民的权利与义务，也限制着执法者的权力的施展，在执法者要求公民履行义务或者限制公民权利的时候，自身也要尊重公民的权利，在执法中约束自己，文明执法，正确对待公民的权利，正确发挥法律解决纠纷的作用。

（三）公正司法

司法公正是正义的最后一道防线，习近平总书记强调："努力让人们群众在每一个司法案件中都能感受到公平正义，决不能让不公正的审判伤害人们群众感情、损害人们群众权益。""人们群众每一次经历求告无门、每一次经历冤假错案，损害的都不仅仅是他们的合法权益，更是法律的尊严和权威。"[1]

公平正义是社会主义法治建设的核心追求，也是社会主义法治国家的灵魂。司法公正关乎着法律的价值与生命力，特别是在信息传递十分快速方便的今天，一次有违公平正义的判决就会大

---

[1] 习近平总书记系列重要讲话读本［M］．北京：人民出版社，2017：94.

大损害法律的权威和国家的公信力，使得人们群众对于法律的信任感降低，一次不公的判决造成的损失远远要大于十次完美的审判所造成的良性影响。公正司法相较于原先的违法必究，更寻求司法中的公平正义，相对于惩罚违法行为，更多的是对司法机关本身提出了公正的要求，司法机关需要将公平正义当作核心价值，在司法过程中公正司法，恪守公平正义，维护最广大人民群众的利益，将司法公正打造成社会公平正义的表率，使得公民认同法治、信仰法治，愿意遵守司法结果，达到良好的守法状态。诚然，如果司法机关本身就背离了公正，那么它做出的裁判也失去了本身应有的公平正义，而司法机关在司法中违背了公正，不能体现公平正义，司法也就不再是法治的工具，法律也就失去了它存在的意义与价值。因此，在社会主义法治国家的建设过程中，司法需要将重点从惩罚犯罪转移到维护公平正义之上，不仅仅追求对违法者的惩罚，更应当注重整个司法过程中彰显公平正义。在法治国家中，需要公正司法，这样的司法环境才能让公民自觉守法，加强法治理念，拥有良好的守法状态，达到法治。

公正司法除了司法机关自身公正司法之外，在司法制度上还应该继续深化制度改革。司法机关在行使权力时应该有一套更为良好、紧密的程序限制，使得司法环节在程序上实现公平正义。此外还要保证司法机关在行使权力时不受到其他部门的干扰，保证司法审判权的独立，在监督方面也建立起一套完善的监督措施，一旦发现错判漏判等情况能够快速有效采取救济措施，这样才能保证司法的公正。司法审判永远没有瑕疵是不现实的，但我们可以对其配套制度进行升级与优化，使有违公正的情况发生的概率达到最小，一旦发生有违公正司法的情况，也可以迅速做出反应，采取补救措施，将不良影响降到最低，这也是维护公正司法的重要方式。

（四）全民守法

守法是法治国家的题中之义，任何组织与个人都应该遵守信仰法律，而全民守法也是建设社会主义法治国家的一个关键点。在之前的旧"十六字方针"中，大多都是对公权力提出要求与举措，而对于公民就仅仅只是简单的"有法可依"，只要遵纪守法，不违反法律的规定就完成任务了，这是一种消极的守法义务。公民的守法仅仅就是字面意思上的遵守法律，而没有延伸到更加广阔的领域中去，导致公民在法治国家的建设之中参与感不强。而现在随着法治建设进程的推进与新时代的需要，公民的法治观念与法治意识日益增强，但是公民守法的现状却并不乐观，这一点与公民的法治参与感有关。现阶段，公民还未在心中树立起法治的信念，因此全民守法给公民的守法状态提出了新的要求。全民守法不是给公权力，而是给社会与公民提出了积极的守法要求，号召公民参与到法治建设当中来，要公民在心中树立法律信念，养成法律行为，拥有较高的守法能力，知法识法懂法用法，这样才能推动整个社会法治观念与法治意识的形成。当法治成为一种法律信念存在于公民心中，公民自然会去信仰法律，会自觉遵守法律，维护法律的权威，而公民树立起法治信念，有着全民守法的良好状态，更是推动了社会主义法治国家的发展。

此外，想要公民有着一个良好的守法状态，增强整个社会的法治氛围，加强公民的法治理念，自然离不开优质的科学立法、严格执法、公正司法。只有优质的、有质量的立法，才能让公民认同法律、遵守法律、维护法律。而如果立法质量较差，操作性不强，无法切实解决社会问题，那公民的守法状况自然会大打折扣。只有严格执法，才能让法律真正实施，发挥作用，公民才会进入守法状态。而公正司法更是全民守法的灵魂，在司法领域让公民感受到公平正义，能够带动公民心中树立法治的大旗，信仰法律，实现全民守法。因此，要达到全民守法的状态，不仅要加强公民的法治思想与法治意识，更要做好科学立法、严格执法、公正司法。

第四章　论全民守法

　　我国5000年的历史孕育出了优秀的法律文化，无论是原始社会的家族血缘关系规则，还是后来出现的道德规范和法律律令，都体现了我国公民对于规则制度的重视。无论是在何种社会形态下，统治者为了维护本阶级的统治，保障社会的稳定有序，都会建立起符合时代特征的规范体系。这种规范体系包含着当时社会的主流思想和道德意识，以社会物质经济条件为基础，成为国家政治架构的一部分。国家变革从制度变革开始。自古以来，我国公民就展现出了对于制度的重视程度。在这种制度传统的影响下，公民的规则意识不断加强，"国有国法，家有家规"。上到社会集体下到个人家族，规范的形式虽然在改变，但是公民对于规则的态度却是不变的。遵守规则，成为我国公民的意识习惯，成为优秀法律文化的一部分。现代社会同样需要遵守规则的公民意识，法治中国重要的一部分就是全民守法。"法律的生命在于实施"，作为上层建筑重要的一部分，法律是治国安邦的利器，而只有得到全体公民尊重遵守的法律规范才能发挥其真正的作用。法治国家对于全民守法的要求是多层次、多方面的，它不仅对公民自身提出要求，同时也规制了国家政府的行为方式。这种全社会参与的法治理念是新时代社会发展的重要条件。

第四章　论全民守法

第一节　新时代全民守法的必要性

　　法治之道对于现代社会的重要性不言而喻，而将法治成功运用于社会实践则是现代社会首要目标之一。现代社会是一个高速发展的社会，许多因素都对稳定有序的社会生活产生着或大或小的影响。一个良好有序的法治社会形成的前提是有法可依，制定完善的符合时代特征的法律体系是法治之道实施的前提。法律是一门社会学科，一部良好的法律要在发挥社会调控作用的同时不断修正自身以适应飞速发展的社会。作为集体生活的一部分，公民在社会生活中也要适应不断变革的法律政策。每一个时代都有其独特的政治制度，历代统治者都对治理之道有着不同的见解，从而衍生出多样的治国之道。这些不同的社会规则或法律律令归根结底都是统治阶级为了维护自身统治而制定的，是约束人们行为的统治工具，人们对其认同进而服从的态度是这些制度效用所在。法律制度是法治社会建设的必备条件，而法律的生命在于实施，实施的形式就是公民守法。守法作为法律文化中重要的一环，对于社会文化的影响是巨大的。我国社会是一个规则社会，规则意识在5000年的社会演进中已深深根植于我国公民的思想深处。一个稳定的生活环境的前提是遵守规则，特别是在现阶段经济飞速发展的阶段，公民守法意识尤为重要。新时代背景下，每一个社会领域都在不断推出尝试新的政策，而一个有序的政治环境是这些政策成功实施的保障。这就对公民的守法意识提出了新的要求。在新时代法治理念的影响下，公民对于法律文化的接受程度在不断改变，同时，公民对法律本身的态度也在改变。从质疑到信服，从畏惧到敬畏，随着国家普法教育的成功实施，公民逐渐接近法律,明白遵守法律的同时自身权益也会得到保障。在法治理念渐渐深入人心的过程中,公民对于政府的认同感不断提高,参与社会事务治理的积极性不断增强,守法意识也逐渐内化成为公民的自我意识。这种良性循环所形成的安定有序的社会环境对于国家治理、政策实施都是极为有利的。所以,新时代环境下的全民守法是极为必要的。

一、法治建设"十六字方针"是我国发展新的方向标

在人类历史漫长的演进过程中,每一个时代都有不同的治理之道,这是在特定社会环境之下,人们根据自身需求所做出的选择。"无论是神权国家奉行的神治,还是道德王国奉行的德治,无论是强权政治体制下霸道的人治,还是法治社会中依法而治的法治,尽管基本价值取向存有差异,但都有其存续的正当性。"[1]而现代社会对于社会治理所提出的要求致使人们选择法律作为社会调控手段。随着社会价值和意识形态的重大转变,法治之道渐渐出现在人们视野当中,这一发轫于西方的治理理念逐渐成为评判现代社会文明程度的标尺。我国作为世界第二大经济体,在步入新时代以来,依法治国等法治理念不断被提起。随着依法治国理念的提出与相关政策的实施,法治之道渐渐深入人心。人们逐渐意识到法治对于维持社会生活稳定有序的重要性,对于法治的要求也在不断提高。从国家到个人,都是法治中国的主体。党的十八届四中全会为建设社会主义法治国家吹响了全面进军的号角,"科学立法、严格执法、公正司法、全民守法"这十六字就成为法治社会发展新的方向标。

---

[1] 高鸿钧,等. 法治:理念与制度 [M]. 北京:中国政法大学出版社,2002:873.

二、全民守法是提高公民生活幸福指数的重要条件

全民守法不仅有利于新时代政治环境的维护和发展，对于公民自身也有着积极的影响。法治意味着秩序，英国宪法学家韦德认为，法治理论的出发点就是秩序优于无政府主义。无政府主义就是绝对的自由，没有政府架构，人民处于一个自然而又自由的状态之中，没有行为规范的存在，每个人的行为范围都与他人存在重合，这种自由却又混乱的社会环境是不安全的，是不利于人民生存的。此时，秩序就体现出了它的重要性。秩序对公民自身生存提供了安全保障，建立起一个有序的社会架构，对个体的生存和集体的发展都是必备条件之一。英国哲学家霍布斯对社会秩序是这样解释的：独立的个人为摆脱"各自为战"的混乱状态，相互缔结契约，形成社会秩序。在一个共同体当中，个人为了生存将自身部分权利交到部分人手中，由其制定规则，保障共同体生活的安定有序。每个时期都有着独特的秩序维护手段，原始社会的社会秩序的维护是通过全体成员自愿遵守自发形成的风俗习惯；在阶级社会中，社会秩序依靠国家手段维持。封建社会依靠人治、德治，而现代社会将法作为社会控制工具。现代国家法律体系的建立是秩序形成的基础，"没有规矩不成方圆"，没有法律规范和道德规范的社会是混乱的。一个完整的法律体系可以构建出合理的国家架构和稳定的社会环境，而在其中生活的公民能够在不必担心自身生存的条件下获得发展。在现代社会，"安全"早已不是定义公民生活幸福的专用词，在人们自我意识的形成过程中，"自由"一词也逐渐成为人们生活新的追求。而秩序在某种意义上来说与自由的概念是相悖的，秩序意味着公民在规范的行为范围内活动，超出范围将受到制裁。在秩序环境下，公民部分权利受限，是一种不自由的状态，但如果获得完全的自由，混乱也就随之而来。如何将秩序与自由规制到同一个社会框架下，

在漫长的研究和实践过程中，思想家们将民主作为二者的调和剂，民主的制度既保障了有序的社会生活环境又最大限度地保留了公民行使权力的自由。民主是现代法治的重要内容，有序的政治生活需要智慧的、民主的法律规范体系。而想要获得这种有序的政治环境，仅仅一个良好的法律体系是不够的，公民自身也要产生对于这种社会状态的认同感，必须服从于法律的控制，社会秩序才能真正得以维持。公民在遵守法律的同时，也在实行自我的权力，一部民主的法律必然体现了对公民的权益的保护，在守法义务履行的同时，也得到法律对自身权利的确认。除此之外，全民守法对公民自身的发展也具有必要性。新时代人们对于物质生活的要求越来越高，国家在不断发展经济的同时，也在适用新的政策维持社会秩序以保障社会发展。新时代的全民守法不仅是对公民自身安全的保障，同时也是提高公民生活幸福指数的重要条件之一。

新时代全民守法是依法治国的重要内容，是对人民当家做主主体地位的彰显和尊重，是实现国家长治久安的必备条件之一，是最大限度激发社会活力的要求。全民守法是事关我国社会主义现代化建设全局和中华民族伟大复兴战略的重要任务，是全面贯彻落实依法治国、建设社会主义法治国家基本方略的必然要求，是坚持保证中国共产党科学执政、民主执政、依法执政全局的迫切需求，是发展社会主义民主政治的必要条件。在新时代，全民守法的重要性体现在政治生活的方方面面，要加强公民法律意识，提高公民政治认同感，从而向社会主义法治社会迈出坚实一步。

第二节 社会主体守法状况对全民守法的影响

新时代法治模式对于守法的要求不再是过去单一的主体形

式，即仅仅对社会生活中的公民个体作出要求。依法治国理念的提出体现出法律在国家治理体系中的崇高地位，小到个人言行，大到国家政体，都需要在法治的框架内运行。法治之道，与之前任何一个历史时期所推行的治理之道不同，在法治模式之下，没有例外，国家集体中所有被法律赋予资格的主体都是守法的对象，接受法律规范的规制，在法律规定的范围内实施权利，履行义务。所以，我国所要建立的社会主义法治国家应当是法治国家、法治政府、法治社会一体建设的国家模式。守法的主体范围也扩大到了全社会，包括社会个体、社会组织和政府。在这之中任何一个主体的缺失都会对法治国家的建设产生重大影响。

一、社会个体守法对全民守法的影响

在当代我国，法律是工人阶级领导的全体人民的共同意志和根本利益的体现，公民在遵守法律的同时其根本利益也受到法律的保护。上面提到了新时代全民守法的重要性，社会个体作为范围最大、数量最多守法主体，其所具有的意识和实施的行为很大程度上影响着全民守法方针的落实，一是对国家颁布的政策实施过程的影响；二是对法律文化中守法意识形成的影响。

第一个方面，进入新时代，我国正经历着前所未有的巨大变革，国家转型所需要的国家政策基本覆盖了社会生活的方方面面。作为社会群体中的一部分，为了维持政策落实所需要的社会环境，处于转型期的国家政府对公民守法提出了新的要求。一个混乱的社会是无法实现自身发展的，公民守法是社会正常有序的必要条件，只有安定和谐的社会环境才能保障国家的发展。公民守法也是政治认同的一种表现，人民群众对于法律的敬畏与服从意味着对国家政府的信任。

第二个方面，社会个体守法对于优秀法律文化的产生起着积极的促进作用。文化是具有传承性的，在漫长的历史长河中，中华民族形成了独特的中华文化。中华法系的诞生源于传统文化，经历了历代不同思想家的创新与改革，逐渐发展成为具有中国特色的社会主义法系。传统文化对于公民守法观念的影响可以说是从古至今一直存在。守法意识作为法律意识中的重要组成部分，也是法律文化的重要内容。良好的法律文化是现代文明社会发展必备的条件之一，作为一种具有传承性质的文化类型，要想使守法意识逐渐内化为公民自身意识的一部分，就要将守法这一法律要求融入中华传统文化法律当中，使之成为同爱国、敬业、友善等词语一样具有相同性质的公民个人品格。而形成这样的法律意识不仅需要公民法律意识的加强，还需要社会个体在实践中对国家所颁布的法律规范的尊重与服从。社会个体对于法律的态度影响着法律文化的形成与发展，进而影响法律文化的继承和发扬。中华传统文化中规则意识的形成离不开每个历史时期的人们对所处社会中的规则的信仰与服从，经历了数个社会形态的漫长历史演进，无论是何种规则形式，遵守规则逐渐成为中华民族拥有和谐社会生活的必然要求。这种意识传承模式对于生活在当代社会中的人们同样有效，守法意识的形成对于依法治国政策的实施极其重要，决定着全民守法方针的落实与否，影响着新时代法律规范的有效实施。

社会个体作为全民守法重要的基础，在建设社会主义法治体系过程中起着不可替代的作用。随着国家普法活动的开展，公民法律意识得到普遍提高，但还是有很大一部分人不熟悉法律，老旧的法律意识仍然根植于其内心之中。守法意识是法律意识中的重要组成部分，对其培养依法治国的建设尤为重要，需要进一步加大普法力度，提高公民的守法意识。

二、社会组织守法对全民守法的影响

作为社会生活的一部分，社会组织对于法治社会的建立十分重要。社会组织在社会科学中有广义和狭义之分，作为守法主体的社会组织是狭义上的概念，是指为了实现特定目标而有意识地结合起来的社会群体，如企业、学校、医院、社会团体。这些社会组织在社会生活中各自承担着特定的任务，发挥着独特的功能，是社会关系的重要组成部分。随着人类社会的不断进步，社会生产力飞速发展，社会分工越来越细，为了适应人们生活所需要的物质文化需求，社会组织的类型、模式也越来越丰富，数量也在不断提升。这些在社会中出现的新型的社会组织作为法治社会建立的重要内容，起着推动法治社会秩序的形成、促进法治社会良性运行的作用。

作为功能性的社会主体，正常有序的社会生活离不开社会组织的参与。同样，法治社会的建立也离不开社会组织的支持，全民守法作为社会主义法治国家的要求，社会组织守法对其的成功落实也有着巨大的影响。第一，社会组织是一种民间组织，服务于人民，与人民联系紧密。这种民众性使得社会组织在社会公民心中占有举足轻重的地位。作为人民群众日常生活的一部分，社会组织对于法律政策的遵守和执行，往往是人民对于相关法律制度了解的最快途径。例如，2008年的某大型公司员工集体辞职，这一事件被看作该公司对2008年1月1日予以实施的《劳动合同法》中对于"劳动者在用人单位连续工作10年的，应当订立无固定期限劳动合同"这一条文的规避。事件真假在此不予评论，但该公司的做法确实是将当时新颁布的《劳动合同法》带入大家视野范围内，作为事件焦点的无固定期限劳动合同也被广大公民所熟知。但是从另一角度看，该公司的做法并不是一个诚实、守矩、守法的企业应当做出的行为。这有损法律在公民心中的庄严地位，也体现出社会组织守法对于全民守法意识的重要性。第二，社会组织守法不仅在普法层面对全民守法有积极影响，在执法层面上，社会组织对于国家、政府机构法律政策的实施也具有必要性。一方面，社会组织作为社会架构的一部分，有着保证社会正常运转，维护社会稳定有序的作用。国家政策的实施需要社会组织从旁协助，社会组织应当在法律规定的范围内运行，只有这样，社会转型期的国家各项新的法律制度、政策才能有序、有效地在其作用的社会方面予以实施。另一方面，社会组织可以根据其"亲民性"的特征，充分发挥与人民群众的沟通协调作用。社会组织在法律规定的范围内，将人民群众所要表达的利益向国家政府转达，调动社会活力，帮助国家政策反馈并最终得以真正有效的实施。

社会组织是法治社会的重要组成部分，新时期我国特色社会主义法治体系的建立需要社会组织发挥作用来实现国家自身的法治化。同样，作为依法治国理念的重要内容，全民守法也需要社会组织的积极参与。

三、政府守法对于全民守法的影响

无论是公民还是社会组织，都是全民守法方针的基层主体，政府作为公权力的行使者，是不同于社会个体和社会组织的公法主体，也是新时代守法的主体形式。政府守法就是依法行政，作为社会责任的承担者，依法行政是其应当履行的义务。只有在一个法制化的政府的管理下，人民群众才会信任国家，社会集体才会形成政治认同感，从而服从国家机构管理，形成法治社会。"现代社会是以对权力的限制、约束与规制作为其逻辑起点。"[1]政府依法行政意味着政府的职能行为受到法律的约束，意味着政府权力在法律的规制之下行驶。良法善治，一部可以称之为良法的法律应当包含着对权力的约束和对权利的保护。只有在法律的控权作用得以充分发挥的情况下，公民权利才能得到最大限度的保障，才能使社会集体形成认同感，从而自发地形成法律信仰，

---

[1] 蔡道通. 政府法治：全民守法意识形成的关键[J]. 苏州大学学报（哲学社会科学版），2015（1）：1.

维护法律权威,最终促成法治社会的建立。而这一切的起点就是政府守法,依法行政。从这一意义上来说,全民守法意识的养成得益于一个法治化的国家政府,因为作为公民内心深处的法律意识,形成于其基于法律实践活动的体验而做出的价值判断和理性认识。政府主体依法行政保障了其权力行使的正当性,只有在正当程序的规制下所产生的执法结果才会被人民群众普遍认同并尊重服从,国家机构、政府机关的权威性才能树立起来。习近平总书记对于社会治理曾说过这样一句话"打铁必需自身硬"对于政府主体守法的要求也可以这样来形容,对于处于转型期的我国来说,社会变革发生在社会生活的方方面面,要想保证数量繁多的政策得以有效实施,国家机构和政府部门就必须高要求、高标准地严格规范自身,从而保证社会环境有序和谐,保障公民的权利利益。只有在一个法治政府管理下的社会才能具备又好又快发展的可能性。

  政府作为一个社会的管理者,其一言一行都对全社会有着巨大的影响。公权力守法行为对全民守法有着指导作用。"通过公权力主体的自觉守法的示范作用的效应,才会让民众感受到不但不是外在强制,反而是整个社会的目的价值。"[1] 当守法意识成为社会集体的统一意识时,法治社会建立的基础就得以保障。人民群众从政府的守法行为中会看到法治模式的可能性,也会看到在法治价值的引领下实现其共同利益的愿景。在自身权利得到保障,自身利益得以实现时,公民就会发自内心地产生对法治模式的期盼,从而积极守法,拥护法律。这种由内而外的,在个体意识支配下所做出的选择,才是公民守法意识形成的体现。我国所建立的法治体系一直是以政府为主导的,自上而下的法治体系,这种法治建构模式正好处于由于政府在社会结构中的领导地位提高了法律的地位。可以说,新时代依法治国理念的提出,将政府国家定义为守法主体,有利于社会主义法治体系的确立。

---

[1] 蔡道通.政府法治:全民守法意识形成的关键[J].苏州大学学报(哲学社会科学版),2015(1):2.

第三节　新时代全民守法的保障

我国正处于一个新的发展时代，要建立一个符合时代要求的社会主义法治国家，就必须要在全方面进行法治建设。"科学立法、严格执法、公正司法、全民守法"这新十六字方针要实际落实到社会生活当中去，各行为主体都要在各自领域内贯彻落实国家依法治国的方针政策。其中，全民守法作为主体范围最大的要求，其实现要从多方面进行规范和调整。

一、加强中国共产党的领导地位

中国共产党是我国社会主义事业领导核心，是我国的执政党。作为我国革命和社会主义现代化建设事业的领导者，中国共产党领导地位的确立是历史与时代的选择。在我国长期革命斗争和建设实践中，中国共产党所显现出的强大政治优势、思想优势、文化优势和组织优势致使其成为建设我国特色社会主义道路的引领者。习近平总书记指出，"中国共产党是我国特色社会主义的领导核心，时刻处在总览全局、协调各方的领导核心地位"。作为新时代社会主义建设事业的一部分，全面依法治国政策要在党的领导下实施。只有在党的领导下，依法治国才能充分实现，国家和社会生活法治化才能有序进行。

全民守法的前提是完善的法律体系，而社会主义法律体系的建立离不开中国共产党的领导。法是国家意志的体现，在社会主义国家中，法所体现的就是人民政权的意志。中国共产党是人民大众的党，其代表着最广大人民的根本利益，在这样的执政党领导下所制定出的法律必然维护和保障全体社会公民的共同利益。因此,加强党的领导地位对于全民守法理念的实现有着极其重要的意义。在新时代完善和发展我国特色社会主义制度、推进国家治理能力和治理体系现代化的同时,处于领导地位的中国共产党也面临着巨大的挑战。在党不断建设自身、不断完善自身的同时,也要加强其领导地位,这是对我国发展和变革一切工作的保障和基础。全民守法作为建立社会主义法治体系的重要内容,在落实过程中要坚持党的领导,同时党的自身建设也要不断加强。要把党的领导同依法治国方略有机结合起来,加强党的思想政治工作,为全民守法方针的落实保驾护航。

二、开展普法教育,培养公民法治理念

公民守法的前提是知法,做到全民知法就需要国家层面开展普法教育,以社会公德教育为基础,进一步深化法律在公民心中的形象。普法教育是法律内化的必备过程,是公民法治理念形成的必备条件。法律内化是我们对于法律自发自生的的一种接受认同的态度,进一步将社会法律规范作为我们日常的行为准则和依据,从而将法律内化为自我意识深处的东西。这一过程虽然需要外力的帮助,如通过教育、文化传播等方式,但最终还是需要社会全体由内而外地形成法律意识,尊重、维护法律尊严。新时代的法治之道包含法律至上、以人为本的治理概念,致力于使公民尊重法律,形成法律信仰,认识法律、理解法治思想、了解国家法律是对其权利利益的确认和保障。而无论是法律条文的普及还是法律思想的传承,都需要在全社会开展适时的普法教育,多方面、多层次地向公民宣讲法律知识,传播法律文化。

在新时代,如何在适应社会发展的前提下开展符合时代潮流的普法教育,是现代法治社会建立的课题之一。1949年初,我国法治体系不健全。在我国传统文化中,法往往是与刑罚相联系的

概念,"治国用重典"的思想导致人们对于法律总是唯恐避之不及。这种社会的失序和人们对于法律的错误认识对我国的社会主义建设是极为不利的。从1986年开始,党中央宣布开展全国普法教育,以五年作为一个周期,到如今已开展"七五"也就是第七个五年的普法教育和宣传计划。党的十八大以来,以习近平同志为核心的党中央高度重视全民普法工作,将全民守法同科学立法、严格执法、公正司法一道作为新时期全面依法治国的新十六字方针,将普法教育提升到国家建设层面。党的十九大指出,"加大全民普法力度,建设社会主义法治文化,树立宪法法律至上、法律面前人人平等的法治理念"。普法教育对于全民守法方针的落实有着不可替代的作用,它是新时代公民守法的基础,是法治社会建立的保障。

三、发挥国家工作人员守法的引领作用

国家工作人员是国家政策实施的推动者,在社会主义法治建设中占有重要地位。党的十八大以来,习近平总书记对国家工作人员学法用法工作多次作出指示,强调要抓"关键少数",要求领导干部做学法守法用法遵法的模范,要树立以国家工作人员带头守法、模范守法为关键的法治意识。国家工作人员守法意识的养成,不仅有利于维护社会运转的稳定有序和保障政府职能行使的正当性,同时还可以作为公民守法的榜样,形成守法用法遵法的良好社会风气,形成优秀法律文化和法治意识。作为党的路线、方针、政策的宣传者和执行者,国家工作人员在面对全面依法治国,建设社会主义法治国家的挑战时,更应该对自身高标准,严要求。从自身做起,增强自身法治意识,提高依法行政的水平,形成执法为民、公平正义、服务大局的理念,用法律维护社会秩序保障公民权利利益。国家工作人员守法是全民守法的重要内容,其身份具有特殊性,既是公民又是服务者,是国家机构

中最贴近人民群众的组成部分。他们的工作行为和日常行为都时刻受到社会公民的关注，特别是在这个信息网络发展迅速的时代，其一言一行都受到社会群众的监督。所以，国家工作人员的自身建设十分重要，要让公民从其行为中看到法治，从其工作中感受到公平正义，最终形成法治信仰。

新时代我国建设所面临的挑战要求国家工作人员进一步加强自身建设。全面依法治国的提出，意味着法治之道成为社会治理的方式，国家工作也要纳入法治建设当中。对于国家工作人员知法守法用法遵法意识的培养是全民守法的关键。建立完善的法律体系是所有法治建设政策实施的前提，只有在良好的法律规制下，国家工作人员守法才具有模范意义；学习法律知识，形成法律意识是遵法守法的关键，要发挥国家工作人员守法对公民守法的保障作用，学习宪法和基本国家法律是必要要求；将法治意识与法治实践相结合，把守法意识带入到日常工作学习当中去，严格按照法律规定履行职责，提高社会治理水平，维护社会秩序。

新时代全民守法的保障是多角度，多层次的，这是应对我国社会转型期的正确抉择，是建设社会主义法治国家的必要条件。全民守法是全面依法治国的核心内容，是社会主义建设事业的关键点，对维护社会秩序，促进社会和谐都起着决定性的作用。因此，对全面守法方针落实的保障就极为重要。

四、完善全民守法的保障机制

从上文论述可以看出，对全民守法的保障在依法治国建立过程中的重要性，那么如何做到实际有效地保障全民守法在全社会的推行呢？应主要从以下三个方面来考虑，一是社会经济基础，二是公民守法救济机制，三是公民守法的激励机制。

（一）增强社会经济基础

马克思曾说过："物质生活的生产方式制约着整个社会生活、

政治生活和精神生活的过程。"这就是经济基础决定上层建筑。经济基础是指社会一定发展阶段的生产力所决定的生产关系的总和，是一个社会存在的物质需求的总和。上层建筑是建立在经济基础之上的意识形态以及与其相适应的制度、组织和设施，包含政治、法律、文化、宗教、艺术等内容。在一个社会中，经济基础就是物质基础，上层建筑就是随着时代潮流而形成的人的意识。根据唯物论中物质与意识的关系认定，一个社会经济基础决定着上层建筑，上层建筑反映经济基础。经济基础决定上层建筑的产生，在原始社会中由于生产力的落后和社会发展的不足，相应的上层建筑并没有产生。随着社会的发展进步，生产关系的变化和生产力的提高，私有制和阶级观念的出现，这时才出现了相应的以国家政权为核心的的上层建筑。每个社会形态都有符合自身经济基础的上层建筑，经济基础的性质决定着上层建筑的性质。社会主义公有制的经济体系决定着社会主义的上层建筑是无产阶级专政或人民民主专政的国家和以共产主义为核心的社会主义意识形态。政治法律作为阶级社会主要的上层建筑，必然受到社会经济基础的影响。我国是一个社会主义国家，一切工作都要坚持党的领导，高举我国特色社会主义伟大旗帜，坚定不移地走中国特色社会主义道路。全民守法作为全面依法治国的重要内容，是国家政治法律改革的重要条件，也是上层建筑的重要组成部分。这意味着，全民守法方针的落实必然受到社会物质发展水平的影响，从另一个角度来看，社会物质经济基础的增强保障全民守法政策的实施。

  随着社会的不断发展，人民经济水平也在不断提高，在生产力高度发展的阶段，人所追求的社会生活就不再是单一的衣食住行，而是在思想层面的更高标准。也只有在人民生存得到保障，物质利益得到满足时，才会将眼光转向思想建设、法治理念建设。因此，增强社会经济基础不仅是在政治意识形态方面对全民守法的保障，在人民物质需求层面也是全民守法落实的重要条件。

（二）加强公民守法救济机制

公民法治理念形成的重要条件之一就是在现行法律的保障下自身权利利益得以实现，其实现的标准之一就是权利救济机制的完善。"在法学中存在这样一个公理，既有权利必有救济，无救济，权利及非权利。"① 在社会生活中，一个人所享有的权利及拥有权力的数量并不是由法律规定，而是由在权利受到侵害时是否能够得到救助以及能够得到多少救助。公民对法律的认同和信仰一部分也产生于法律对其权利行使的保障和在其权利受到侵犯所做出的救济。权利救济往往随着社会纠纷而来，一个和谐有序的社会并不意味着纠纷矛盾不存在，而是社会纠纷可以在社会机体调节下，矛盾各方都能相互包容、协调运作、良性融合，是社会始终处于一个富有生机和活力的状态之下。目前我国社会正处于全民深化改革的攻坚期、深水区，社会矛盾和社会纠纷的产生原因是多种多样的。只有采取多元化的救济机制，才能更好地面对未来社会变革所带来的挑战。建议从以下两个方面来完善公民守法救济机制。

一是公力救济，是指由国家权力机构通过法定程序解决社会纠纷、维护合法权益的救济方式。公力救济中处于核心地位的就是司法救济，即司法机关依照司法程序对公民权利的救济模式。除此之外，还存在行政救济和其他公力救济方式。这里主要讨论司法公力救济的加强对于全民守法的作用。公力救济作为解决纠纷的主要方式，具有高效率、准确性等优势，这些优势是由其国家强制性的特点带来的。法律作为社会调控手段，国家强制性是其必要的属性，但随之而来的就是公民权利保障和国家权力行使之间的冲突。现代法治要求司法公正，司法程序的正当性和司法人员的法治意识都是现代公正司法的要求。加强公力救济建设不

---

① 张树义，张力. 行政法与行政诉讼法 [M]. 北京：高等教育出版社，2015: 147.

仅有利于社会纠纷的解决，也有利于公民提高对于法律的信任，从而形成法律信仰。

二是私力救济，是指当事人在不通过国家机关和法定程序的情形下，依靠自身或私人力量，实现权利，解决纠纷。"合法的私力救济，是指当事人在法律的框架之内，通过协商或其他非正式的方式解决纠纷，国家对此应当鼓励和引导。"① 相对于公力救济，私力救济是一种较为柔和的方式，主要体现为纠纷主体之间互相协商、弥补损失的方式，私力救济的出现要早于公力救济，原始社会中"以牙还牙，以眼还眼"的报复方式从某种意义上来说就是一种社会公民之间的私力救济。法律规范的出现对私力救济的方式和范围有了限制，但由于法律的局限性，其仍然是解决社会纠纷的主要途径之一。私力救济的加强减轻了公力救济的压力，节约了司法资源，体现了权利保护的民主性。目前，各种各样和解模式的出台就是国家对私力救济的一种肯定，当事人在各方法律规定的范围内表达自己的权利，相互协商，最终达成一致，纠纷得以解决。公民自己掌握权利处置的权柄，从而更好地理解法律，形成守法意识。

（三）提升公民守法的激励机制

新时代法治建设对于公民守法的要求是多方面的，既要求守法行为，也要求守法意识。要同时做到这两方面的法治建设，不仅需要一定条件的保障，还需要合理的社会激励机制。"激励，就是我们常说的调动人的积极性，是指主体追求行为目标的愿意程度。"② 激励又叫强化，在个体行为受到外界肯定时，其行为心理就会得到强化，从而大大提高行为水平。公民守法行为是法律行为的一种，法律行为的发生会产生一定的法律后果，引起主体

---

① 丛晓峰，杨士林. 社会法与和谐社会建设［M］. 北京：中国人民公安大学出版社，2008：243.
② 付子堂. 法律功能论［M］. 北京：中国政法大学出版社，1999：68.

之间部分权利义务的产生、消灭和变更。守法行为是法律规制下的行为，其行为意识的产生受到法律意识的影响，因此，法律对公民守法行为的激励作用是不可替代的。"法律对个体行为的激励功能，就是通过法律激发个体合法行为的发生，使个体受到鼓励去做法律所要求和所期望的行为，最终实现法律所设定的整个社会关系的模式系统的要求，取得预期的法律效果，造成理想的法律秩序。"[1] 法律对公民守法的激励机制可以从以下两个方面进行分析。

一是法律对于公民守法物质方面的激励作用，即法律的外附激励功能，如对公民守法行为颁发奖金、证书等鼓励其正确的行为实施。同时，通过对违法行为的惩罚来表达对其否定评价从而证明这种行为的不正当性，从而限制或杜绝公民相关行为的实施。提升法律物质激励机制要求政府在立法、执法、司法当中做出合理的行为反馈，完善相关制度建立，落实政策实施。二是法律对于公民守法精神方面的激励机制及法律的内滋激励。相较于法律的外附激励，内滋激励对于个体行为所产生的影响更大。这种激励机制是一种精神层面的激励形式，是公民产生守法意识的重要条件。形成优秀的、可传承的法律文化，需要公民的法治认同感，只有将守法意识看作具有同道德文化一样的价值理念时，法律的内滋激励才能发挥效用。就像诚实守信是高品格的表现，遵守法律也应当成为公民优秀品格的一部分。要做到这一点需要政府加大普法教育力度，法治和德治并行，从而将守法意识纳入优秀法律文化当中，推动法治社会的建立和完善。

---

[1] 付子堂. 法律功能论 [M]. 北京：中国政法大学出版社，1999：69.

第五章　守法与普法的关系

第一节　守法与文化的关系

自"国家"这一概念出现以来,"规矩""制度"等词语就不断出现在各类文献的记载中。甚至在远古部落时期,无论是父系社会还是母系社会,遵守规矩就成了在一个群体中生存的必要法则。而这些维护社会稳定的规矩制度随着文化的进步,慢慢演变出了"法"这一专业名词。"文化,是指人类在长期的历史实践过程中所创造的精神财富的总合。"[1] 法是一门社会学科,离不开民族文化这一大的基石,不同的文化孕育出不同的法律制度,不同的思想也会产生不同的法的精神。就像法离不开文化一样,作为一种法的精神,守法与文化也是密不可分的。文化是守法的基础,守法是文化发展的保障。无论是在哪一种思想的引导下,遵守制度都是维护社会稳定所必须的条件。

一、文化与法律文化

中国是四大文明古国之一,5000年丰富多彩的历史使这个东

---

[1] 刘作翔. 法律文化理论[M]. 北京:商务印书馆出版,1999:23.

方大国孕育出了多如繁星的文化内涵，从春秋战国的诸子百家到西汉的独尊儒术，几乎每一个朝代都有着独具本朝代特色的文化制度。中华民族是一个极具包容性的民族，5000年的历史文化中，曾数次出现外族入侵中原的战争，但即使是少数民族入主中原，中华文化强大的包容性也可以取其精舍其糟粕，选择性地使其成为自身文化的一部分。这也是中华文化渊远流长的原因之一。而在这一斗争与包容的过程，如何建立起一种制度来维持社会的稳定，是每一个统治者需要考虑的事情。无论是对于汉族还是少数民族统治者，一个国家良好治理秩序意味着统治时间的长久，而为了维持社会秩序，建立一种具有普适性的制度来约束人民就显得尤为重要，我国历史上就出现了众多对于制度建设的探索与尝试。历代统治者在前人的基础上不断完善，从而逐步形成符合本朝代特点的治理制度。在这一过程中就出现了"法"。通过不断尝试与实践，与各种各样的文化思想相结合，经历过成功与失败，法律制度也在不断完善。所以，对于历史悠久而又多灾多难的中华文化来说，文化的发展史就是法律的发展史。

　　文化，是人类在历史实践当中所产生的各种精神财富的结晶，是每一个民族所特有的标志，它包括科学、艺术、文学、语言等一切上层建筑，法律当然也包括在内。世界上没有任何两个国家的文化是完全相同的，这也就意味着没有任何两个国家的法律制度是相同的。甚至是在法律移植和法律继承的过程中，都必须参考本民族或本时代的文化基础，从而借鉴正确的法律制度。法律文化，是人类在长时间的历史发展过程中所形成的，是基于对法律的认识和从事法律实践活动过程中所创造的智慧结晶和精神财富，是一个国家与民族法律现象存在与发展的文化基础。人类文化经历了一个漫长的发展周期，法律文化同样如此。人类社会从遵从习惯到习惯法再到法律，这一过程漫长而又不易。其中，法律逐渐同化为文化的一部分，并形成与其他子文化截然不同的法律文化。法律文化是上层建筑的子文化之一，根据唯物辩证论，我们不能跳出整体看部分，同样也不能忽略个体来研究整体，法律文化与文化就是部分与整体的关系，中华法系尤其如此。中国的法律发展离不开人民，离不开习俗，离不开中华民族极具包容性的文化。

二、法律文化的构成

法律文化的构成有以下三个方面：公民法律意识、法律规范和法律设施。要讨论守法与普法的关系，首先要从公民对于法律的认识即对于法律机构的知识、态度和价值认知着手；其次从对于执法者的知识、态度和价值认知着手；再次从对所执行的法律规范的知识、态度和价值认知着手。只有先了解公民自身所具备的法律意识阶段，才能据此来调整普法活动的开展方式。

（一）公民法律意识

公民法律意识是法律文化中的主观部分，从守法与普法的角度来看，公民法律意识占主导地位。"法律意识是社会意识的一种特殊形态，是人们关于法律现象的思想、观点、知识和心理的总称。"[①] 法律意识存在于社会意识之中，与政治意识和道德意识都有着密切的联系，政治意识渗透社会的方方面面，是一定社会的阶级结构的阶级利益最直接、最集中的思想表现，处于社会意识诸形态的核心地位，并成为其中起指导作用的部分。同理，其对于法律意识也有着指导引领的作用。道德意识是人们关于善与恶、公正与偏私、正义与非正义的观点与评价，道德本身就与法律有着众多的相似之处，道德调整的社会范围较宽，其中和法律所调整的对象有许多重合之处，法律意识的形成也少不了道德意识的辅助。虽然法律意识与道德意识、政治意识有着密切联系，

---

① 孙国华，朱景文. 法理学 [M]. 4版. 北京：中国人民大学出版社，2015：166.

但是作为社会文化中的一种独特的文化，其又具备自身的独特性，它所包含的法律心理及法律思想体系都是其他社会意识所不能代替的。

公民法律意识可以分为两种，一是法律心理，二是法律思想体系。法律心理是法律意识中较为感性的一类，它是人们通过对法律现象直观的观察所形成的一种感性认识，是一种内心感受和通过对社会法律想象的长期接触所形成的习惯和习俗。法律心理有一定的稳定性和滞后性，因为这是公民内心深处的一种心理感受，是一种极为主观和感性的认知，很难随着外界的环境改变而改变。这些藏在公民意识深处的法律心理同样具有潜意识性和多样性，每个人的成长环境的不同、身份的不同及文化背景的不同都会形成不同的法律心理，而在不同环境下法律心理的表现也是有区别的。

第二种，法律思想体系是较为理性一类，它表现为系统化、理论化的法律思想、观点和学说，是人们对于法律现象的自觉反应。法律思想体系的形成与法律心理不同，后者是一种直观的、感性的、很难接受外界影响的一种内心感受。而法律思想体系的形成需要法学家、法律思想家复杂的、艰苦的劳动。因此，法律思想体系并不像法律心理一样只是对某一法律现象的分散的意识，而是一种有系统的，对一系列法律问题整体化、理论化的思维。这种深层次、需要大量法学理论作为基础的法律意识，并不是每个公民都拥有的，而是那些接受过系统的法学教育，拥有对法律独特见解的那类人。"在一个社会中，占统治地位的法律思想总是集中地反映了该社会统治阶级的利益、愿望和要求，反映了他们一些共同的阶级意志。"[①]

除以上两种法律意识之外还有一种处于过渡期的法律意识，基于法律心理和法律思想体系之间的一种意识，这种意识模式既

---

① 刘作祥. 法律文化理论［M］. 北京：商务印书馆出版，1999：131.

不同于法律心理的直观感性，也达不到法律思想模式的高度理性。现阶段的公民法律意识良莠不齐，随着普法活动的开展，一部分人已经一改往日恐法惧法的心理，学会使用法律来维护自己的权利。但还是有很大一部分人不熟悉法律，老旧的法律意识仍然根植于其内心之中，公民法律意识的培养对于依法治国的建设尤为重要，所以还需要进一步加大普法力度，提高公民的法律意识。

（二）法律规范

法律意识作为法律文化的深层结构，对法律制度、法律规范的产生、运行、发展及实现所起的作用是极其重要的。作为法律文化的表层结构之一，法律规范则是法律作用于社会且发挥实效的基石，没有法律规范就无法提及守法与普法。法律文化作为上层建筑必须有相应的制度来保障其意识形态在实践中的作用。所有与法律相关的制度、规范、组织机构等都是法律文化的一种外在表现形式，法律文化离不开法律，而法律就是由一系列的规章制度组成的规范体系。法律规范是法律实施的必备条件，是构成法的基本细胞，其重要性已不言而喻。

规范，规定人们必须做什么，可以做什么和禁止做什么，它是一种抽象的概念，因为它规定了人们的行为方向，并且是对大范围的人进行约束，而不是只针对特定的某一个人。法律规范，也称法的规范，是指由国家制定或认可的、由国家强制力保障实施的具有普遍约束力的行为规则，它规定了参与社会生活的主体在法律上的权力和义务。法律规范对于维持社会稳定有着不可替代的作用，它规定了什么样的行为具有法律意义，在什么情况下可以产生法律效力，同时规定了行为框架，如果超出这个框架之外，需要承担什么样的法律后果。法律规范还指出当发生了产生法律关系的法律事实时，当事人双方的权利与义务如何转移，会产生什么样的责任关系。法律制度是由法律规范决定的，一个稳定的社会秩序一定会有完善的法律制度作为保障。而完善的法律制度则来源于制定良好的法。

法与法律规范的关系是整体与部分的关系，法律规范是法的组成部分，法律规范必须作为一个整体时才能体现出法的价值和意识形态。作为一种规范式的行为模式，法律规范本身并不具有善恶，而作为体现整体价值观念的法，其正义性的重要不言而喻。而法律规范所制定出来的法律制度，则是维护社会稳定、维持社会秩序的重要手段。良法，是捍卫权利与自由、防止暴政、制裁犯罪、维护正义的法律。一个制定良好的法律意味着其通过了正义的检验，只有通过正义检验制定出来的法律规范才能真正实践到社会当中去。法律与正义的关系密不可分，正义作为法的精神追求，不断推动着法的发展，不成熟的法就会在正义的指导下一步步成为良法。而法也是实现正义的必要手段，法律通过国家强制力的手段惩罚非正义行为，保护正义。亚里士多德说过："法治应包含两重含义：已成立的法律获得普遍的服从，而大家所服从的法律又应该本身是制定得良好的法律。"这一法治观念对于服从者和制定者都提出了要求，群众要服从法律，而其所服从的法律必须是制定良好的、正义的法律。只有根据良法所制定的法律规范，群众才能从内心自发地遵从它，从而相信法律，信任统治者，达到维护社会稳定的作用。而统治阶级也可以通过良好的法律制度来分配正义与矫正正义治理国家，维护社会秩序。

良法善治是对社会主义法治建设提出的要求。我们需要不断完善各项法律制度，建立健全可以保障公民权利的法律体系，推进国家治理体系和治理能力的现代化，使国家的治理能够充分保障人们在经济、文化、社会等方面的全面发展，保障人们对美好生活的向往和追求。在良法善治的社会主义法治制度下，达到法律管理人，人们信服法律，最终构建和谐社会的良性循环。

（三）法律设施

法律设施同法律规范一样都是法律文化的表层形式，它和法律规范、法律制度关系紧密,是保障法律规范、法律制度在国家政治生活和社会生活得到充分实现而建立起来的相关组织结构和法律设施。苏联学者、法学博士卢基扬诺夫曾撰文指出:不管已颁布的法律多么好,法律只有在得到切实遵守和适用时才具有生命力。因此,在法律实施的过程中,法律设施显得尤为重要。

1. 法律机构的运行

法律机构作为法律设施的一种,同样是法律文化的表层部分,其发展和演变也是随着各个国家的文化而变迁。不同的法律制度需要不同法律机构,就像西方国家,随着其思想和文化传统的发展,逐步演变出了议会制度和参议院、众议院等国家组织形态,而我国也是在中国特色社会主义道路下形成了独具特色的组织机构,如人民代表大会。甚至同一法律机构在不同的文化传统中也有不一样的含义。我国的司法系统的内涵就区别于西方一些国家,在我国司法主要包括法院、检察院的职能,而在美国则是仅仅指法院系统。

对我国法律机构的分析可以从三个方面着手:立法、执法、司法。

立法就是法的创制,一套完整的法律体系的建立要经过一个漫长的时期,结合复杂的主观和客观因素,经过不断的实践,最终成为受人信服的良法体系。统治阶级要通过法的创制来实现自己的政治和经济利益,同时还要反映社会客观需要。法律制定是法治社会建设中的重要一环,既要不断适应社会变迁又要尽量维持自身的稳定性,因此一个国家的立法机构和立法体制,是由其国家本质和国家管理形式决定的,归根结底要受该国经济状况所制约。"我国的立法体制是由我国人民民主专政的社会主义国家的本质和人民代表大会制度及统一的多民族的国家形式决定的。"[①] 由于立法体制是整个国家政治法律制度的重要组成部分,

---

[①] 孙国华,朱景文. 法理学 [M]. 北京:中国人民大学出版社,1999:242.

其职能与运作方式往往由各个国家的宪法来规定。根据我国宪法规定，最高权力机关全国人民代表大会及其常务委员会有权修改宪法、制定修改基本法律。人大常委会有权制定和修改除基本法律之外的其他法律，这是狭义的立法机关。从广义上来说，立法机关的范围扩大到了国务院、省、直辖市的人民代表大会及其常务委员会、民族自治地方的人民代表大会等。立法活动要按照拟定的程序来进行。就拿人民代表大会的立法程序来说，首先要提出法律案，这个由有法定权限的国家机关或个人向人民代表大会及其常务委员会提出。随后由全国人大及其常委会对法律案进行审议，之后采用投票的方式决定法律案是否通过。最后由中华人民共和国主席公布法律。法律制定的过程中还要符合一定的原则，包括实事求是、一切从实际出发原则，坚持原则性与灵活性正确结合原则，遵从宪法的基本原则及坚持群众路线、实行领导与群众相结合的原则。

执法就是把法律规范中的统治阶级意志转化为现实关系的过程，以使社会关系参加者的行为符合国家意志。法的适用需要在国家机关的干预下使法律规范在实践中得以发挥作用。执法、司法都是法律适用的过程，只不过有作为主体国家机关的不同和法律调整的手段不同。执法，我们通常把行政机关称为执法机关是适用了狭义的执法概念。立法机关制定的法律需要其他国家机关来运用国家强制力来保障实施，而行政机关就是国家权力的执行机关。行政执法机关将相应的法律法规具体使用到行政法律关系的相对人和事当中，通过将社会中的经济、政治、文化等活动规范到法律构建的框架中去，对维护社会秩序、促进社会发展起着极其重要的作用。由于执法活动涉及社会的方方面面，对于执法的要求也就需要提高。在党的十八大报告中，习近平总书记提出了新的"十六字方针"，其中，严格执法就是对执法活动的要求。严格执法是指在既定法律的规则下严格遵守法律规范、遵守宪法原则，由有权执法的国家机关主体使用相关执法手段来保障法的实施。执法要坚持以下原则：依法行政原则，要在其职权范围内依法行使国家权力；讲究效益原则，要主动有效地进行执法活动，保证效率和质量；公平合理原则，在保障当事人的权利之下进行执法。

司法是法律实施、适用过程中的又一环节，是矫正正义的重要手段。司法关乎正义，而正义乃是社会的首要之善，其社会性又优先于国家性的存在而存在，正义的实现需要司法的权威性，而这种权威性并不仅仅能够在国家权力系统中体现，还是要回归社会，社会权威性才是司法权威的真正体现。司法作为维护社会稳定的最后一道屏障，其公正性和被动性是维护其在人民群众心中权威性的保障。从民国初期借鉴西方三权分立思想，到中华民国的宪政改革，最后再到中华人民共和国成立，司法权在人民主权理论的基础上沿着法治道路进一步发展，司法权在我国发展是曲折多变的，司法的特性和原则也在前人一步步摸索中不断完善。程春明先生曾在其著作中指出："司法，是国家制度化了的第三方行使的社会权利，以达到司法公正为本来意义，是国家性和社会性有机统一的一项裁判权利。"[①] 我国司法适用是指国家司法机关依据法定职权和法定程序解决社会纠纷，维护社会稳定的专门活动，是国家运用法律调整社会关系的重要手段。在我国，司法适用的主体是指审判机关和检察机关，也就是人民法院和人民检察院。人民法院是代表国家行使审判权的机关，不经人民法院判决，任何人不得认定有罪。人民检察院是履行法律监督职责的司法机关。其他任何国家机关和个人，不得行使国家司法权。人民法院和人民检察院分工明确，职责互补，各自在法律规定的范围内发挥其职能。司法适用过程是一个创造性的过程，在司法过程中，不仅需要司法工作者熟练地利用法律规范，还要结合实际，充分考虑当时的社会条件、环境和人文因素，进而做出判

---

① 程春明. 司法权及其配置 [M]. 北京：中国法制出版社，2009：4.

断。司法适用要兼顾国家权力运作和公民权利的保护，公正司法，提高司法在人民群众心中的地位，使公民信服和服从司法程序运作的成果，从而达到维护社会稳定、解决社会纠纷的作用。

2. 法律设备的功能

就像电脑运行需要主机和显示屏一样，法律的实施也需要实际的国家机关保障。在一个法律关系中，义务人逃避义务履行或是权利人滥用自身权利，都需要承担相应的法律责任和法律后果，并依据法律得到惩罚或弥补过错。法律设备保证法律责任承担，维护社会秩序正义。法庭是法院的事务组织单元，是法院的子属级单元。我国法庭可分为部门法庭、临时法庭、基层法庭及特别法庭。法庭承担了人民法院的审判工作，法官在法庭上听取当事人陈述或辩解、参加法庭辩论、审查证据，从而达到解决案件纠纷的作用。看守所由县级以上行政区域设置，由公安机关管辖，主要羁押被依法逮捕、刑事拘留的犯罪嫌疑人、被告人，另外，被判处有期徒刑的罪犯在交付执行前，剩余刑期在三个月以下的由看守所代为执行。由此可见，看守所主要羁押的是未被宣判但已逮捕的犯罪嫌疑人和被告，以及被判处有期徒刑却还未交付实施的罪犯。看守所这一法律设备的设置能有效提高司法效率，节约司法资源，保障侦查审判工作的顺利进行。监狱是国家刑罚机关，收押对象与看守所不同，是已决犯，包括被人民法院判处死刑缓期两年执行、无期徒刑、有期徒刑的罪犯，监狱具有惩罚功能、改造功能、防卫功能、预防功能。最后是信息网络系统对法律实施的作用。如今，社会飞速发展，互联网技术日益提高，信息网络技术运用到社会的方方面面。法律同样需要与技术结合，发布网上通缉令、开展网上普法教育等。

三、文化对守法的影响

对于普通公民来说，守法基于对法律心理认知，将法律的要求转化为自己的行为，从而使法律得以真正地实施。无论是多好的法律制度，多么完备的法律机构，如果公民自身无法约束自己，那么法典和相应国家机构就形同虚设。法律的产生要晚于道德和传统文化，人们心中对法律的认识会受到传统道德教育和文化教育的影响。法律文化作为文化这一大的范畴中的一类，与其他类型的文化同存于一个社会形态当中，必然要求其与社会存在一定的适应性。在中华法系中，传统文化的影响值得研究。

（一）中国传统文化的影响

中华法系的发展离不开传统文化，中华文化的思想精粹是法律制度形成的基石，离开民族文化的法律制度是无法存活的。在漫长的历史长河中，中华民族形成了自我所独有的中华文化，经过历朝历代的融合与发展，中华文化早已根植于中国人民心中。中华法系的诞生源于传统文化，经历了不同思想家的创新与改革，逐渐发展成为具有中国特色的社会主义法系。传统文化对于公民守法观念的影响可以说是从古至今一直存在。

从辩证法的角度来看，凡事都具有两面性，传统文化对守法精神的影响也是具有两面性的。一方面，传统文化对守法精神的产生提供了道德和习惯基础。在中华法系的发展史中，传统的伦理道德几乎与法律评价标准融为一体。孔子云："有法而乱者，有之矣；有君子而乱者，自古至今未曾闻之。"意思是有法律的世道是会出现犯罪的人的，而受过道德教育的使其成为品格高尚的君子会成为犯罪者，是从未听说过的事情。传统文化中的伦理道德在某种层面上代替了法律，成为约束人们行为的规范，从另一个角度来说，也是对人们守法的保障。

（二）发扬优秀传统文化，培养守法意识

传统文化对我国公民守法意识的影响深远。对于纷繁复杂

的传统文化，我们要取其精华弃其糟粕，发扬优秀的传统文化，舍弃糟糕的封建遗留思想，同时要坚持以优秀传统文化为基础而发展起来的法律文化，从而进一步增强公民守法意识。

守法是指对法的遵守，就是人的行为是否在法律规定的范围内按照法律规范的要求行使，而一个人的行为要受其思想所控制，所以法律实践的成功与否很大程度上还是受法律文化所影响。一个国家的法律文化是在其漫长的文化发展中形成的，优秀的传统文化会培养出良好的法律文化，而这些都是提高公民守法意识的前提。我国的传统法律文化在重视法治的同时同样要求德治，强调"德法并举""出礼入刑"。这种法律思想来自对本时期文化发展及社会形态的深刻解读，结合道德教育和当时的习惯习俗，使法律文化与社会意识深刻融合，使人们从内心深处敬畏法律，信服法律，再运用各种社会控制手段来到达维护社会稳定和促进国家发展的目的。经过漫长的社会实践，这种具有普适性的治国理念是东方大国的最佳选择。发扬优秀的传统文化，形成良好的法律文化，使守法意识深入人心。

发扬优秀的传统文化，对改善公民守法所应具备的条件也有很大帮助。在良好的法律文化的指导下，建立健全国家法律制度体系及其运作机制，维护社会秩序，要让公民在公平、高效的环境中自觉自愿地遵守法律，既服从法律的要求，又享受守法对其带来的便利。同时，对于法律职业工作者的培养也要道德和专业知识并重，仅仅具备扎实的法律知识是不够的，还要使其成为忠实的法律信仰者，培养无私奉献精神，这样才能得到公民的信任，使公民对于其工作成果信服并自愿执行。优秀的传统文化是我国重要的精神遗产，充分发挥其指导作用，对守法意识的培养起着至关重要的作用。

第二节 法律内化

法律是一门社会科学，而社会是由人组成的，法律只有内化到公民内心深处，成为潜意识的习惯，才能真正得以实现。这一过程是漫长而又艰巨的，不仅对法律制度提出了极高的标准，而且对公民个人的心理素质和客观社会环境也有着相应的要求。下面我们就来分析法律内化所需要的条件及过程。

一、法律内化的条件

法律内化的条件可以从主客观两个方面进行分析，一是公民心理素质培养，二是良好的社会环境。公民心理素质是主观层面的条件。法律是一门复杂的社会学科，它涉及社会的方方面面，与道德标准共同维护着社会秩序。法律与道德关系密切，二者相互影响，相互作用，相互渗透，但它又不同于道德标准，二者之间有着显著的区别。因此，公众所熟知的道德标准并不等同于法律规范，要使法律制度真正在社会中得到落实，还要对全体社会公民进行教育和培养。上文曾提到法律心理是法律文化的深层概念，其具有稳定性且难以靠外力所改变。正确的法律心理认知需要公民自我学习，自我调整，而这一阶段就对公民心理素质提出了较高的要求。对公民心理素质的要求在于两点，一是文化水平的高低，二是对于法律的价值认识和态度。就第一点来说，目前我国文化素质教育尚未完全普及，这就对法律的普及造成了不小的障碍。法律文本的学习是法律内化的重要途径之一，所以要求公民较高的文化水平是接受法律教育的条件之一。第二点，对于法律本身的价值认识和态度。在我国的传统法律文化中，社会普遍存在一种恐法惧法的心理态度，这种长期积淀与人们心中的"无诉"心理，使得中国人宁愿追求息事宁人，而不愿寻求法律的保护，久而久之，人们对于法律的态度就转变为"只要求我去服从，却不能给我带来任何利益"，从而消极地看待法律，阻碍法律内化的进程。因此，必须提高法律在人们心中的权威，使得法律如同宗教信仰一样在公民心中处于崇高的地位。

良好的社会环境是法律内化的客观条件，也是提高公民心理素质的基石。法律只有实践于社会才能从应然的法转变为实然的法，良好的社会基础会对法律的实践提供捷径，而法律只有成为让公民自身能够切实感受到并可以通过法律保障自身权益，维护社会秩序，才能够达到法律内化的目的。对于良好的社会环境应有以下几点要求：一是较高的教育水平，二是较好的传统文化道德教育，三是合理的国家机构配置，四是高效的社会调整机制。就第一点来说，一个社会的文化水平取决于其教育的水平，发达的教育会培养出高水平的社会文化和良好的社会秩序。只要求公民接受法律教育是远远不够的，还需要求社会健全教育途径和手段。要有完善的教育配置，较高的教育水平，才能更好地辅助法律普及。一个国家实施社会法律教育的途径有很多种，有正规的学校教育，还有非正规的其他教育，如刊学校教育、函授教育、法律培训班及群众性的普法教育。前者主要是培养法律精英人才，为国家输送合格的法律工作者，后者才是社会大众所能普遍接触到的教育方式。一个社会中合理的教育配置，积极向上的学习态度都有助于扩大和提高全社会公民法律文化知识的普及。第二点，传统文化教育。上文提到了传统文化对公民守法意识培养影响，不难看出优秀传统文化对良好法律文化和提高公民守法意识产生的积极的、正面的作用。良好的社会环境需要优秀的传统文化和优良的民风民俗作为支撑，而法律内化的过程就是将人们心中长期以来所遵循的习惯习俗和外部法律规范相结合，促进良好的法律文化的产生，也有助于守法意识的产生。第三点，合理的国家机构的配置。国家机构是一个社会保障法律实施的工具，纷繁复杂的国家机构既不利于法律的有效适用，也不利于法律内化的进程。一个有序高效的社会环境，需要一套简洁合理的国家机构配置。目前我国建设法治社会的进程中提到要建立健全国家治理体系，提高国家治理能力很重要的一点就是要提高"硬件"配置，即合理的国家机构设置。只有实现法律的高效性和正义性，才能提高法律在人民群众内心的地位，形成法律信仰。第四点，高效的社会调整机制。法律作为一种调整手段，其最重要的一点要求就是它的及时性。如果法律不能做到及时处理当事人之间的权力义务关系，发挥矫正的作用，那么法律规范就会形同虚设。良好的社会秩序应当具备高效的社会调制机制，培养公民通过法律解决问题的思维方式，推进法律内化进程。

二、法律内化的过程

法律文化是随着时间流逝，结合各种社会文化，以经济基础、政治模式和国家形态为基石，从单一的法律思想发展成为具有民族特色的独特文化。同样，法律内化过程也是漫长而又艰难的。它不是由外力所控制的，法律内化是我们自愿产生对于自发自生的法律的一种接受的认同态度，进一步将社会法律规范作为我们日常的行为准则和依据，从而将法律内化为自我意识深处的东西。这一过程虽然需要外力的帮助，但最终还是需要社会全体由内而外地形成法律意识，尊重、维护法律尊严。

法律内化的第一步是认识法律。目前，我国对于公民法律学习分为两种：一是正规的学校教育，如高校的法律专业教育，这类教育培养出的是法律专业工作者，一般具有系统的法律知识，是法律组织结构的活动主体，是法律得以正常有序有效进行和运转的重要保障。"法律秩序越是发达，其对法律职业的要求和责任也就越多。"① 法律职业工作者是沟通国家法律政策和社会实践的重要一环，正规的法律教育也就尤为重要。如今信息技术的发达让全世界成为一体，各国的法律文化也在不断沟通交流，这对法律人的培养是极具促进作用的。二是通过非正规的教育，这种教育是法律社会化的重要途径。它不同于正规的法律学习，是一种多样化的、较为生动的法律教育。它既对法律工作者起到培养训练的作用，又有着提高社会其他群体法律意识和法律素养的使命。在社会主义国家中，法制教育是精神文明建设题中的应有之意。社会主义制度的发展与建设离不开人民的道德修养和思想觉悟，培养人民遵纪守法、重视法制的思想观念是形成良好法律文化的重要一环。认识法律是初步形成对法律概念内涵的了解，在具体实践中是否理解法律、正确运用法律是公民在获得法律学习之后对于社会的反馈。

在社会生活中，法律文化的传播也可以通过参加法律实践活动来进行，各类执法、司法、立法活动的进行都可以让公民进一步了解法律，在实体法和程序法的运行过程中，让公民拥有一种法律亲近感，从而对了解法律形成正面的态度。美国法学家埃尔曼指出：在美国，人们已越来越关心执行法庭裁决问题和由此带来的社会影响。有时候，一次公正的判决会对人们对法律的态度产生巨大影响。可以说，社会反馈对于公民认识法律的影响是无法忽视的。

法律内化的最终结果是要人们形成符合国家政治形态的法律意识，良好的法律文化促成正确的法律意识，我们要从社会、教育等方面着手，发扬优秀的传统文化，不断提高公民思想道德素质和法律意识，从而使法律文化渗透到公民内心，形成遵纪守法的社会风气和安定有序的社会秩序。

---

① 刘作翔. 法律文化理论 [M]. 北京：商务印书馆出版，1999：191.

第三节　守法与教育的关系

我们讨论过传统文化对于公民守法意识的作用，有积极的促进作用，也有消极的阻碍作用。同时也讨论过法律内化所需要的条件和过程。这些都是从公民个体的角度出发看待守法意识的培养。无论是接受法律教育或是形成良好的社会环境，我们同样不能忽视国家和社会在形成良好的法律文化的过程中所起到的作用。下面将从传统文化教育中公德教育角度切入，谈谈公德教育对公民守法的影响和国家应该如何做好公民普法工作。

一、公德教育对公民守法的作用

社会公德，是指存在于社会群体之间的道德，是生活于社会中的人们为了稳定的生存及追求个人或集体的利益而约定俗成的应该做什么或不应做什么的社会规范。社会公德与一个国家、一个民族的传统文化是分不开的，它是古代智慧的劳动人民从历史长河和社会实践的沉淀中逐步总结出来的，可以很好地维护社会稳定和社会秩序的道德标准、思想观念和文化传统。在法律还未出现之前，人类社会便是由一些道德标准所约束，而法律很大程度上便是由这些道德标准演变而来的。就像现代法律所规定的"赡养父母""抚养子女"等义务就源自社会公德中的尊老爱幼的道德准则。公德教育是社会主义道德建设内容之一，是从小开始每一个中国公民都要接受的思想品德教育。

社会公德教育具有全民性，既然是所有社会公民都必须遵守的道德标准，那么国家认定的公德教育的内容就必须符合全民族、全社会的文化认知和价值观念。我国是一个多民族的社会主义国家，民族文化灿如繁星，而中华民族继承了极具和谐包容性的儒家文化，因此形成了多民族文化并存的局面。社会公德教育要包容各民族文化差异，它的受众群体是全社会公民，意味着在同一社会中，任何社会成员对于国家所宣扬的社会公德必须遵守，否则就要遭受来自社会的谴责。但也要尊重不同的民族习俗，不能"一刀切"地要求所有社会公民完全依据同一个道德标准，这一原则在我国法律制度中也有所体现。把握好社会公德教育在不同民族中的教育内容，有利于维护和谐的社会环境，有利于提高全体公民的法律意识和道德素质。

现代国家的社会公德内容蕴含着中国劳动人民五千年来智慧的思想观念和漫长的历史实践，它深深地与中国传统文化相融合，是人类世世代代调整公共生活中最一般关系的经验的结晶。社会公德总是随着社会物质文明和精神文明的发展，在保持自身优秀的同时得到自身发展。结合上文关于传统文化和公民守法意识的讨论，社会公德教育对于优秀传统文化的发扬与筛选起着积极的正面作用。国家对全社会进行公德教育，促使公民树立正确的人生观、价值观从而具备辨别优秀传统文化的能力，进一步认识道德和法律在其社会生活中起到的作用，从而提高自身的法律意识，达到知法守法的目的。

社会公德教育对国家普法活动的开展也有着积极的促进作用，在其内心形成的道德标准的规范下，公民对于社会秩序和个人品德都有一定的认识，对法律也不再陌生。在这种良性社会风气的引导下，公民会对法律规范和制度自发地形成一种积极接受的、正面的态度，这对国家普法教育的开展是很好的帮助。

二、普法教育的向度

公民守法的前提是知法，如何做到全民知法需要从国家层面开展普法教育,以社会公德教育为基础,进一步深化法律在人们心中的形象。自从1986年党中央宣布全国普法开始,如今已是第七个五年的普法教育和宣传。在这个"七五"普法计划中,党中央对全国的普法教育做出了总的指示,制定了普法活动的工作原则和主要任务。我们要围绕党中央的指示,结合实际,开展高效、合理的普法教育活动。

  普法教育可以从以下几个方面展开。一是学校教育。任何类型的教育都由学校作为开端,无论是社会公德教育还是普法教育都要以学校教育作为开头。以小学教育为例,在小学思想品德教育的课本中就出现了"法律"的字眼,这种从小开始培养对法律认知的做法在社会实践中取得了成功。而学校的普法教育每一阶段的层次应当是不同的,中学教育要区别于小学教育,大学教育就又要更进一步。法律文化是一种深层次的思想凝结,它的学习与适应要一步一步地进行,才能深入公民的思想意识,取得普法教育的成功。二是媒体与网络。在社会飞速发展的今天,互联网技术的发展使其成为当今世界中信息传播的不二之选。我们普法教育的开展也要紧跟时代潮流,利用媒体与网络扩大普法教育的覆盖面和提高教育方法的效率。但在利用网络传播法律知识的同时也要使用正确的方法。由于网络和媒体的受众面极为广泛,我们更应该细致认真地审核普法教育的内容,避免负面事件的产生。三是国家法律机构。除了以上两种普适性的普法方式,通过国家法律机构的立法、执法、司法活动也可达到普法教育的效果。而且这种方式所产生的对公民法律意识的影响是上述两种方式所达不到的。法律制度的实施要靠国家强制力作为保障,而国家法律机构就是实施法律的工具,它被国家赋予了运用法律解决社会纠纷、维护社会秩序的权力。其中,公检法作为法律执行机关,所承办的每一个案件都是法律的具体运用。通过具体案件解释法律,推广法律适用,这种方式既通俗易懂,又能产生巨大的影响力。

守法和普法,这二者对于中国特色社会主义法治建设是缺一不可的。"通过普法,达致公民守法,并进一步实现社会秩序在法律框架内的稳定性。"① 虽然普法并不意味着守法意识在公民心中的普及,但是应该相信,通过将法律文化与中国优秀传统文化积极融合,并加以正确的引导,中国公民的法律意识会越来越高,中国特色社会主义法治的实现指日可待。

---

① 吕明. 在普法与守法之间——基于意识形态"社会粘合"功能的意义探究[J]. 南京农业大学学报(社会科学版), 2012, 12 (3): 118 – 123.

第六章　普法教育及其实效性

第一节　普法教育的基本理论

法治教育客观上是一个过程，有了法治教育的目标和规划，还要选择和培养合适的施教者。施教者要选择开展教育的内容，然后通过合适的传播渠道（直接面对面或通过间接的媒体方式），在这个传播过程中，施教者还要克服各种物理的或心理上的障碍，受教者在接受施教者发出的信息之后，还需要一个从知识结构的改变到观念变化再到行为实现的心理认同过程。

因此，法治教育不仅仅是一个宣讲法律知识和重申应当守法的问题，还是一项复杂的系统工程。要对这一系统工程进行研究，不仅要探讨该过程中法治教育目标的设定、法治教育性质、法治教育价值的定位等要素的合理化，还要探讨这些要素的综合效应问题。

一、普法教育的概念

在《现代汉语词典》里，"普"具有"普遍"和"全面"的意思；"普及"具有"普遍地传到（地区、范围等）"和"普遍推广，使大众化"的意思；"普法"意指"普及法律常识"。中共中央和国务院在 1985 年 11 月批转了《中央宣传部、司法部关于向全体公民基本普及法律常识的五年规划》，并发出通知，根据我国普法工作的持续性，该规划被称为"一五"普法。国家为了提高全体公民的法律素质，为了各阶段国家经济建设任务的实现，也为了依法治国方略的全面推进，就采用每五年制定一个普及法律常识的规划，一直持续到今已有七个五年普法规划出台。随后"二五"普法规划改为"法制宣传教育"，一直到"六五"规划都称为"法制宣传教育"。2016 年，"七五"普法规划将"法制宣传教育"改为"法治宣传教育"。但"普法"二字已约定俗成了。当代中国的普法教育，又称"普法运动"或"法制宣传教育"或"法治宣传教育"，"是在特定的历史时期由政府主导的有计划、有组织的大规模的群众性的普及法律常识的活动"。[①]

根据我国普法活动的实践，普法教育是指由中共中央宣传部、司法部联合制定并组织实施的，有明确的工作目标、工作任务和工作对象以及详细的工作保障措施，在全国范围内普及我国法律常识，提高全体公民法治观念的教育活动。

普法教育的主体是实施普法教育的人，即施教者，就是政府、国家机关及相关授权组织等；其客体是接受普法教育的人，即受教者，就是普法教育施教者所针对的人，泛指我国全体公民。也就是说，在我国除了在智力和精神上有问题的人外，无论男女老幼，都是我国普法教育活动的客体。

二、普法教育的性质

我国开展普法教育活动的法律依据源于宪法中的相关规定，实践中由中央宣传部、司法部每间隔五年就联合制定一个普法规

---

① 张新明. 对当代中国普法活动的反思 [J]. 法学, 2009 (10): 30 - 36.

划并组织实施。我国《宪法》第 24 条①规定，使我国的普法教育活动具有了宪法最高依据。1985 年 11 月的"一五"普法规划规定："为了发展社会主义民主，健全社会主义法制，必须把法律交给广大人民掌握。"② 2016 年 4 月"七五"普法规划规定："通过开展第七个五年法治宣传教育，使全社会法治观念明显增强，法治思维和依法办事能力明显提高，形成崇尚法治的社会氛围。"③ 在"七五"规划中将以往的"法制宣传教育"改为"法治宣传教育"，这对我国新时期的普法教育实践活动提出了更高的要求。

从我国宪法的规定和七个五年普法规划要求来看，普法教育的性质是，为了使我国民主法制建设进一步健全，为了加强社会主义精神文明的建设，由政府、国家机关及相关授权组织等主导的、一切有接受教育能力的公民共同参与，旨在提高我国全民法治观念和全体党员党章党规意识的一项公益性事业。

三、普法教育的价值

我国的全民普法教育规模之宏大、时间之久远、内容之宽广，在世界范围内都是少见的。普法教育的价值，是一种潜移默化的法治教育，有着鲜明的时代特征，具有与时俱进的品质。

1. 当前性价值与长久性价值

根据普法教育阶段时间范围的不同，普法教育的价值可分为当前价值与长久性价值。当前价值体现在普法的不同历史阶段，着眼于不同普法阶段对国家和社会的作用。在"一五"时期普法

---

① 《中华人民共和国宪法》第 24 条规定："国家通过普及理想教育、道德教育、文化教育、纪律和法制教育。"

② 关于在公民中基本普及法律常识的决议（1985 年 11 月 22 日第六届全国人民代表大会常务委员会第 13 次会议通过）。

③ 全国人大常委会关于开展第七个五年法治宣传教育的决议（2016 年 4 月 28 日第十二届全国人民代表大会常务委员会第 20 次会议通过）。

的当前价值体现在广大人民群众不同程度地了解了法律基础常识,逐步有了法制观念和法律意识,是一场"法律扫盲"的法制启蒙教育;"二五"时期普法的当前价值体现在,由法律扫盲启蒙转向具体法律知识的学习,要求人们不仅学法,而且要用法,普法教育开始向法治实践方向延伸;"三五"时期普法的当前价值体现在,由法律知识的普及转向学用结合,实现了以往由单一普法教育向注重提高全民法律意识、对社会全面依法治理的转变;"四五"时期普法的当前价值体现在,由注重我国公民法律意识的培养,转向对全体公民法律素质的提升,强调不断提高社会的法律化管理水平;"五五"时期普法的当前价值体现在,增强了我国公务人员的法律素养和对国家经济社会发展管理的本领,同时,我国普法教育发展到了提升全民法律素养的阶段;"六五"时期普法的当前价值体现在,提高了我国社会法治化管理水平,促进了现代中国特色的社会主义民主法治建设,推动全社会形成自觉遵法学法用法的法治环境;"七五"普法时期则是把全民法治观念和全体党员党章党规意识明显增强作为重点,特别是把领导干部和青少年的法治观念的提高作为重中之重。

普法教育的长远性价值在于依照现代法治的理念,使法律真正进入人们的日常生活之中,人们养成普遍的法治意识,法律成为指引人们日常生活和行为的规范。只有这种法治信仰确立后,与这种信仰相适应的法律制度才能得以遵守并推动国家法治建设和维护国家和谐有序。《法治与和谐的中国路径研究》一书说到:"中国特色的法治是建立在民族文化基础之上的、以法律制度为主、个人法治意识的培养以及养成为辅的一种综合的国家治理结构模式,要求中国公民具有普遍的法治意识。"[1] 如何才能在我国全民中建立起一致认同的至上的法治信仰?法律信仰是一种主观心理状态,是公民内心对法律的一种强烈信服,是自觉自愿遵守

---

[1] 肖德芳,何利. 法治与和谐的中国路径研究[M]. 北京:中国法制出版社,2014:344.

法律的一种法律情感。普法教育的长远性价值就在于此。从普法教育的历史进程和实际效果来看，普法教育就是帮助人们了解国家的法律规范，使法律真正走进人们的日常生活。越来越多的人意识到建立普遍的法律信仰应该成为我国普法教育的重点，中国社会治理法治化之路，是要用公民法律信仰来铺垫的，而普法教育就是中国社会治理法治化道路的铺路石。

2. 对个人的价值与对社会的价值

从普法教育的效果看，普法教育的价值可分为对个人的价值和对社会的价值。通过法治宣传教育活动，我国全体公民学法、懂法，以致能够很好地掌握，运用法律的技能。我们知道，法律具有公民个人行为目标的指引和评价作用，人们可以通过对法律知识的学习、认识和领会，做出对个人行为模式的事先合法判断，对违反法律规范的行为，通过法律事先规定惩罚、制裁手段加以矫正。同时，法律根据公正、自由、利益价值准则，对社会成员的权利和义务加以合理分配，一方面保护社会成员享有合法权利，另一方面对不履行义务或滥用权利的行为进行制约，维护社会成员在法律允许的范围内参加社会生产和交往活动，保障社会在法治理念的指引下和谐运行。我国普法教育通过社会成员个人对社会的安全、稳定、有序等方面的需求，实现了法律对个人价值和对社会价值的有机统一。

四、普法教育的特征

我国公民法律意识、法治观念的形成，离不开人们在现实社会中的物质生活交往活动，更离不开我国社会主义民主与法治建设的实践。通过对我国七个五年普法教育的规划和 30 多年法治宣传活动的实施情况的系统归纳，可以总结出我国普法教育有如下特征。

1. 时间上的持续性和阶段性

我国"一五"普法自 1986 年到 1990 年，面向我国公民普及法律常识，该阶段基本达到了在人们心目中逐步恢复法律权威的目标。"二五"普法将普法重点放在强化我国公民的宪法观念，提高领导干部依法决策、依法管理的自觉性的能力上。"三五"普法的主题定为增强全体公民法律意识、法治观念，树立法治权威，注重法制实践，加快社会主义法治国家建设和市场经济的建设。"四五"普法将我国宪法的生效日——12月4日确定为"我国法制宣传日"，更加突出了我国宪法的地位。"五五"普法重点转向各基层单位，意在提高各级领导干部学法遵法用法的能力，提高对社会事务依法治理的水平。"六五"普法定位是把法治宣传教育与社会主义核心价值观相结合，形成全民学法用法守法的社会主义法治环境。"七五"普法是加强法治教育与思想品德教育相结合，实现依法治国与以德治国相结合，提升社会法治化治理水平。可以看出，我国七个五年普法规划都明确了在中国特色社会主义法治国家建设进程中的阶段性目标，而每个五年普法规划在对全体公民法治观念的要求和对社会治理法治化水平的提升上，呈现出逐步递进的持续性。另外，新的五年普法规划的开始与上一个五年普法规划的结束，时间上紧密衔接，也体现出我国普法教育的持续性。

全面提高全体公民的法律意识、法治观念，不是一两个普法规划教育就能实现的，我国开展普法教育已有30余年，以每五年为一个普法规划周期，为达到"在全社会形成良好的法治氛围和法治习惯"的目标，我国的普法教育之路必须坚持走下去。

2. 普法的全民参与性

从我国30余年七个五年普法规划中不难看出，我国普法的对象一直都是有接受教育能力的全体公民，每个五年普法规划又各有重点对象。我国普法教育启动之初的"一五"和"二五"普法规划，把我国全体公民即一切有接受教育能力的公民定为法制教育宣传的对象。通过第一个五年普法使我国全民基本获得了相应的法律常识，在"二五"规划中则要求我国公民学会如何使用法律，使法律真正发挥作用。在"三五"和"四五"普法期间，我国正值市场经济体制建设，普法教育的主题是促进依法治国，加快社会主义法治建设和经济建设，普法教育把县团级以上领导干部和企业管理人员确定为普法的重点对象。"四五"普法规划主要对象是各级领导干部、青少年学生、企业经营管理人员。①"五五"普法提出："要依法行政，打造法治政府"。普法的对象也越来越具有针对性，扩大到全体领导干部和国家公务人员及广大农民。在"六五"普法规划中体现了注重对公民法律理念、法律意识的培养，重点对象是机关干部、青少年学生、社区居民和农民。"七五"普法规划提出全面提高全社会法治化治理水平的要求，把法治宣传教育的重点对象定为领导干部和青少年。

3. 普法的政府主导性

从我国向全体公民基本普及法律常识规划开始，直到"七五"普法规划，普法的宏观领导是各级党委，组织实施者是各级政府。经过30多年普法教育活动的开展，已形成了"党委领导、人大监督、政府实施、部门配合"的工作机制。这种机制的形成，与我国经济建设中政府主导模式是相契合的，政府成为推动我国普法教育的主要角色。"政府是法制宣传教育的主要实施者、推动者，是法治宣传教育工作成败的关键所在。政府负有将国家制定的法律、法规和政策告知公众的责任，实现和保障公民的知情权。"② 政府主导还体现在我国普法教育的长期规划是由政府部门制定的，并且进行具体组织实施。

我国普法教育中政府的主导地位在每个五年普法规划中均有体现。"一五"普法规划要求必须在各级党委和政府的统一领导下进行；"二五"普法规划要求在各级党委、人大和政府的统一

---

① 中共中央　国务院．关于在公民中展法制宣传教育的第四个五年规划（2001年4月26日中发〔2001〕8号）．

② 王进义．法制宣传教育的性质、价值及创新初探［J］．中国司法，2004（10）：64－67．

领导和监督下进行;"三五"普法规划把各级党委宣传部门和政府司法行政部门定为主管机关;"四五"普法规划要求各级党委宣传部门、政府司法行政部门负责具体组织和实施;"五五"普法规划要求各级党委和政府纳入当地经济社会发展规划;"六五"普法规划要求各级党委和政府纳入党委和政府目标管理;"七五"普法规划要求各级党委和政府要确保目标任务落实到实处。

4. 普法的公益性

普法教育的公益性,指的是我国开展的法治宣传教育活动是以无偿服务和义务服务为出发点的。普法具有非营利性和良好的社会效应。根据我国每个五年普法规划要求,普法主体不以营利为目的,在获得政府财政经费支持的基础上,无偿为我国全体公民普及法律知识,宣传法治精神,提升全体公民遵法学法用法的能力和本领,提高全社会的法治化水平。每个五年普法规划都有明文规定,要求各地方党委和政府对法治宣传教育提供活动经费的财政保障,并随着法治宣传教育活动的深入每年给予增加财政预算。同时,地方政府可以通过购买社会服务,鼓励社会力量参与当地的法治宣传教育公益活动,为当地公民提供优质的服务。

第二节 普法教育实效性的内涵与特征

一、普法教育实效性的内涵

"实效"在我国《现代汉语词典》里的意思是"实际的效果。"实效性"则指通过开展某项活动或事务,能够达到所预期的功能或结果,较好地实现了事先既定的目标。普法教育的实效性,是指我国通过开展法治宣传教育活动,提高了全社会治理的法治化水平，国家依法治理不断深入；提升了全体公民的法治素养，全体共产党员牢守党章党纪观念的养成，在全国形成了良好社会风尚和法治环境的效果。普法教育的实效性是检验我国普法教育活动目标实现程度的重要尺度。

从广义上讲，普法教育作为一种实践活动，它的实效性就是普法教育活动所获得的现实效果、效能与效率的总和。效果在我国普法教育活动开展的过程中，是受教者对我国法律有较强的认同感，同时也指教育对象在接受了普法教育后，在今后的社会实践活动中，能够以普法教育的学习收获和对法律的认同作为自身法律素质、法治观念不断提升的基础。效能则是指普法教育活动对受教者所起到的有利作用及发挥的正面影响，就是说，只有我国全体公民整体法律素养、法治理念、依法办事的能力得到了明显提升，才可以说普法教育活动是具有效能的。反之，普法教育活动就没有效能。效率一般指投入与产出的比例，具体到普法教育中，则是指与我国投入到法治宣传教育活动中的人力、物力和财力的各种资源与全社会法治环境形成的程度之间的性价比问题。以较小的"投入"获得较大的"产出"，使受教者法律素质、法治观念得到明显提高，普法教育目标不断实现，可以说普法教育活动是有效率的；反之，普法教育活动就没有效率。总之，从普法教育活动的效果、效能与效率三个角度来探讨我国普法教育的实效性问题，是从我国普法教育活动的对象——我国全体公民法治观念养成的长期性，以及我国普法教育的开展的持久性来全面考虑的。

从狭义上讲，普法教育实效性，指的是普法教育活动的施教者所开展的一系列施教活动的形式、方法、手段和载体，以及对普法教育受教者产生的影响、感染和接受的程度。这就要求我国普法教育活动不能只重视普法教育的社会效应，更应关注新时期背景下受教者的鲜明个体价值趋向。

综上所述，在研究提高我国普法教育实效性问题时，我们既要从宏观到微观考察普法教育活动开展的全过程，又要系统深入、定性与定量相结合地分析普法教育的最终结果；既要考察普法教育活动对受教者当时的影响，还要考察普法教育活动对受教者的长远影响。

二、普法教育实效性的特征

普法教育实效性的取得不是一蹴而就的，而是需要阶梯状前进，在一定实效基础上再进步、再提高和再巩固的过程。它实现于普法教育活动的创新性工作中，要求各种因素有机配合与相互合作。在某一阶段内，受教育者体现出法律素质提升和法治观念增强的信息和行动，都应视为普法教育活动实效性的表现。我国普法教育实效性应具有以下特征。

1. 从普法教育的功能上看，普法教育实效性具有正面引导性

我国普法教育从 1985 年的第一个普法规划开始，就把为中国特色社会主义建设培养有法治观念、治理能力、遵纪守法的领导干部和公民作为功能定位。通过对公民个人普及法律知识、宣传法治精神，提高我国法治文化程度，培养全国各族人民自觉学法遵法用法的能力，用法律思维指引公民个人参加社会交往和生产等活动，树立自觉履行法律义务和积极参与民主政治建设的法治观念；通过对各级领导干部开展法治宣传教育，培养各级领导干部的政治素养，自觉远离违纪红线，提升依法治理各项社会事务的能力；要求全体党员，通过对各项法律和党章党规的学习，提升中国共产党在建设社会主义法治国家中对各族人民的凝聚力，增强各级党组织的战斗堡垒作用，提高全体党员的党性意识和执政能力。

从我国七个五年普法规划中可以看出，我国普法教育活动旨在引导受教对象树立法治观念，弘扬社会主义法治价值观，增强全社会遵法学法守法用法意识，提升法治素养，提高人民有序参与民主政治的意识和水平,成为新时期合格的社会主义法治社会的建设者。

2. 从法治宣传教育对象的法治意识培养上看,普法教育实效性具有实践性和持久性

我国普法教育的实效就是要让受教育者在现实社会生活中的行为,达到遵守国家法律、法规和政策的要求,全社会厉行法治,这具有明显的社会实践性。正如马克思恩格斯所说:"思想、观念、意识的生产最初是直接与人们的物质活动,与人们的物质交往,与现实生活的语言交织在一起的。"① 同时,普法教育要达到全民法律意识、法治观念的养成和提升的实效,不是一蹴而就的事情,人的思想意识和观念的养成需要长期的潜移默化的影响和培养。

从我国已经公布的七个五年普法规划通知中,我们不难看出,党中央和国务院对我国全体公民的法治意识培养上,基本走向是首先让全体公民接触法律,再从个人情感上认识法律,然后公民个人再从自身意识上认同法律、认同我国社会主义法治精神,最后再把这种认同升华为公民自身的法治理念。从而正面引导我国公民依法参加各种社会、生产实践活动,达到全社会形成良好的法治环境。整个过程都是在我国全体公民不断参加社会与法制的各项实践活动中来完成的,为达到目前全社会崇尚法律、遵守法律的良好道德风尚,我国通过几代人用了 30 多年时间长期坚持不懈的努力。我国普法教育具有明显的实践性和持久性,研究提高我国普法教育实效性问题,更是离不开法治宣传教育活动实践性和时间上的持久性。正如有学者所言:"我国当前的公民意识教育,无疑应当充分考虑我国所处的历史时期和具体实际,有重点、有选择且循序渐进地开展。"② 因此,我国普法教育实效性从一开始就具有与人们社会生活紧密相连的实践性和在对

---

① 中共中央编译局. 马克思恩格斯文集(第 1 卷)[M]. 北京:人民出版社,2009:524.

② 李升元. 公民意识教育:法治实践的附加值研究[M]. 北京:中国人民公安大学出版社,2015:45.

教育对象在法律意识养成上的时间持久性的特征。

3. 从普法教育宣传的内容上看，普法教育实效性具有认同性

我国普法教育是传播当代中国社会主流意识形态的重要手段。普法教育的受教者是否理解、认同、接受普法教育的内容，教育内容是否入脑、入心，从受教者在社会实践中运用法律知识来分析、解决现实问题的正确性和透彻性中可以反映出来，受教对象对教育内容的认同程度表征着普法教育的实效性，主要体现在受教对象对所学知识的理解、认同和接受程度上。

我国普法教育规划要求所普及的主要内容是我国宪法、法律法规、条例等相关法律知识。从"三五"普法规划开始，要求除了普及常规性法律知识外还要求学法与用法等实践相结合，要求把法治教育与思想政治教育结合起来，工作任务开始转向提高公民的法治理念上来，注重国家社会事务的依法治理水平。到了"六五"普法规划时，在有了前五个普法活动的基础上，普法教育对象对我国基本法律知识有了较大理解、认同并接受，全体公民法律素质整体水平获得了一定的提高，此时，普法的任务开始注重把公民对法律的认同和接受进一步内化，提升公民的法治理念；同时，要求开展社会主义法治文化方面的建设。"七五"普法工作更是注重公民遵法学法用法的能力和本领上，提升全体公民依法维权、运用法律解决纠纷的意识和水平，要求把法治宣传教育活动与思想道德建设结合起来，推进全社会法治文化水平的提高。使普法教育受教对象对我国法律知识、法治文化、法治精神有更高程度的认同，并内化形成全体公民自身的法治理念。

第三节 评价普法教育实效性的标准

评价就是"运用一定标准对一定事物的实效性、准确性、经济性、满意度等进行评述与估价，最终得出一个可靠且逻辑的结论。"① 所谓普法教育实效性评价，"就是根据一定的标准和指标体系，采用定性与定量相结合的方法，对我国普法教育预期目标和实际效果之间的吻合度进行价值判断的过程。"② 对普法教育实效性进行科学评价，"能够加深受教者对评价标准的领悟和认识，提高内化社会规范和要求的自觉主动性，"③ 实现普法教育受教对象的自我约束，发挥教育与自我教育的合力作用。

我国以往研究文献对普法教育实效性评价，过于强调普法教育的社会功能④，而忽视了受教者的个体功能。马克思指出："人作为这个世界上具有旺盛生命力的自然存在物，具有蓬勃向上的生命力和自然力，是极其能动的特殊的自然存在物。作为人的天赋和才能的能动性，是以欲望的形式存在于人身上的。"⑤ 可见，人作为自然存在物的社会个体，面对外部世界，首先充分认识外部世界的状态、本质和规律，然后根据自身的身心结构、需要结构、能力结构等主体因素结合，判断外界事物的合目的性、价值性，以满足自身的需要。个体自身的因素决定着个人对事物的态度，是个体发展的动力和调控系统，其中情感、认知、意志、信念、行为、能力等是个体的重要组成部分。

重视普法教育的受教者的能动性，促使受教者把普法教育的内容通过自身的智力、能力、情感、意志、信念等各种潜能因素加以内化、认同和接受。在评价我国普法教育实效性时，既要考虑普法教育的社会功能，又要重视培养优秀个体公民、促进我国公民个体健康发展，主要从认知、情感、意志、信念、行为和能

---

①②③ 李兰. 思想政治教育实效性研究 [M]. 济南：山东人民出版社，2015：69.
④ 司法部向第十二届全国人大常委会第二十次会议作国务院关于"六五"普法决议执行情况的报告指出：围绕党和国家重大部署、重要活动，组织开展"大力弘扬法治精神、共筑伟大中国梦"等主题法治宣传。围绕维护社会和谐稳定，组织开展信访、调解等方面法律法规学习宣传。法治宣传教育主题活动的广泛开展，推动了全社会尊崇法治、厉行法治，有效服务了改革发展稳定大局。
⑤ 马克思恩格斯全集（第42卷）[M]. 北京：人民出版社，1979：167.

力六个方面加普法教育实效性加以评价。

一、认知

认知又称为认识，是人认识外界事物的过程，是人对作用于其感觉器官的事物加以信息化处理的过程。在普法教育过程中，受教者通过对普法教育的基本内容的认知而逐步接受、内化，并运用所学知识进行价值分析、价值评判，最后做出价值选择。用受教者对法律的认知水平来衡量我国普法活动实效性，是对普法的受教育者对我国法治文化、法治精神的情感感受和认同程度的考察。受教对象认知水平的高低是评价普法教育实效性的首要标准。只有在提高受教对象认知水平的基础上，受教者才可能在意志的影响和支撑下，主动运用所学知识指导社会实践，实现认知和行为的统一。

对受教对象认知水平的判断主要从以下两方面进行：第一，考察普法教育受教对象对普法内容的理解和掌握程度，主要是考察其对普法教育施教者传播的基本知识的理解情况和对社会主义法律体系掌握的情况，目的是使受教者形成系统的知识体系。第二，考察受教者的辨析能力，主要考察受教者在掌握普法教育内容的基础上，明辨合法非法的水平。主要判断施教者是否能够按照法律规范的要求，在行动上科学有效，引导受教者按照正确的法律评价标准和方法，独立、客观地进行法律判断。

二、情感

情感是人对事物能否满足自身需要所产生的心理体验和主观感受，对人本身有着根本性的影响。情感作为主体对客体是否符合自身需要而产生的主观感受，通常以赞赏或厌恶、热爱或憎恨、支持或反对、肯定或否定等两极性相对形式表现出来，对人的认识活动发挥着积极或消极的影响。

　　我国普法教育不只是使受教者认同社会法律规范的活动，还是施教者和受教者之间情感互动的过程。受教者积极的情感体验有利于对普法内容的认同，促进思想意识的转化和升华，从而强化普法教育的效果；悲观消极的情感体验发挥的是消极作用，不利于受教者接受认同普法的内容，也就弱化了普法教育的实效。普法教育施教者只有真诚地关心受教者，从受教者利益出发，普法过程才会具有吸引力，才会收到积极的普法效果。在普法教育过程中能够做到以理动情、以行导情，满足受教对象的情感需要，使受教者触景生情，寓情于乐，从而提高普法教育的实效性。

　　情感是普法教育施教者与受教者之间感情交流的纽带，在普法教育中发挥着关键作用。因此，情感标准是评判普法教育实效性的重要依据。

三、意志

　　意志是意识的能动作用，是人为了一定目的而自觉组织自己的行动，并克服内外困难、障碍的能力和毅力，表现为一种不达目的誓不罢休的坚韧不拔的内在精神。马克思指出："行动的一切动力，都一定要通过他的头脑，一定要转变为他的意志动机，才能使他行动起来。"① 在普法教育过程中，意志是推进受教对象法律情感、法律认知向守法行动转化的决定性环节，在我国普法教育中发挥着非常重要的作用。意志能够促进普法教育受教者按照社会法律规范和依法治国的要求，对自己的行为方向和行为方式毫不犹豫地作出判断；意志能够使普法教育受教者信守慎独，不管是有人监督还是无人监督，都能够按照社会主义法律规范行

---

① 马克思恩格斯全集（第4卷）[M]. 北京：人民出版社，1995：251.

动，而且能够持之以恒；意志能够促使和推动普法教育受教者克服自身内外重重困难和阻碍，自觉抵制外界各种不良诱惑和腐蚀，克服恶劣环境对自身行动的影响。

对我国普法教育受教者意志的测评可以从两个方面进行：第一，考察普法教育受教者是否能够独立辨识合法与非法，是否能够按照法律准则采取行动；第二，考察普法受教者在现实社会生活中自我控制和调节，是否能够意识到自己肩负的社会责任并与不良行为进行抗争。测评普法受教者意志标准的方法，可以是通过个别访谈或集体座谈等方法对受教者的意志品质进行观察和评价，也可以采用无记名的问卷调研法进行。

四、信念

信念是人的意志和行为的基础，是人们在长期生活实践中形成的对某种思想、理论、理想等坚信不疑并努力身体力行的心理动能。信念是情感、认知、意志的高度有机统一，一旦形成，就会成为支配人们行为的精神支柱。开展全民普法教育，我国公民在不断加强学法、守法和用法的同时，在个人内心中树立起守法光荣、违法可耻的理想信念。在普法教育过程中还要帮助人们正确对待理想和现实的关系，认清实现理想的长期性和艰巨性，将能否引导人们树立坚定的守法、用法信念作为评价我国普法教育实效性的重要标准之一。邓小平曾经指出："过去我们党无论怎样弱小，无论遇到什么困难，一直有强大的战斗力，就是因为我们有马克思主义指导和共产主义的理想信念。没有这样的信念，就没有凝聚力；没有这样的信念，就没有一切。"[1]

衡量我国普法教育实效性的信念标准，是基于对社会主义法治的认知、普法宣教的情感互动、自觉遵守法律准则的意志三方

---

[1] 邓小平文选（第3卷）[M]．北京：人民出版社，1993：144．

面的统一。应注重从以下方面考察：第一，考察在普法教育过程中是否有完整、明确的守法光荣理想信念方面的教育内容。第二，考察在普法教育过程中是否运用社会主义法治的立场、观点、方法引导人们认识中国法治建设的客观发展规律，将社会主义法治社会的阶段性和长期性、现实性和理想性结合起来，持之以恒地对普法受教对象进行正确的守法信念教育。第三，考察各地宣传、文化、教育部门、人民团体、社会组织是否为普法宣传教育工作创造了良好的条件和环境。

五、评价普法教育实效性的行为标准

知行合一是教育的重要目标，行为标准是最能体现普法教育事物实效性，因而是最高标准。全面评价普法教育实效性的问题，仅有以上四个标准还是远远不够的，受教育者只有做到知行合一，普法教育才能够显示出实效性。行为标准具有较强的测评性，通过观察受教育者的行为表现，就可以看出其真实的法律意识和法治观念的价值取向。

在我国普法教育实效性行为标准的评价中，要重点考察受教育者是否能够做到知行合一，是否能够真正实现我国宪法、法律规范内化为个人意识和信念，外化为守法行为。这便于普法教育施教者在及时总结经验、分析实际问题的基础上，及时调整普法教育的过程，最终达到普法教育有的放矢的效果。

六、能力

能力是人们顺利完成某项目标或者任务所体现出来的素质，它在活动中表现出来，并直接影响活动的效果。能力是实现人的自我价值的前提。美国心理学家马斯洛在《人的潜能与价值》中说："现在一个广为人知的理论认为，人脑有上千亿个细胞，其中 98.5%~99%的细胞处于休眠状态,大约有 1%~1.5%的细胞参加脑的神经功能活动,这说明人的潜能有极大的发挥空间。"[1]因此,普法教育实效性评价应将对受教对象的守法用法能力的开发作为一项重要标准。

人的能力是一个集合,它包括多方面的内容。普法教育施教者应该在对不同的受教者的思维水平、知识背景、文化程度等全面了解的基础上,重点培育受教者处理信息、获取新知识的能力,分析问题、解决问题的能力,能够分清是非的明辨能力,调整自身身心健康的平衡能力等。评价普法教育实效性的能力标准具有可测性,首先,要考察普法教育受教者是否具备了自我提升法律知识、提高法律素质、增强法律信念的能力。其次,要考察普法教育受教者是否具备了处理自己日常生活中遇到的法律问题的能力。最后,考察普法教育施教者是否开展了适合该地区特点的丰富多彩的、符合不同群体特点的、有地方特色的法治宣传教育实践活动,使受教对象在各类具体的实践中不断提升自身学法、守法、用法的多样化能力。

---

[1] 马斯洛. 人的潜能与价值 [M]. 林方,译. 北京:华夏出版社,1987:167.

下编 公民守法实践研究

第七章　广西民族地区普法教育的历程、客观依据及特殊性

第一节　广西民族地区普法教育的历程

广西壮族自治区司法厅为响应1984年6月全国法治教育宣传工作会决定向全体公民普及法律常识的会议要求,及1985年6月中宣部、司法部联合在北京召开的全国法制宣传教育工作会的精神,于1985年6月即着手组织讨论《关于向全区各族人民基本普及法律常识的五年规划》的方案,决定面向广西壮族自治区全体公民开展法律常识普及的运动,特别是基层(偏远村镇)公民,主要学习《中华人民共和国宪法》《中华人民共和国刑法》《中华人民共和国民法通则》《中华人民共和国民族区域自治法》以及民事法律政策和其他本地区本行业密切联系的其他法律常识。要求各城镇、街道居民要以居委会为单位利用文化室、居民学习日按照司法部编写的《法律常识读本》上法制课,区、街道劳动服务公司要对城市待业青年进行法制培训,未培训的不予分配工作。强调普及法律常识是发展社会主义民主,健全社会主义法制的重要环节;是以经济建设为中心的社会主义现代化的客观需要;是建设社会主义精神文明的重要手段。虽然"一五"普法形式单一,但突出了《中华人民共和国宪法》是国家根本大法的

重要地位，使广西民族地区全社会成员树立宪法是社会主义民主化、法律化的集中体现以及宪法具有最高的法律效力的法律意识，增强了全体民众的主体意识、法律至上意识，为广西民族地区全体公民树立权利认知意识、依法维护个人合法权益打下了坚实的基础。通过这次区党委、区政府主导的大规模法律常识普及运动，广西民族地区广大人民群众不同程度地了解了法律基本常识，逐步有了法制观念和法律意识，成绩和效果也是被社会公认的。

1991年3月27日，广西民族地区"二五"普法规划开篇这样表述："为了巩固第一个五年普法工作成果，使普法教育深入持久地开展下去，以适应社会主义现代化和社会主义民主与法制建设的需要，结合我区实际情况，从1991年起，在全区公民中实施法治宣传教育的第二个五年规划。"[①] 该规划主要内容是在全区公民中普遍深入学习《中华人民共和国宪法》《中华人民共和国民族区域自治法》，也设定了明确的考核标准，要求参加法律知识学习并经考试合格的人数达到规定指标："县处级以上领导干部达到100%，其他干部达到95%，职工达到80%，学生达到95%，农（渔）民达到70%（并且要求100%的村民小组开展普法教育），城镇居民和个体工商户达到80%。"[②] 细化了中央"二五"普法规划的具体要求和考核验收的标准，在开展深入学习宪法的同时，开展学习民族区域自治法，使广西民族地区"二五"普法教育活动更加凸显了民族地区民族区域自治的特色；明确的普法效果考核标准，为普法工作的实施指明了方向。

广西民族地区制定的"三五"普法规划，突出自治区党委、自治区政府更加贴近法治宣传教育活动实际的工作思路，在指导思想上提出了依法治桂、依法治村、依法治街，在教育对象和基

[①②] 广西壮族自治区党委　自治区人民政府批转区党委宣传部、区司法厅《关于在全区公民中开展法制宣传教育的第二个五年规划的通知》（1991年3月27日桂发〔1991〕13号）。

第七章　广西民族地区普法教育的历程、客观依据及特殊性

本要求上提出了更加明细、更加高的标准。例如,"各地、各单位法制宣传教育对象参学率、学完率、考试(核)合格率要达到80%,其中党政机关事业单位95%以上,企业、事业单位90%以上,居民、个体经商户85%以上;农(渔)民为80%以上。……乡(镇)以上各级领导干部参学率、学完率、考试(核)合格率要达到100%,并把学习法律知识运用到实际工作中去。……司法、行政执法人员参学率、学完率、考试(核)合格率要达到100%。……企业事业单位的经营管理人员参学率、学完率、考试(核)合格率要达到95%以上。……建立各项依法治理工作规范和标准,依法治村、街,要达到全区村(居)民委总数的90%以上;国有、集体、'三资'企业和其他企事业单位依法治理达到95%以上;各地、市、县、乡(镇)要达到100%开展依法治理活动。"① 这说明了广西壮族自治区党委和政府非常重视广西民族地区各级领导干部的学法和用法,把提高广西少数民族地区各级政府法治建设成效和司法公正作为普法教育重要目标,提高企事业单位业务管理能力,并要求在广西民族地区开展全面依法治理活动,使各行(系统)的业务管理走上规范化,为建立和发展社会主义市场经济提供了保障;使广西民族地区法治宣传教育活动,从前10年的单一普法转向了依法治理的方向;同时注重法制宣传教育工作队伍建设,保持队伍稳定,不断提高队伍的整体素质,要求"自治区所辖市法制宣传教育办公室要配备6人以上,各地区法制宣传教育办公室配备5人以上,县(市)法治宣传教育办公室配备4人以上,乡(镇)要有专人负责,县以上各级部门、系统及单位要配备相应的专职和兼职人员。并要求县以上法制宣传教育办公室应各配备宣传车一台,电视、录像、照相

---

① 广西壮族自治区党委　自治区人民政府批转区党委宣传部、区司法厅《关于在全区公民中开展法制宣传教育的第三个五年规划的通知》(1996年7月25日桂发[1996]18号)。

等宣传器材一套。"① 这为广西民族地区法制宣传教育工作的开展提供了强有力的工作人员队伍和法制宣传器材设备等保障。

广西民族地区制定的"四五"普法规划，随着中央从"法制"到"法治"的转变，广西民族地区在指导思想上开始运用法律手段进行日常社会事务管理，管理水平较以往也有较大提升。例如，"把主要任务定位为'大力宣传社会主义法治理论和法律知识'，在工作上要求'各地、各部门、各单位接受法制教育人员尤其是党政机关事业单位干部职工、企业职工、居民、个体工商户、农（渔）民、外来务工人员参学率、学完率、考试及格率要高于实施法制宣传教育第三个五年规划所达到的比例，努力做到学法、知法、守法、用法、护法'，在加强法制宣传教育阵地建设上要求'建立健全全自治区、地（市）、县（市、区）三级法制宣传教育队伍，加强对骨干的培训'，在保障措施上要加紧法制宣传教育的地方立法，实现法制宣传教育工作的规范化和法制化。"② 实现了广西民族地区法制宣传教育由提高广西民族地区各族民众的法律意识向提高各族民众的法律素质的转变，尤其是领导干部的法律素质。广西民族地区以往的法制宣传教育工作的开展卓有成效，各族人民法律意识不断提高，并把广西民族地区普法教育推向一个有更高要求的新阶段。

广西民族地区制定的"五五"普法规划要求："主要任务定位为根据国家和自治区立法程序，推进新法律法规的实施，并围绕区党委和政府的工作中心学习和推动中央有关法律法规的工作；要坚持'条块结合，以块为主，属地管理'原则，总体上要按照自治区依法治桂领导小组办公室的统一部署开展学习宣传，

---

① 广西壮族自治区党委 自治区人民政府批转区党委宣传部、区司法厅《关于在全区公民中开展法制宣传教育的第三个五年规划的通知》（1996年7月25日桂发〔1996〕18号）。

② 广西壮族自治区党委 自治区人民政府批转区党委宣传部、区司法厅《关于在全区公民中开展法制宣传教育的第四个五年规划的通知》（2001年5月19日桂发〔2001〕17号）。

第七章 广西民族地区普法教育的历程、客观依据及特殊性

各部门、系统可根据自身特点制定本部门、系统专业法的学习内容。"[1] 反映了广西壮族自治区党委和政府,在法制宣传教育活动方面积极响应党中央号召,宣传学习适合广西民族地区实际民情的法律法规,提高各族公民的遵纪守法、依法办事、依法维权的观念的愿望,为中国—东盟自由贸易区、泛珠三角经济区、北部湾经济区的建设服务。

广西民族地区制定的"六五"普法规划,紧跟党中央中国特色社会主义法治建设的步伐,更加重视广西民族地区各族公民的法律意识和法律素质的培养,由法律知识的传播转向法制观念和意识的养成,打造各族公民自觉学法、守法、用法的良好民族地区社会环境。例如,"通过不断创新开发法治文化活动的产品,为我区全族人民日益增长的法治文化需求提供丰厚的精神食粮,也因此推动我区精神文明建设的进程,使其作为普法主要目标之一;把普法教育的重点开始向基层投放,并把基层特别是农村和社区的法律服务机构的基础设施也纳入普法规划当中,切实把其落到实处。"[2] 意味着广西民族地区普法教育开始加强各民族公民的法治理念和法律文化的培养,将社会主义法治内化于心,外化于行,引导各民族公民依法表达诉求,依法化解各种矛盾,推动广西民族地区社会管理法治化的进程。

广西民族地区制定的"七五"普法规划把对外法治宣传作为一项主要任务,强调法治宣传队伍逐步专业化,普法资源开始向基层农村倾斜。例如,"加强我区边境地区法治宣传基础设施建设,充分运用传统媒体、新兴媒体等多种手段和方式,进行对外法治宣传,努力形成全方位、多领域、宽渠道的对外法治宣传工作格局;深入研究国外受众的法律需求和心理特点,努力探索新

---

[1] 广西壮族自治区党委宣传部,自治区司法厅. 关于在公民中开展法制宣传教育的第五个五年规划的通知 [N/OL]. 广西日报,2006 – 08 – 12.

[2] 广西壮族自治区党委宣传部,自治区司法厅. 关于在公民中开展法制宣传教育的第六个五年规划的通知 [N/OL]. 广西日报,2011 – 09 – 26.

形势下我区对外法治宣传工作特点和规律，增强对外法治宣传实际成效；推进农村基层民主法治建设，完善农民法治宣传教育工作长效机制，提高农民的法治观念和农村社会治理法治化水平，依托少数民族文化资源、'壮族三月三'等少数民族传统习惯节日和中国—东盟博览会，深化推广'大篷车''边关行'法律服务团等宣传模式，打造广西普法工作特色品牌，建设富有边疆和民族特色的社会主义法治文化，特别是要加大对农村、边远、民族贫困地区的经费支持力度。"[1] 由此可知：加强边境地区对外法治宣传，突出了广西民族地区普法教育对稳定我国南部边疆安全的特殊性；在少数民族地区，通过注重基层、农村法治宣传教育平台和队伍的建设，开展新思路新方法的普法工作模式，有利于增强农民普法教育实效性，优化广西民族地区普法教育资源流向基层农村的配置。

第二节　广西民族地区普法教育的客观依据

广西自身具有一定的特殊性，也即少数民族人群较多，民俗文化也存在多样性和复杂性，这也就使得国家在制定和实施重大行政决策（政策）时就必须考虑"多元一体格局"[2] 的民族关系，也即要结合广西民族发展的基本情况，充分协调民族地区利益与国家利益之间的平衡。我国法治建设的统一性[3]要求，我国

---

[1] 广西壮族自治区党委、政府．转发自治区党委宣传部、自治区司法厅关于在公民中开展法制宣传教育的第七个五年规划的通知［EB/OL］．广西普法网，[2017 - 01 - 12]．http://www.gxpfxk.com.

[2] 费孝通．中华民族多元一体格局［M］．北京：中央民族大学出版社，1999．

[3] 法治统一是作为一个统一的国家所应坚持的法治原则，使法治建设统一在宪法的原则和精神上，形成一个内部和谐一致的法治体系。

第七章　广西民族地区普法教育的历程、客观依据及特殊性

法治建设必须坚持宪法的基本原则和精神，实现国家利益和地方利益的统一，国家基本制度和法律在全国统一。社会主义法治建设是我国推进政治民主化和建设法治国家进程中阶段性的重要任务，不仅涵盖我国政治、文化、经济等各个领域，也涉及每一个地区和每个民族。注重广西民族地区普法教育的实效，不断提高广西民族地区各族人民法律素质，树立法治信念，培养各族人民遵纪守法的意识，增强广西少数民族地区干部遵法学法守法的观念，将广西民族地区社会的管理和生活纳入我国法治建设轨道，建立完善的法律制度和执法、守法的模式，是我国广西民族地区在新时期加快发展，缩小与其他地区的差距，实现法治现代化的基本保障。

一、广西民族地区普法教育的现实依据

广西民族地区地处我国南疆，南临北部湾，面向东南亚，西南与越南毗邻，是我国重要的国防屏障，是我国既有陆地口岸与东盟国家相通，也有水上港口与东南亚国家相连，是连接多区域的国际通道、交流桥梁、合作平台。加强广西民族地区法治建设既是与国外政治、经济交往的需要，也是广西民族地区各族人民日益增长的法治文化的现实诉求。

第一，加强广西民族地区普法教育是实现全面依法治国的必然要求。所谓依法治国，就是广大人民群众在党的领导下，依照宪法和法律规定，通过各种途径和形式管理国家事务，管理经济文化事业，管理社会事务，保证国家各项工作依法进行，逐步实现社会主义民主的制度化、法律化。广大人民群众是否具有依法管理国家事务和社会事务以及经济文化事业的能力，直接影响着我国依法治国方略执行的好坏。从这一意义上讲，加强普法宣传教育显然是推进依法治国基本方略实施的一项基础工程，是全面落实依法治国方略的重要举措。广西民族地区经济文化事业、社

会事务等各项工作能否依法进行管理，国家事务法治化程度的高低、公民法治意识的强弱及法律认同感的有无，都将对我国加快建设社会主义法治国家战略进程具有重要的影响。在广西民族地区深入开展法治宣传教育，使广西各领域、各部门法治观念明显增强，社会治理法治化水平明显提高；对各项事务的依法治理日臻完善。

第二，加强广西民族地区普法教育是弘扬社会主义法治精神的迫切需要。法治就是用法律治理国。也就是说是让法律成为治理国家的最高权威手段，迫使政府守法。我国建设社会主义法治国家的应有之意，首先就是防止权力滥用，把权力限制在有限的范围行使。习近平总书记强调"控制和制约公权力，以确保国家机关按照法定权限和程序行使权力，加强对权力运行的制约和监督，把公权力关进制度的笼子里。"[①] 其次就是实现"阳光下的政府"，并加强政府信息公开的力度。再次是保证司法独立、公正和权威。"最后是保障人权，公民在法律面前一律平等，国家尊重和保障人权。另外，"建立完备的法律体系、实行依法行政、加强宪法和法律的实施、实现民主政治的制度化和法律化、完善权力制约与监督机制、增强全社会的法律意识和法律素质等，是建设社会主义法治国家应有之内容。"[②] 在广西民族地区深入开展普法宣传教育，可使广西各民族公民的法律素质和广西民族地区社会法治化管理水平进一步提高，促进遵法守法、依法行政、依法办事良好社会风气的形成。

第三，加强广西民族地区普法教育是广西民族地区人民增强法治观念的现实诉求。法治观念是对法治的性质、功能、价值取向以及实现途径等法治的最一般问题的高度概括。社会主义法治观念受我国的政治制度、经济发展状况、文化传统等因素的影

---

① 习近平总书记在中国共产党第十八届中央纪委二次会议的讲话（2013年1月22日）。

② 张文显. 法理学［M］. 北京：人民出版社，高等教育出版社，2010：243.

响,突出反映了我国的社会和法律制度已走向了现代化发展的道路,是对我国依法治国方略的落实和丰富。"七五"普法规划中也重点强调了法治观念的树立,只有全社会共同信仰、树立并践行遵法学法守法的观念,中国特色社会主义法治建设的各项目标才能具体落实到实处,整个社会也才能达到和谐有序的良性运行状态。提高广西民族地区普法教育实效性,使广西各民族公民树立法律至上的观念,树立法律权威,使法律成为各族人民的社会行为方式;要求广西民族地区行政人员和司法人员能够公正执法、文明执法,使广西各族人民积极主动守法,形成良好的广西民族地区法治环境和氛围,才能促使广西各族人民法治观念的形成。广西各族人民法治观念的确立,能够有效监督和促进司法工作人员以及领导干部的行为,实现广西民族地区社会公平正义的最大化,推动广西乃至全国和谐社会的构建。

二、广西民族地区普法教育的政策和法律依据

我国是一个多民族的国家,每个民族都有自己传承已久的民族文化,如广西的"三月三"、云南的"茶马古道"文化等。当国家政策或者制度在少数民族地区实施的过程中没有考虑到少数民族自身的文化需求,特别是这些需求与反映国家意志的政策相抵触时,就会产生阻碍多民族之间的融合团结的影响,在一定程度上会对国家的政治、经济和文化繁荣发展产生一定程度的限制,这务必引起高度重视。中华人民共和国成立后,制定了一系列符合中国国情的调整民族关系的法律和政策,促进了民族团结,保障民族地区在政治、经济、文化方面快速健康发展。中国共产党从建党初期在民族地区推行国家法律和政策方面就积累了丰富的经验,也基本完成了国家法律、政策在少数民族地区有效实施的任务。

第一,广西民族地区开展普法教育的法律依据。首先,1982

年 12 月 4 日第五届全国人民代表大会第五次会议通过的《中华人民共和国宪法》，使我国第一次以根本大法的形式，明确规定了在全民中开展法制宣传教育，为我国从 1986 年开始的第一个五年普法宣传教育到目前正在进行的第七个五年普法宣传教育，提供了强有力的国家根本大法依据。其次，1984 年的《中华人民共和国民族区域自治法》第 52 条、第 53 条分别对民族自治地方的自治机关对各民族公民的教育义务、维护国家统一和各民族团结的责任作了明确规定。这些关于对维护民族团结，促进民族地区开展法治教育的规定，为广西民族地区党委和政府履行宪法权利和义务、执行民族区域自治法，在广西民族地区面向各民族公民开展法治宣传教育提供了强有力的民族法律依据。

第二，广西民族地区开展普法教育的政策依据。中华人民共和国成立初期，百废待兴，在中国共产党和中央政府的倡导下，全国范围内掀起了几次大规模的法律宣传运动，收到了一定的效果。党的十一届三中全会之后，社会主义民主法治建设开始恢复，法制宣传教育工作随之启动。中央和司法部先后出台了《关于坚决保证刑法、刑事诉讼法切实实施的指示》(1979 年 9 月 9 日)、《关于做好当前法制宣传工作的几点意见》(1982 年 3 月 13 日)、《关于宣传新宪法的通知》(1982 年 12 月 10 日)、《贯彻中宣部"关于打击刑事犯罪的宣传问题的几点意见"的通知》(1983 年 7 月 14 日)、《关于在宪法颁布两周年时集中宣传宪法的通知》(1984 年 11 月 16 日) 等一系列的开展我国法制宣传教育的政策。1985 年 11 月 5 日，《关于向全体公民基本普及法律常识的五年规划》指出：从 1985 年起，争取用 5 年左右时间，在全体公民中基本普及法律常识。这是加强我国社会主义民主和法制建设的重大步骤，这标志着我国"一五"法制宣传教育正式启动，正式拉开了我国新时期法治宣传教育的大幕。我国的"五年普法规划"历经 30 多年，一直持续到今天正在进行的"第七个五年普法规划"从未间断，为在全国范围开展法治宣传教育活动

第七章　广西民族地区普法教育的历程、客观依据及特殊性

提供了政策依据。广西自治区党委和政府非常重视法治宣传教育活动的开展以及教育实效性，自1986年初由自治区党委宣传部、自治区司法厅《关于在公民中开展法制宣传教育的第一个五年规划》开始，积极响应党中央和司法部发出的开展法治宣传教育的政策号召，针对全国每个五年普法规划文件精神，制定在广西民族自治区范围内实施的五年普法规划，至今已制定了七个五年普法规划。这些五年普法规划为在广西民族地区开展各具特色、形式多样的普法宣传教育活动，提供了强有力的政策支持。广西民族地区通过30多年的法治宣传教育活动的开展，广泛而深入地宣传了党和国家的宪法、法律和广西自治条例、单行条例的基础知识，各民族公民法律素质明显提高，法治观念明显增强，在政府公共事务管理和公民社会生活中，遵法学法用法取得了显著成效。

第三节　广西民族地区普法教育的特殊性

在依法治国背景下，广西民族地区的发展必须纳入我国法治轨道，制定有关广西民族地区发展的政策应当有法律依据或者不违背我国现行法律规定，并且要发挥民族地方在政治、经济、文化、教育等方面的自治权，使成熟的政策法律化，这样才能避免政策的随意性和不稳定性。正是这种有别于非民族自治地方的民族自治权，奠定了广西民族地区在国家重大决策及其实施过程中的特殊法律地位。

一、广西地理位置的特殊性

广西民族地区地处我国南部边疆，与越南东北部山水相连，

广西有近8个边境县（市、区）与越南的4个省接壤，陆地边境线长达1020公里。邓小平曾提到，要把西南边疆的国防建设放到重要位置上。可见，国家的安全稳定也是与广西边境安全稳定有着很大联系的。换言之，广西作为我国南部边疆的屏障，只有加强广西民族地区社会稳定建设，才能有效保障国家南部边防的安全，才能捍卫国家的主权和领土完整。广西"七五"规划指出："加强我区边境地区法治宣传基础设施建设，充分运用传统媒体、新兴媒体等多种手段和方式，进行对外法治宣传，努力形成全方位、多领域、宽渠道的对外法治宣传工作格局，在对外交往中集中展现法治成就、树立法治形象、传播法治理念、增进国际友谊，为巩固我区边境地区安全稳定、扩大对外开放营造良好的法治环境。"① 研究提高广西民族地区法治宣传教育实效性，增强广西各民族公民的法律意识，树立法制观念，是实现广西民族地区的稳定，维护国家统一和国家安全的需要。

二、少数民族地区公共服务的特殊性

国家基本公共服务体系"十二五"规划指出："基本公共服务，指建立在一定社会共识基础上，由政府主导提供的，与经济社会发展水平和阶段相适应，旨在保障全体公民生存和发展基本需求的公共服务。"② 因此，基本公共服务对政府而言是一种责任，对全体公民而言是一种权利，一种公民享有政府所提供的公共服务的权利。我国《"十三五"推进基本公共服务均等化规划》第八章"基本社会服务"中指出："国家建立完善基本社会服务制度，为城乡居民提供相应的物质和服务等兜底帮扶，重点保障特

---

① 广西壮族自治区党委、政府. 转发自治区党委宣传部、自治区司法厅关于在公民中开展法制宣传教育的第七个五年规划的通知［EB/OL］. 南宁：广西普法网，［2017-01-12］. http：//www.gxpfxk.com.

② 国务院《关于印发国家基本公共服务体系"十二五"规划的通知》（2012年7月11日国发（2012）29号）.

定人群和困难群体的基本生存权与平等参与社会发展的权利。"[1]在这些由政府提供的13项基本社会服务中，明确列出了法律援助服务项目，并特别要求保障公共法律服务体系建设，加强法律援助综合服务平台和便民窗口、法律服务中心（站、工作室）、"12348"法律服务热线等基础设施建设，改善服务条件。加强基层普法阵地、人民调解组织、司法鉴定机构建设，健全服务网络。同时在"十三五"国家基本公共服务清单中明确要求，地方人民政府负责给各类用人单位和劳动者提供法律咨询和执法维权服务；地方人民政府负责，中央财政引导地方加大投入力度给经济困难公民和特殊案件当事人提供必要的法律咨询、代理、刑事辩护等无偿法律援助服务。由此，地方政府有义务为用人单位和劳动者以及经济困难公民和特殊案件当事人提供无偿的法律援助服务。所以，政府不仅要保障每个社会成员的生存，还要保障每个成员的人身权利、合法财产权利等不被侵犯，保障社会安定和谐，这都是政府应尽的职责。弘扬法治，倡导全民遵法学法守法的法治观念，也正是我国开展普法宣传教育的目标之一。提高广西民族地区普法教育实效性，对政府科学立法、严格执法能力水平的提升，对广西壮族地区政府提供基本公共服务水平的提升，均有积极意义。

三、少数民族法律文化建设的特殊性

法律文化是一个民族对本民族生存、发展、社会关系及本民族成员个体行为的价值判断，并存在于民族风俗习惯、社会舆论、成文与不成文的法律中的行为规范体系。法律文化是民族文化的一部分，由于不同的民族群体在不同的历史环境中形成了不同的民族文化，这就使得他们在一定程度上也必定会产生不同的法律文化。这种法律文化不仅反映了社会制度的不同民族群体，

---

[1] 国务院《关于印发"十三五"推进基本公共服务均等化规划的通知》（2017年1月23日国发〔2017〕9号）。

也反映了文化差异历史发展中存在的法律规范，反映了社会制度的变化和传统法律价值的变化，并深刻地影响着各少数民族成员不同的社会行为模式。在"一五"普法期间，由于广西民族地区地处我国边疆南部，政治经济文化都较为落后，法制宣传教育自然也较为薄弱，广西民族地区特别是村镇、民族村寨在规范村民寨民的日常行为规范时大都是依据长时间积累的村规民约，也即民族习惯（法），来维护村寨的安定有序。虽然这些村规民约在一定程度上起到了维护村镇秩序的作用，但从国家的法治发展进程来看，还是存在着诸多不科学，不合理，甚至是违背法治精神的。周世中教授也谈到："款约是通过民主协商的方式制定的，代表的是全村寨人的意志，并且操作起来针对性强，实施过程采用的是强硬手段且得到绝大多数人的认可。"[1] 在少数民族地区解决纠纷时民族习惯要比法律法规更高效，所以也难免会存在适用了国家法律已判处过的人或事仍面临着再按风俗习惯处理的可能性。在广西民族地区开展普法教育的同时，不仅要加强对少数民族之间差异性的法律文化关注，还要保证民族团结的维护和社会进步稳定有序的进行。在广西民族地区重视各民族法律文化建设是一种民族主体意识的体现，用一些有正相向的风俗习惯处理民间纠纷的方法不失为一种国家法律法规的补充形式，也是一种行之有效的维护民族地区社会稳定的措施。当然，在重视民族法律文化对国家法律实施的积极作用的同时，也要采取积极引导和说服教育的办法进而提升少数民族群众自纠自改的意识和能力，让其自身主动纠正与国家法律政策相违背的陈规陋习。

四、少数民族间交往的特殊性

广西是一个地处南部边疆的多民族省份，在人类发展的历史

---

[1] 杨和能，周世中. 略论侗族款约的当代价值［J］. 广西社会科学，2006（10）：6－9.

过程中由于地理位置的边远、生活环境的恶劣、交通的不便、经济的落后、文化的阻隔等原因，中央的惠民政策、保障制度不能被有效落实。"在这种生存环境极其恶劣的情况下，生产力水平极其低下，人们抵御生老病死、天灾人祸的能力非常弱，单靠个体力量很难生存下去，人们必须团结起来，相互扶持，才能克服自然障碍，共同生存和发展。不互相帮助，就意味着死亡。"① 广西各族群众在日常生产、生活中自发地在其社会内部形成了互帮互助、自力救济的习惯，并不因外界自然条件的恶劣而受到影响，始终如一地保持良好的社会秩序和协调互助的生产模式。在互助过程中可以把个体的损失和损害减到最小，极大地弥补了个体在抗御困难能力方面的不足，起到了较强的社会救济功能。广西民族地区的现代社会中，在乡规民约中常常吸纳规定这些民间互助内容。

这些标志着互助传统的法律化仍是广西民族地区少数民族群众的现代需要。② 广西民族地区各少数民族人们，正是践行着这些村规民约、寨规民约、卫生公约的互助责任，在自己生活的范围内忠实地履行着这一社会义务。当前正值推进农村基层民主法治建设，保障农业和农村可持续发展，建设文明和谐法治社会主义新农村的重要时期，重新发掘和利用这些对各民族生活、生产、交往有积极意义民族互助习惯，使它们在构建社会主义新农村及和谐社会中发挥有利作用。

五、少数民族区域自治的特殊性

我国《民族区域自治法》"序言"中指出："实行民族区域

---

① 袁翔珠. 广西少数民族互助习惯研究及其在构建农村社会保障机制中的运用[M]. 北京：北京大学出版社，2016：225.

② 袁翔珠. 广西少数民族互助习惯研究及其在构建农村社会保障机制中的运用[M]. 北京：北京大学出版社，2016：217.

自治，体现了国家充分尊重和保障各少数民族管理本民族内部事务权利的精神，体现了国家坚持实行各民族平等、团结和共同繁荣的原则。"① 从上面表述中可以发现，民族区域自治制度不仅是我国一项基本政策，也是一项基本政治制度。这项制度的建构有利于促进我国少数民族地区的发展和繁荣。我国在新的历史时期，深入开展法治宣传教育活动，全面推进依法治国，建设社会主义法治国家，更应重视民族区域自治制度的贯彻落实。在现实中，"《广西壮族自治区条例》已经起草了近20稿，就因为无法协调中央各部门利益，一直无法获得通过。"② "据广西壮族自治区人大常委会法制工作委员会统计，截至2016年12月31日，我区现行有效地方性法规、自治条例和单行条例共246件，其中：自治区人大及其常委会制定的地方性法规161件；各设区的市人大及其常委会制定的地方性法规60件；各自治县人大制定的自治条例和单行条例25件。"③ 我国《民族区域自治法》在民主自治地方贯彻实施的状况和效果，也直接影响着我国法治化建设的进程。提高广西民族地区普法教育实效性，大力宣传中国特色民族理论与政策、民族法律法规，宣传多民族统一的中国历史、各民族同胞的守望相助以及民族地区经济社会的发展，宣传各民族优秀传统文化和社会主义核心价值观。培养广西民族自治地方自治机关和自治区各级领导干部以及各民族群众，树立民族自治观念，树立起用法律来维护自治权的法治意识，提升广西民族地区民族区域自治的能力和治理水平，完善我国民族区域自治制度。

---

① 中华人民共和国民族区域自治法（1984年5月31日第六届全国人民代表大会第二次会议通过。根据2001年2月28日第九届全国人民代表大会常务委员会第二十次会议《关于修改〈中华人民共和国民族区域自治法〉的决定》修正）。

② 戴小明，潘弘祥. 统一·自治·发展——单一制国家结构与民族区域自治研究 [M]. 北京：中国社会科学出版社，2014：193.

③ 我区现行地方性法规自治条例和单行条例目录 [EB/OL]. 南宁：广西壮族自治区人大常委会法工委，[2017-03-20]. http://www.gxrd.gov.cn.

六、少数民族干部服务对象的特殊性

我国南部边疆广西民族地区处在西方敌对势力对我国实行"分化""西化"活动的前沿阵地，广西少数民族干部面临着更加严峻的考验，承担着维护祖国统一、民族团结和社会稳定的重任。少数民族干部是党和国家干部人才队伍的重要组成部分，是做好民族工作的骨干力量。少数民族基层干部所特有的少数民族语言能力及对少数民族风俗、传统文化以及对少数民族的情感，在处理民族事务和协调民族关系上能发挥汉族干部不可替代的作用。江泽民指出："努力造就一支宏大的德才兼备的少数民族干部队伍，是做好民族工作、解决民族问题的关键。"① 由于民族地区经济条件落后，高等教育水平相对薄弱，法律专业教育水平相对不高，少数民族干部受教育的起点相对较低，工作能力相对较弱，这成为新形势下少数民族干部在为实现"两个一百年"奋斗目标和中华民族伟大复兴的中国梦，在广西民族地区扎实推进依法治桂工作的主要瓶颈。习近平指出："改革开放以来特别是党的十五大提出依法治国、建设社会主义法治国家以来，我国社会主义法治建设取得了重大成就，所有领导干部都要警醒起来、行动起来，坚决纠正和解决法治不彰问题。"② 国家尽管曾经开展过许多培养少数民族干部工作，但目前少数民族干部在人员数量和依法执政能力上，仍不能满足广西民族地区法治建设的需要。当前，通过加强对少数民族干部的法治教育、法治考核等手段，快速提升广西民族地区少数民族干部队伍素质，是保证我国全面推进依法治国方略在少数民族地区全面实施的有效举措之一。我国"七五"普法规划指出："增强全社会特别是公职人员遵法学法守

---

① 江泽民文选（第1卷）[M]. 北京：人民出版社，2006：192.
② 2015年2月2日，习近平在省部级主要领导干部学习贯彻十八届四中全会精神全面推进依法治国专题研讨班开班讲话。

法用法观念，在全社会形成良好法治氛围和法治习惯，领导干部要做遵法学法守法用法的模范。"① 广西壮族自治区"七五"规划也明确规定："继续深化领导干部学法用法联系点建设，加大推进领导干部任前法律知识考试制度，将法律考试结果作为领导干部任职的重要参考。"②

---

① 中共中央　国务院关于在公民中展法治宣传教育的第七个五年规划（2016年4月18日中发〔2016〕11号）。

② 广西壮族自治区党委、政府. 转发自治区党委宣传部、自治区司法厅关于在公民中开展法制宣传教育的第七个五年规划的通知［EB/OL］. 南宁：广西普法网，［2017-01-12］. http：//www.gxpfxk.com.

第八章　广西民族地区普法教育现状及实效性分析

广西民族地区普法教育是加强广西法治建设的前提基础，是推进广西依法治桂得以实现的基础条件。"开展普法教育的直接意义就在于传播法律知识、培养法律意识、弘扬法治精神，从而使每个人都明白自己处于法律保护之下的同时也受到法律的约束，既要学会运用法律，也要学会遵守法律，面对有损于自身权利的各种纠纷时可以拿起法律的武器来武装自己，同一切违反宪法和法律的行为作斗争。"[1] 广西民族地区通过普法教育，提高各少数民族公民的法律意识和法治观念，树立正确的权利义务观念、人权保障观念；使全区公民"学会运用法律手段来处理公民与公民之间，公民与政府之间的关系，缓和社会矛盾，防止矛盾激化，这样才能维护社会治安，从而形成良好的社会风气和法治环境，使公民生活于一种和平稳定的社会氛围中。"[2]

第一节　广西民族地区普法教育取得成就的访谈分析

广西民族地区法治化程度高低、公民法治意识强弱、法律认

---

[1] 普法教育概述 [EB/OL]. 上海：学术堂，[2017-03-13]. www.lunwen-study.com.

[2] 杨晶. 论我国普法教育存在的问题及改进 [D]. 石家庄：河北经贸大学，2015.

同感的有无，对我国推行全面依法治国，加快建设社会主义法治国家战略进程有着举足轻重的地位。为了探究广西民族地区普法教育实效性的现状，首先以法治宣传教育工作行政主导部门广西壮族自治区司法厅作为调研访谈的起点，从全局掌握广西民族地区从"一五"普法教育开始至今，开展30多年的法治宣传教育活动的成效情况。通过对广西民族地区南宁市、桂林市、梧州市、柳州市、北海市、百色市等六个地级市相关部门负责人的访谈调研可以看出，广西民族地区通过30多年普法教育活动的开展，在普法教育成效方面、地方政府注重执政为民的理念建设方面、普法教育资源向基层流动方面、充分发挥广西各少数民族特点开展普法宣传活动方面、普法教育工作不断创新方面等都取得了较大成绩。

一、广西民族地区普法教育成效明显

广西民族地区开展法治宣传教育三十多年来，全面推进了广西民族地区法治建设进程，提升了各级领导干部依法治桂的能力，使全区公民法律意识、法治观念得到不同程度的提升，遵法学法用法的氛围基本形成，广西民族地区法治宣传教育取得明显成效。桂林市相关部门负责人讲到：桂林市"自'三五'普法以来，连续三次荣获全国法制宣传教育先进城市称号；2014年5月再度荣获'全国六五普法中期先进城市'，这些褒奖不仅反映了我市法宣工作的能力和水平，也对我们的工作热情起到很大的鼓舞。"南宁市相关部门负责人谈到："2011年以来我市认真落实'六五'普法工作，统筹全市法治宣传教育和法治建设，法治程度得到大幅提升，各项事业步入法治轨道，先后荣获全国'六五'普法中期检查先进单位、法治创建工作先进城市，并三次荣获文明城市荣誉称号。"梧州市相关部门负责人谈到："梧州市的法制宣传主要在于完善社区的法律服务、学校的法制课堂及公共服务地区的法制宣传。例如，打造了梧州市园林小区法治社区示范点及梧州市青少年法制教育示范学校。"柳州市相关部门负责人谈到："从'一五'到'五五'普法期间，柳州市的普法教育工作取得了明显的成果，从柳州市的公证和法律援助案件的比较来看，柳州市市民的法律意识和法律素质呈现一个明显提高和增强的趋势。"百色市相关部门负责人谈到："通过宣讲，让与会领导干部深受启发，增强了法制意识和权利意识，提高依法行政能力，促进依法治县的进程，为构建和谐社会营造了良好的社会氛围。通过培训，进一步提高了工作人员的法律知识和业务水平，以及那坡县公安局召开基层法制员法律培训会，意在提高基层法制员的法律素质和办案能力，进一步深化执法规范化建设工作。"北海市相关部门负责人谈到："以'北海扬帆前行''北海法制讲坛'为平台，开展综合性学法讲座和学法报告活动，先后举办市一级大型法治讲坛28场次，领导干部学法用法的能力和对社会依法治理的水平都得到了不同程度的提高。广泛开展'依法治校示范学校'创建活动，先后共有15所中小学校被评为依法治校示范学校。积极开展诚信守法企业评选活动，建立依法治企示范点10个，共有17家中、小型企业被评为诚信企业，有力推进依法治企工作的深入开展。"

二、广西民族地区地方政府注重执政为民的理念

广西民族地区各级政府尤其是地方基层政府，把当地经济全面发展、社会和谐统一、各项事务依法治理作为执政的根本目标，全面提高广西民族地区政治、经济、文化和社会建设的总体水平。广西民族地区各级党委和政府始终注意各少数民族和民族聚居区的特点，遵循循序渐进的基本原则，做到长远目标与眼前目标相结合、整体推进与分步实施相结合。桂林市相关部门负责人讲到："对于农村地区和近400万农村人口，主要依托村委、

社区、企业、建设工地、集贸市场等平台，组织法制宣传机关、主管部门、法律服务机构和法制宣传志愿者队伍结对帮扶。"南宁市相关部门负责人谈到："在市和县区以公共法律服务平台为依托，充分整合律师、公证员、司法鉴定人员、人民调解员、法治宣传员、基层法律服务工作者和社会志愿者的资源，开设了各类对外服务窗口，指导和帮助群众办理法律援助、公证、司法鉴定等事项，及时解决群众法律服务需求。乡镇（街道）依托基层法律服务所，村（社区）依托'一村一社区一法律顾问'制度开设便民法律服务联系点，制订公共法律服务联系卡发给群众，群众按联系卡上的联系方式直接寻求法律援助、法律咨询、纠纷调解等服务。"梧州市相关部门负责人谈到："'七五'主要把工作重心放在法治公园基地的打造上以及让领导干部学习法律知识的工作上，计划打造潘塘法治文化公园，潘塘法治文化公园计划以原有景观为基础，打造法治广场、宪法、法治之窗、法治宣传标语灯箱、青少年法治教育宣传角、中外名人名句石（刻）、法治宣传休闲长廊、法治观景休闲亭等8大主题区域，突出人文景观与自然景观相融合、法治教育与德育教育相融合的理念，为广大市民提供一个'能看懂、能喜欢、能接受'的法治文化公园，让人民群众有更多的机会接触法治、感受法治，进一步提高法治意识和法治水平。"柳州市相关部门负责人谈到："在推进'法律六进'的同时务必要突出'进'的内容。公检法司安等职能部门推出'交互式、目标型、多元化'法制宣传套餐，根据对象需求提供'菜单式'普法方案；企业法律服务、法治宣传活动以落实法律顾问制度、防范经营风险为重点，以组织'三官一师'（检察官、法官、警官、律师）进企业'巡诊'，成立广西首家'科技企业律师顾问团'等形式，协助完善企业发展内部法制环境"。百色市相关部门负责人谈到："县农业行政综合执法大队联合公安、工商、安监、质监等农资打假成员单位，对主要农资市场进行了联合执法检查。以种子、农药、肥料等为重点品种，重点检查经营主体是否合法，证照是否齐全，是否经营禁销禁用农药，产品标签是否规范，农资经营档案是否建立，产品是否经过审定、登记等内容，进一步规范了农资市场经营秩序，保障了春耕生产安全。"北海市相关部门负责人谈到："高度重视农（渔）民的法治教育工作，将其列入民心工程，全力构建全社会齐抓共管的大普法格局。充分利用农民工返乡过节，渔民休渔期，集中农（渔）民学习法律知识。积极组织送法进村、上船、上海岛活动，真正把法送到家，送到船。"

三、广西民族地区普法教育资源向基层流动

广西民族地区本身在政治、经济、法治环境具有一定的特殊性，而且也存在较多自治地方，如龙胜各族自治县、恭城瑶族自治县。在现实生活中少数民族习惯法的地位优先于国家法律的现象时有发生，国家法律在广西民族地区某些地方还未深入少数民族的生活。针对广西民族地区基层农村少数民族群众法律意识不高、法治观念不强的现状，法治宣传教育主管部门在广西"七五"普法规划中明确提出："开展基层依法治理，推行一村（社区）一法律顾问制度，促进我区基层民主政治发展。"[①] 着重强调广西民族地区法治宣传教育资源应向基层流动。桂林市在加强基层法治宣传教育方面，2011年桂林市平乐县就在全区率先尝试了"法治村长"工作机制。桂林市相关部门负责人也谈到："法治村长的设立，凸显了村干部对基层情况最了解、最有发言权的优势，经过这4年多的不断创新、完善，如今平乐县法治村长机制逐步健全完善，形成了'自然村—行政村—司法所—综治办—各职能单位'五级信访工作站网络格局，极大地缓解了政府综治工

---

① 广西壮族自治区党委、政府. 转发自治区党委宣传部、自治区司法厅关于在公民中开展法制宣传教育的第七个五年规划的通知［EB/OL］. 南宁：广西普法网，［2017－01－12］. http：//www.gxpfxk.com.

作的压力,群众的法律意识明显提高,困扰地方的上访案件明显减少,农村矛盾纠纷实现基本不出村,使乡镇政府干部腾出大量时间解决民生问题。"南宁市相关部门负责人谈到:"我们充分利用人民调解员、法治宣传员、基层法律服务工作者和社会志愿者的资源,开设了各类对外服务窗口,指导和帮助群众办理法律援助、公证、司法鉴定等事项,及时解决群众法律服务需求;而且在乡镇(街道)设立基层法律服务所,建立'一村一社区一法律顾问'的体系,形成较为大范围覆盖的便民法律服务联系网点,经过几年的努力,我们组织全市开展法治宣传咨询15万人次,932个村(社区)聘有法律顾问,3779名群众得到了政府的法律援助,办理公正事项12 903件,调解各类纠纷共3万余件,有效维护了社会稳定,促进了经济社会持续健康发展。"梧州市相关部门负责人谈到:"龙圩区是我市新城区,因此面临诸多拆迁等方面的纠纷,我们通过调节、提供法律援助等方式,在化解纠纷的同时,顺应开展相应的普法教育,使得居民理解到相应法律知识,学法用法,减少矛盾。该区也建设了自己的法治文化广场,这是全市首个区级自设法制教育基地,使得居民在日常生活中随时随地可以受到法律教育,起到模范带头作用。"柳州市相关部门负责人谈到:"将社区普法工作与疏通民意、排查化解矛盾纠纷相结合,通过设立'百姓说事点',成立'和事佬'说和事务所,宣传推广'邬卫红山歌调解法'等一系列措施,通过调解普及法律,加强了普法针对性,推动了基层民主法治建设的进一步发展。"百色市相关部门负责人谈到:"百色市田林县潞城瑶族乡那帮村那合屯举行壮族祭瑶王民俗活动,县司法局借活动聚集人潮之机,联合民族局及有关部门人员开展'法律进村寨'法制宣传活动,给瑶乡民众送上农民外出务工必备知识和法律援助宣传资料。"北海市相关部门负责人谈到:"深入开展'法治文艺''法治电影'进乡村,每年安排法治电影540场进农村,并创新性开展电影前10分钟普法教育,开展'农民工学法活动周'活动，不断巩固和完善我市农民工法治宣传教育工作体系，认真做好社会闲散、流动人口及服刑在教人员、刑释解教人员等特殊人群的普法教育，进一步增强法治宣传教育的渗透力。"

四、广西民族地区充分发挥少数民族特点开展普法宣传

广西是多民族聚居的自治区，其中壮族人口占总人口的31.39%，壮族也是我国人口最多的少数民族。广西民族地区法治宣传工作中，注重运用各少数民族在举办具有鲜明特色的民族节日的机会开展法治宣传教育，依托少数民族文化资源，建设富有广西民族特色和边疆特点的社会主义法治文化。南宁市相关部门负责人谈到："整合普法队伍，组建了普法'轻骑队''大学生村官'法治宣传员、壮族山歌等7支法治宣传队伍，形成了强大的法治文化传播力量，通过宣讲法律，用歌舞、快板、小品和田间地头说法等不同形式，向广大群众传播法治文化。"在柳州市相关部门访谈时，相关负责人谈到："柳州是具有浓郁的乡土文化和民族文化气息的，而且柳州市是壮族、汉族、瑶族等民族聚居的城市，本土成长发展起来的各少数民族具有浓厚的民族传统文化沉积，如壮族的山歌，瑶族的舞曲，苗族的传统节日，侗族的鼓楼，都是各少数民族独特文化生活的反映；我们通过'多耶普法''鼓楼送法''百村百戏''普法山歌'等独具特色的民间法治文化艺术形式，切合少数民族地域特点，广泛吸引群众参与，特别是少数民族的群众。"百色市相关部门负责人谈到："举行普法'三下乡'暨迎新春文艺晚会，演员们以群众喜闻乐见的舞蹈、山歌、快板等形式，向观众宣传国家民族政策法规，使他们在享受法律文化大餐的同时受到教育，让观众在观赏当中了解广西民族自治政策，倡导婚育新风尚。"

五、广西民族地区普法教育工作有创新

广西民族地区法治宣传教育活动只有不断创新形式，才能够满足各少数民族地区人们日益增长的法律知识的需求。大数据时代的到来，拓宽了普法的媒介，"互联+"的应用有助于法治宣传更能不断推进广西民族地区法治宣传教育新局面。桂林市相关部门负责人讲到："制作了'普法 App'，同时将群众最为常用、最为关心的法律法规知识和社会普法关注的热点问题等内容，用通俗易懂、简洁精练、贴近生活的语言编制成一些具有较强警示性和提示性的普法公益短信。"南宁市相关部门负责人谈到："积极探索公共法律服务方式，加强与南宁日报社合作，开通'南宁普法在线'微信公众号和'南宁普法'新浪微博平台 13 个；与南宁电台合作，搭建空中在线法治宣传服务平台 1 个，改造升级了'南宁普法网'和'12348'法律服务热线。"柳州市相关部门负责人谈到："柳州要建设新'互联网+'普法阵地，柳州市在充分用好报刊、广播、电视等传统载体的同时，主动顺应时代发展趋势和广大群众的现实需求，以'互联网+'思维大力开拓普法新阵地，使法治宣传教育与现代信息技术同步同行，进一步扩大了覆盖面，增强了渗透力；2014 年 6 月，柳州市在全区率先开通了普法微博、微信、微报、微视、微电影——'五微'平台，一年来，拍摄法治微电影 3 部，'五微'平台发送法治信息和普法知识 165 期，总点击量达 35 万余次，受到群众的普遍欢迎和好评；2015 年 5 月，柳州市利用'龙城普法'微信公众号举办了全区首个微信法律知识竞赛——'学习宪法 遵法守法'主题知识竞赛，近 20 多万人次参与了本次活动，开辟了'指尖普法'的新途径。"梧州市相关部门负责人谈到："由于我市是农民工春节返乡的'摩托车大军'中必经一站，这期间将迎来大批农民群众，我们利用公路服务站点，因地制宜地进行普法宣传教育，设

第八章　广西民族地区普法教育现状及实效性分析

立普法展板、法律志愿者咨询台，发放法律常识手册、传单等，并将与农民工权益息息相关的法律标语简明扼要、通俗易懂地在沿路采用横幅、显示屏等予以展现，采用多种形式最终达到对这一最基层群体的法律教育工作。"百色市相关部门负责人谈到："为提升广大群众学法、知法、守法、用法，结合本县实际，采取以'民语'说法、'调案'宣法、'公交'传法等多种方式积极开展。"北海市相关部门负责人谈到："我们北海市也在利用'五微'新兴传媒，开设法治宣传平台；为适应现代化信息化发展要求，满足群众尤其是青年人利用新兴传媒获取知识的需求，开通了北海普法'微信'，北海普法'微博'，制作法治'微电影'，还采用'微报''微视'进行法治宣传教育，深受到广大市民，尤其是年轻人的喜爱，其中，微电影'青春迷途'被自治区评为一等奖，在广西电视台播放。"

第二节　广西民族地区普法教育实效性调查问卷设计与分析

我们通过问卷调查和访谈的研究方法，对广西民族地区法治宣传教育活动的施教者（广西壮族自治区政府、国家机关及相关授权组织等）和受教者（广西壮族自治区一切有接受教育能力的公民，重点是领导干部、青少年和农民）双方对广西民族地区法治宣传教育活动的满意度，以及受教对象对宣传内容（宪法相关法、民法商法、行政法、经济法、社会法、刑法、诉讼与非诉讼程序法等多个法律部门的法律法规及我区地方性法规，中国共产党廉洁自律准则、中国共产党纪律处分条例、中国共产党问责条例等各项党内法规①）的认同感进行分析研究，了解各少数民族的法律需求和广西民族地区普法教育的成效，希望对广西民族地区法治宣传教育活动的开展提供有益的决策参考。

一、广西民族地区普法教育实效性调查问卷设计

问卷调查的实施时间为 2015 年 6 月至 2016 年 4 月，对象为随机挑选的 2426 名广西民族地区法治宣传教育受教对象，包括汉族、壮族、苗族、侗族、仫佬族、毛南族、回族、京族、水族、彝族、仡佬族等 12 个民族，调查对象为分布在广西壮族自治区的南宁市、梧州市、桂林市、柳州市、北海市五个市辖区（自治县）的普通居民、各阶段学生、机关工作人员、企事业职工等不同社会阶层群体。共发放问卷 2489 份，收回 2426 份，回收率 97.5%，有效问卷 2426 份，有效问卷率 100%。

调查问卷的内容分为两大部分。第一部分是个人基本信息，包括性别、民族、年龄、居住地、学历、职业等信息。第二部分是问卷的主要内容，分为单项选择和多项选择两种题型，用 27 个考察项，按照评价普法教育实效性的认知标准、情感标准、意志标准、信念标准、行为标准、能力标准等六大标准的测评指标来设计问题及回答选项。

二、广西民族地区普法教育实效性被调查者基本情况

参加本次问卷调查的广西壮族自治区南宁市、梧州市、桂林

---

① 广西壮族自治区党委、政府. 转发自治区党委宣传部、自治区司法厅关于在公民中开展法制宣传教育的第七个五年规划的通知 [EB/OL]. 南宁：广西普法网，[2017-01-12]. http：//www.gxpfxk.com.

市、柳州市、北海市五地市普法教育受教者基本信息情况如下。

广西壮族自治区五地市总共2426名被调查者的民族成分以汉族、壮族、瑶族、苗族、侗族为主，也有仫佬族、毛南族、回族、京族、水族、彝族、仡佬族、布依族、蒙古族、傣族、土族等；被调查者中男性1236人（50.9%）、女性1190人（49%）；被调查者年龄位于8~17岁以下319人（13.1%）、18~24岁的478人（20%）、25~34岁的539人（22.2%）、35~50岁的553人（22.8%）、50岁以上的528人（21.8%）；被调查者中来自城市的609人（25.1%），来自县城或小城镇的979人（40.4%）、来自农村838人（34.5%）；被调查者的学历分布为未受过正式教育110人（4.5%）、小学188人（7.7%）、初中311人（12.8%）、高中或中专450人（18.5%）、大专664人（27.4%）、本科及以上703人（29%），被调查对象中受教育水平较高者更具有理性和洞察力，能够充分理解问卷的内容，为调查的有效性提供了重要保障；被调查者的职业分布为政府机关工作人员189人（7.8%）、企事业单位职工340人（14%）、教育工作者275人（11.3%）、在读学生441人（18.2%）、私营业主和个体工商户493人（20.3%）、农民332人（13.7%）、外来务工人员183人（7.5%）和普通居民173人（7.1%）。

在南宁市的489份有效调查问卷中，被调查者中男性233人（47.6%）、女性256人（52.4%）；被调查者年龄位于8~17岁以下80人（16.4%）、18~24岁的88人（18%）、25~34岁的110人（22.4%）、35~50岁的107人（21.8%）、50岁以上的104人（21.2%）；被调查者中来自城市的156人（32%），来自县城或小城镇的198人（40%）、来自农村135人（28%）；被调查者的学历分布为未受过正式教育14人（2.8%）、小学40人（8.1%）、初中60人（12.2%）、高中或中专86人（17.6%）、大专151人（30.8%）、本科及以上138人（28.2%），被调查对象中受教育水平较高者更具有理性和洞察力，能够充分理解问卷的内容，为调查的有效性提供了重要保障；被调查者的职业分布为政府机关工作人员45人（9.2%）、企事业单位职工67人（13.7%）、教育工作者58人（11.8%）、在读学生89人（18.2%）、私营业主和个体工商户93人（19%）、农民68人（14%）、外来务工人员45人（9.2%）和普通居民24人（4.9%）（见表8-1）。

表8-1　南宁市被调查者基本情况及各类型中各子体所占的比重

项目	年龄（岁）					教育程度						性别	
区间	8~17	18~24	25~34	35~50	>50	A	B	C	D	E	F	男	女
数目（人）	80	88	110	107	104	14	40	60	86	151	138	233	256
比重（%）	16.4	18	22.4	21.8	21.2	2.8	8.1	12.2	17.6	30.8	28.2	47.6	52.4
合计（人）	489					489						489	

注：A. 未受过正式教育　B. 小学　C. 初中　D. 高中或中专　E. 大专　F. 本科及以上

在梧州市的486份有效调查问卷中，被调查者中男性252人（51.9%）、女性234人（48.1%）；被调查者年龄位于8~17岁以下90人（18.5%）、18~24岁的105人（21.6%）、25~34岁的103人（21.2%）、35~50岁的96人（19.7%）、50岁以上的92人（18.9%）；被调查者中来自城市的89人（18.3%），来自县城或小城镇的213人（43.8%）、来自农村184人（37.9%）；被调查者的学历分布为未受过正式教育25人（5.1%）、小学29人（5.9%）、初中50人（10.3%）、高中或中专122人（25.1%）、大专100人（20.5%）、本科及以上160人（32.9%），被调查对象中受教育水平较高者更具有理性和洞察力，能够充分理解问卷的内容，为调查的有效性提供了重要保障；被调查者的职业分布为政府机关工作人员41人（8.4%）、企事业单位职工73人

(15%)、教育工作者 42 人（8.6%）、在读学生 86 人（17.7%）、私营业主和个体工商户 114 人（23.4%）、农民 78 人（16%）、外来务工人员 28 人（5.8%）和普通居民 24 人（4.9%）（见表 8-2）。

表 8-2 梧州市被调查者基本情况及各类型中各子体所占的比重

项目	年龄（岁）					教育程度						性别	
区间	8~17	18~24	25~34	35~50	>50	A	B	C	D	E	F	男	女
数目（人）	90	105	103	96	92	25	29	50	122	100	160	252	234
比重（%）	18.5	21.6	21.2	19.7	18.9	5.1	5.9	10.3	25.1	20.5	32.9	51.9	48.1
合计（人）	486					486						486	

注：A. 未受过正式教育　B. 小学　C. 初中　D. 高中或中专　E. 大专　F. 本科及以上

在桂林市的 491 份有效调查问卷中，被调查者中男性 263 人（53.6%）、女性 228 人（46.4%）；被调查者年龄位于 8~17 岁以下 27 人（5.5%）、18~24 岁的 124 人（25.2%）、25~34 岁的 99 人（20.1%）、35~50 岁的 110 人（22.4%）、50 岁以上的 131 人（26.7%）；被调查者中来自城市的 123 人（25%），来自县城或小城镇的 221 人（45%）、来自农村 147 人（30%）；被调查者的学历分布为未受过正式教育 10 人（2%）、小学 43 人（8.7%）、初中 53 人（10.8%）、高中或中专 76 人（15.5%）、大专 141 人（28.7%）、本科及以上 168 人（34.2%），被调查对象中受教育水平较高更具有理性和洞察力，能够充分理解问卷的内容，为调查的有效性提供了重要保障；被调查者的职业分布为政府机关工作人员 37 人（7.5%）、企事业单位职工 61 人（12.4%）、教育工作者 86 人（17.5%）、在读学生 105 人（21.4%）、私营业主和个体工商户 78 人（15.9%）、农民 53 人

(10.8%)、外来务工人员 36 人（7.3%）和普通居民 35 人（7.1%）（见表 8-3）。

表 8-3 桂林市被调查者基本情况及各类型中各子体所占的比重

项目	年龄（岁）					教育程度						性别	
区间	8~17	18~24	25~34	35~50	>50	A	B	C	D	E	F	男	女
数目（人）	27	124	99	110	131	10	43	53	76	141	168	263	228
比重（%）	5.5	25.2	20.1	22.4	26.7	2	8.7	10.8	15.5	28.7	34.2	53.6	46.4
合计（人）	491					491						491	

注：A. 未受过正式教育　B. 小学　C. 初中　D. 高中或中专　E. 大专　F. 本科及以上

在柳州市的 478 份有效调查问卷中，被调查者中男性 265 人（55.4%）、女性 213 人（44.6%）；被调查者年龄位于 8~17 岁以下 67 人（14%）、18~24 岁的 91 人（19%）、25~34 岁的 121 人（25.3%）、35~50 岁的 123 人（25.7%）、50 岁以上的 76 人（15.9%）；被调查者中来自城市的 184 人（38.5%），来自县城或小城镇的 168 人（35.1%）、来自农村 126 人（26.4%）；被调查者的学历分布为未受过正式教育 21 人（4.4%）、小学 43 人（9%）、初中 72 人（15%）、高中或中专 79 人（16.5%）、大专 145 人（30.3%）、本科及以上 118 人（24.7%），被调查对象中受教育水平较高者更具有理性和洞察力，能够充分理解问卷的内容，为调查的有效性提供了重要保障；被调查者的职业分布为政府机关工作人员 41 人（8.6%）、企事业单位职工 78 人（16.3%）、教育工作者 51 人（10.6%）、在读学生 81 人（16.9%）、私营业主和个体工商户 96 人（20%）、农民 61 人（12.7%）、外来务工人员 43 人（9%）和普通居民 27 人（5.6%）（见表 8-4）。

第八章 广西民族地区普法教育现状及实效性分析

表8-4 柳州市被调查者基本情况及各类型中各子体所占的比重

项目	年龄（岁）					教育程度						性别	
区间	8~17	18~24	25~34	35~50	>50	A	B	C	D	E	F	男	女
数目（人）	67	91	121	123	76	21	43	72	79	145	118	265	213
比重（%）	14	19	25.3	25.7	15.9	4.4	9	15	16.5	30.3	24.7	55.4	44.6
合计（人）	478					478						478	

注：A. 未受过正式教育 B. 小学 C. 初中 D. 高中或中专 E. 大专 F. 本科及以上

在北海市的482份有效调查问卷中，被调查者中男性223人（46.3%）、女性259人（53.7%）；被调查者年龄位于18岁以下55人（11.4%）、18~24岁的79人（16.4%）、25~34岁的106人（22%）、35~50岁的117人（24.2%）、50岁以上的125人（25.9%）；被调查者中来自城市的57人（11.8%），来自县城或小城镇的179人（37.1%）、来自农村246人（51.1%）；被调查者的学历分布为未受过正式教育40人（8.3%）、小学33人（6.8%）、初中76人（15.7%）、高中或中专87人（18%）、大专127人（26.3%）、本科及以上119人（24.7%），被调查对象中受教育水平较高者更具有理性和洞察力，能够充分理解问卷的内容，为调查的有效性提供了重要保障；被调查者的职业分布为政府机关工作人员25人（5.1%）、企事业单位职工61人（12.6%）、教育工作者38人（7.8%）、在读学生80人（16.6%）、私营业主和个体工商户112人（23.2%）、农民72人（14.9%）、外来务工人员31人（6.4%）和普通居民63人（13%）（见表8-5）。

表 8-5 北海市被调查者基本情况及各类型中各子体所占的比重

项目	年龄（岁）					教育程度						性别	
区间	8~17	18~24	25~34	35~50	>50	A	B	C	D	E	F	男	女
数目（人）	55	79	106	117	125	40	33	76	87	127	119	223	259
比重（%）	11.4	16.4	22	24.2	25.9	8.3	6.8	15.7	18	26.3	24.7	46.3	53.7
合计（人）	482					482						482	

注：A. 未受过正式教育 B. 小学 C. 初中 D. 高中或中专 E. 大专 F. 本科及以上

三、广西民族地区普法教育问卷调查结果实效性分析

调查问卷的第二部分是对广西民族地区普法教育现状调查的主要内容，对广西民族地区普法教育实效性考察的 23 个考察题，按照评价普法教育实效性的情感标准、认知标准、意志标准、信念标准、行为标准、能力标准等六大标准的测评指标，分为单项选择和多项选择两种题型。

1. 评价普法教育实效的情感指标分析

从"您是否参加过广西普法教育活动？基于什么原因参加的？""您认为在广西开展普法教育有无必要？"两个单选问题评价普法教育受教者对普法教育活动的积极情感体验程度。

对于单选题"您是否参加过广西普法教育活动，基于什么原因参加的？"被调查者中"主动参加"的南宁市占 24.8%、梧州市占 16.4%、桂林市占 26.2%、柳州市占 24.4%、北海市占 29%，占被调查人数总量的 24.16%；"偶然遇上"的南宁市占 21.4%、梧州市占 22.3%、桂林市占 21.4%、柳州市占 17.8%、北海市占 16.2%，占被调查人数总量的 19.82%；"被强制参加"

第八章　广西民族地区普法教育现状及实效性分析

的南宁市占 36.7%、梧州市占 41%、桂林市占 32.4%、柳州市占 40.8%、北海市占 35.4%，占被调查人数总量的 37.26%；"不了解普法教育"的南宁市占 17.1%、梧州市占 20.3%、桂林市占 20%、柳州市占 17%、北海市占 19.4%，占被调查人数总量的 18.76%。该题前两个回答对普法教育存在积极体验情感选项的人数占被调查人数总量的 44%，在后两个回答对普法教育没有积极体验情感选项的人数占被调查人数总量的 56%（见图 8-1）。

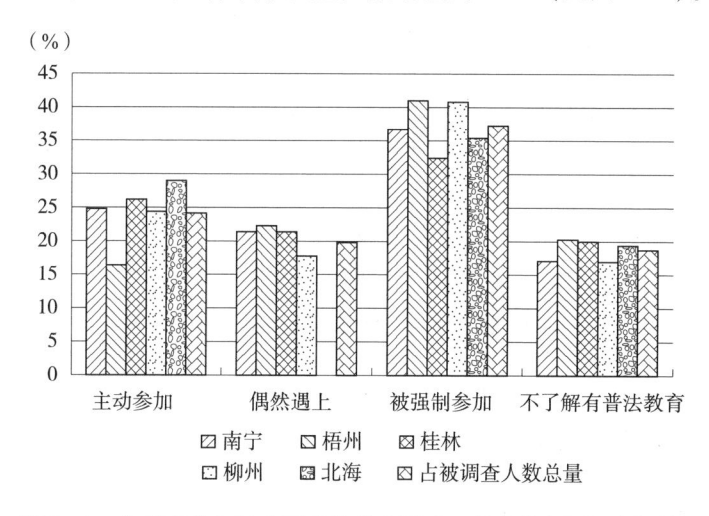

图 8-1　您是否参加过广西普法教育活动，基于什么原因参加的？

对于单选题"您认为在广西开展普法教育有无必要？"被调查者中认为"很有必要"的南宁市占 16.8%、梧州市占 22%、桂林市占 25%、柳州市占 14.6%、北海市占 35.8%，占被调查人数总量的 22.84%；认为"有必要"的南宁市占 35.8%、梧州市占 57%、桂林市占 36.2%、柳州市占 42.8%、北海市占 32.8%，占被调查人数总量的 26.96%；认为"无所谓"的南宁市占 32%、梧州市占 10.2%、桂林市占 32%、柳州市占 35.2%、北海市占 25.4%，占被调查人数总量的 40.92%；回答"没必要"的南宁市占 15.4%、梧州市占 10.8%、桂林市占 6.8%、柳州市占 7.4%、北海市占 6.0%，占被调查人数总量的 9.28%。

该问卷数据显示对广西民族地区普法教育有积极体验情感选项的人占被调查人数总量的 49.8%，不具有积极体验情感选项的人占被调查人数总量的 50.2%（见图 8-2）。

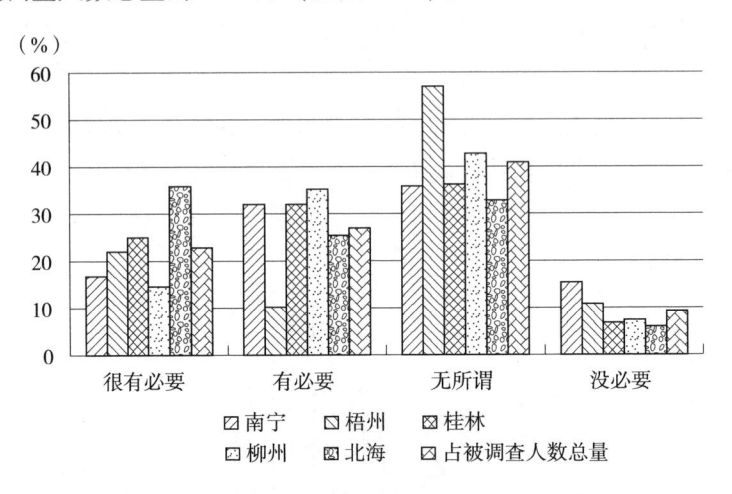

图 8-2 您认为在广西开展普法教育有无必要？

这两题的调研结果显示，对广西民族地区普法教育有积极情感的人占被调查总人数的 46.9%，说明人们对开展普法教育的热情不算太高，在今后的普法中应注意施教者和受教者之间情感互动，不能只是为了完成宣传工作任务，多从受教者的具体情况考虑，使受教者处于处景生情，寓情于乐，从而提高普法教育的实效性。

2. 评价普法教育实效的认知指标分析

从"您听说过下列哪些法律、法规？""普法期间您希望了解和学习下列哪些法律、法规？""你是否知道自己的权益被侵犯过？"三个问题考察普法教育受教者掌握国家法律体系的情况和辨别合法与否的能力，评价受教育者通过普法教育活动所达到的法律认知水平的高低。

对于多选题"您听说过下列哪些法律、法规？"被调查者中回答表示"听说过 1~5 个"的南宁市占 14.7%、梧州市占 48.7%、桂林市占 13.6%、柳州市占 15.5%、北海市占 43.6%，占被调查人数总量的 27.22%；回答表示"听说过 6~10 个"的南宁市占 76%、梧州市占 46%、桂林市占 77.1%、柳州市占 75.2%、北海市占 51%，占被调查人数总量的 65.06%；表示"听说过 11~15 个"的南宁市占 6.8%、梧州市占 4%、桂林市占 6.6%、柳州市占 7%、北海市占 4.3%，占被调查人数总量的 5.74%；表示"听说过 16 个以上"的南宁市占 2.5%、梧州市占 1.3%、桂林市占 2.7%、柳州市占 2.3%、北海市占 1.1%，占被调查人数总量的 1.98%。对我国的具体法律法规了解 10 项以下的人数占被调查人数总量的 92%，了解 10 项以上的人数占被调查人数总量的 8%（见图 8-3）。

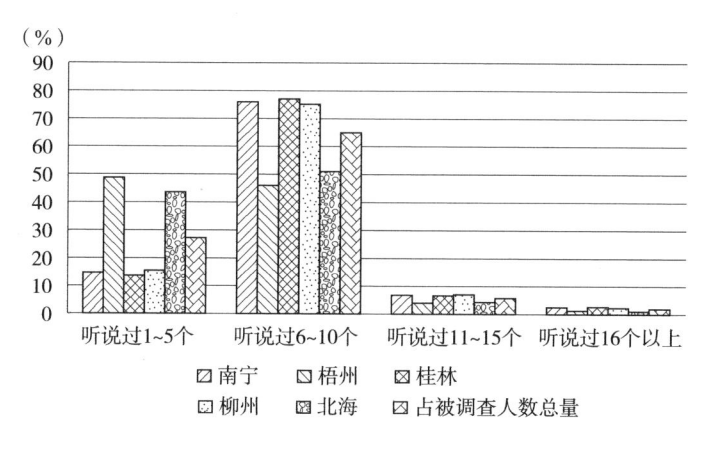

图 8-3　您听说过下列哪些法律、法规？

对于多选题"普法期间您希望了解和学习下列哪些法律、法规？"被调查者中回答表示"希望了解和学习 1~5 个"的南宁市占 1.3%、梧州市占 3.7%、桂林市占 1.4%、柳州市占 1.1%、北海市占 2.9%，占被调查人数总量的 2.08%；回答表示"希望了解和学习 6~10 个"的南宁市占 7.9%、梧州市占 11.6%、桂林市占 8%、柳州市占 8.3%、北海市占 11.5%，占被调查人数总量的 9.46%；表示"希望了解和学习 11~15 个"的南宁市占 12.8%、梧州市占 16.7%、桂林市占 13.6%、柳州市占 15.5%、北海市占 20.6%，占被调查人数总量的 15.84%；表示"希望了解和学习 16 个以上"的南宁市占 78%、梧州市占 68%、桂林市占 77%、柳州市占 75.1%、北海市占 65%，占被调查人数总量的 72.62%。广西民族地区公民希望通过法治宣传教育活动学习 10 项以下具体法律法规的人数占被调查人数总量的 11.5%，希望学习 10 项以上具体法律法规的人数占被调查人数总量的 88.5%（见图 8-4）。

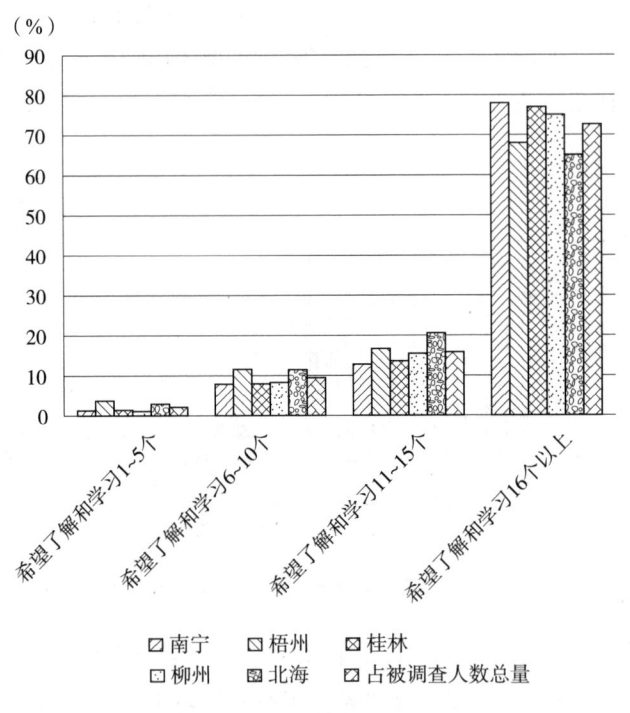

图 8-4 普法期间您希望了解和学习下列哪些法律、法规？

对于单选题"你是否知道自己的权益被侵犯过？"被调查者中"知道"的南宁市占 54.8%、梧州市占 73.8%、桂林市占 45.8%、柳州市占 47.4%、北海市占 46.2%，占被调查人数总量的 53.6%；"不知道"的南宁市占 45.2%、梧州市占 26.2%、桂林市占 54.2%、柳州市占 52.6%、北海市占 53.8%，占被调查人数总量的 46.4%（见图 8-5）。

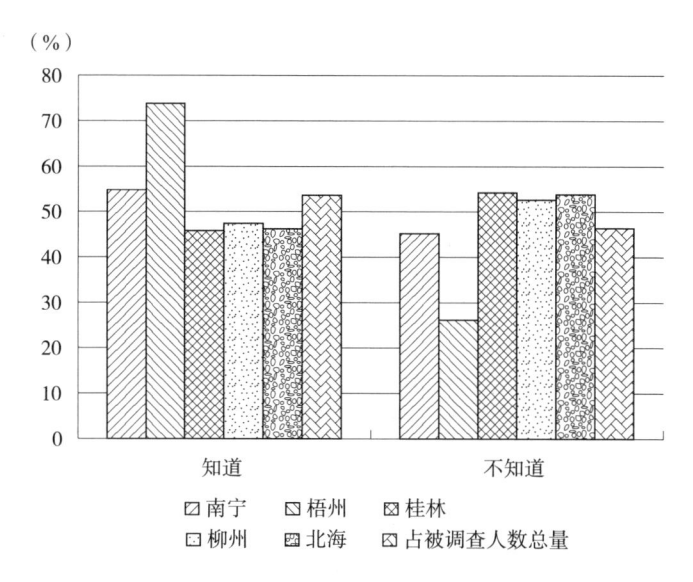

图 8-5　你是否知道自己的权益被侵犯过？

通过这 3 个题目的调研数据可以看出，被调查者中绝大多数人对国家法律体系掌握不全面，但又有占绝对多数的人希望学习和掌握社会主义法律知识体系，在被调查者中有一半多的人具有了明确的明辨合法与否的能力。说明广西民族地区有较多的公民已经掌握且希望再继续提高自身的法律知识，少数民族公民对法治宣传教育有较高的诉求。

3. 评价普法教育实效的意志指标分析

从"您是否知道自己的权益被侵犯过？""您若遇到违法犯罪的情况是否会制止？"两个问题考察普法教育受教者辨别合法与否的能力和与不良行为进行抗争的社会责任意识，评价受教育者通过普法教育活动所达到的法律意志水平的高低。

对于单选题"您是否知道自己的权益被侵犯过？"项的调研分析结果显示，有一半被调查者不具有坚定的法律意志（参见图 8-5 项数据）。

对于单选题"您若遇到违法犯罪的情况是否会制止？"被调查者中认为"一定会"的南宁市占 30.3%、梧州市占 23.4%、桂林市占 19.9%、柳州市占 38%、北海市占 29.8%，占被调查人数总量的 28.28%；认为"会"的南宁市占 21.6%、梧州市占 41.5%、桂林市占 39.7%、柳州市占 36.6%、北海市占 39%，占被调查人数总量的 35.68%；表示"看情况"的南宁市占 35.3%、梧州市占 26.7%、桂林市占 28.4%、柳州市占 21%、北海市占 23.6%，占被调查人数总量的 27%；回答"不会"的南宁市占 12.8%、梧州市占 8.4%、桂林市占 12%、柳州市占 4.4%、北海市占 7.6%，占被调查人数总量的 9.04%。被调查者中具有较强与不良行为进行抗争的社会责任意识的人占被调查人数总量的 64%，与不良行为进行抗争的社会责任意识不坚定的人占被调查人数总量的 27%，不具备与不良行为进行抗争的社会责任意识的人占被调查人数总量的 9%（见图 8-6）。

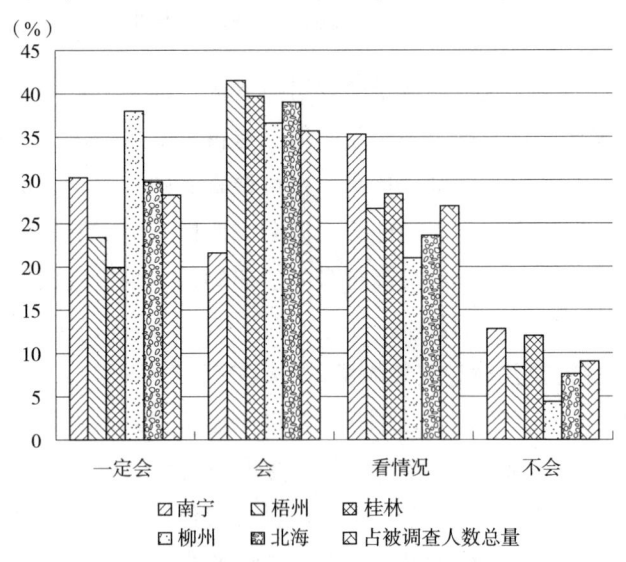

图 8-6 您若遇到违法犯罪的情况是否会制止？

通过两个题目的调研数据可以看出，被调查者中有一半多的人具有了明确的明辨合法与否的能力，大多数人具有了较强的与不良行为进行抗争的社会责任意识，有部分人与不良行为进行抗争的社会责任意识不够坚定，处在观望或摇摆期，但有树立与不法行为斗争意识的极大可能，还有极少数人没有与不良行为进行抗争的社会责任意识。

4. 评价普法教育实效的信念指标分析

从"您对广西普法活动效果是否满意？""红灯亮时，您会跟随其他人通过吗？""您参加过下列哪种法制宣传教育形式？"三个问题考察普法教育受教者辨别合法与否的能力和与不良行为进行抗争的社会责任意识，评价受教育者通过普法教育活动所达到的法律意志水平的高低。

对于单选题"您对广西普法活动效果是否满意？"被调查者中认为"非常满意"的南宁市占 16.8%、梧州市占 22%、桂林市占 25%、柳州市占 14.6%、北海市占 35.8%，占被调查人数总量的 22.84%；认为"满意"的南宁市占 32%、梧州市占 10.2%、桂林市占 32%、柳州市占 35.2%、北海市占 25.4%，占被调查人数总量的 26.96%；认为"不满意"的南宁市占 35.8%、梧州市占 57%、桂林市占 36.2%、柳州市占 42.8%、北海市占 32.8%，占被调查人数总量的 40.92%；回答"很不满意"的南宁市占 15.4%、梧州市占 10.8%、桂林市占 6.8%、柳州市占 7.4%、北海市占 6%，占被调查人数总量的 9.28%。被调查者中对广西民族地区普法教育效果持肯定态度的占被调查总人数的 49.8%，持否定态度的占被调查总人数的 50.2%（见图 8-7）。

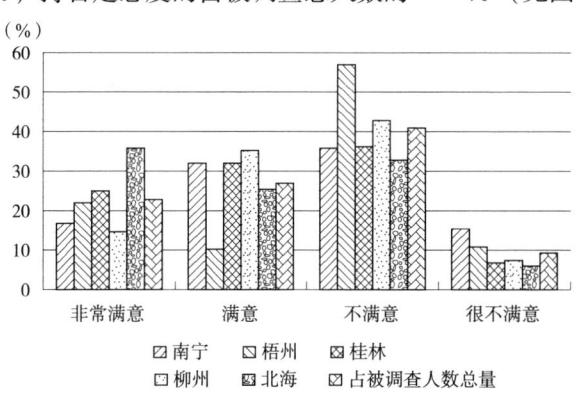

图 8-7 您对广西普法活动效果是否满意？

对于单选题"红灯亮时,您会跟随其他人通过吗?"被调查者中回答表示"一定会"的南宁市占6.3%、梧州市占8.5%、桂林市占7.8%、柳州市占7.5%、北海市占10.9%,占被调查人数总量的8.2%;回答表示"会"的南宁市占15.1%、梧州市占19.3%、桂林市占16.2%、柳州市占14.9%、北海市占20%,占被调查人数总量的17.1%;表示"看情况"的南宁市占29%、梧州市占37.8%、桂林市占30.1%、柳州市占30.5%、北海市占40.2%,占被调查人数总量的33.52%;表示"不会"的南宁市占49.6%、梧州市占34.4%、桂林市占45.9%、柳州市占47.1%、北海市占28.9%,占被调查人数总量的41.18%。统计结果反映被调查者中有较强守法信念的占被调查总人数的41.18%,守法信念不坚定的33.52%,不具有守法信念的人有25.3%(见图8-8)。

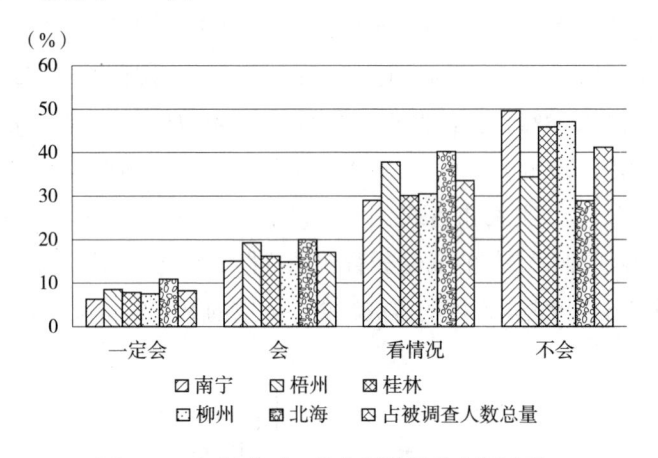

图8-8 红灯亮时,您会跟随其他人通过吗?

对于多选题"您参加过下列哪种法制宣传教育形式?"被调查者中回答表示"参加过1~4个"的南宁市占72%、梧州市占80%、桂林市占71%、柳州市占73.2%、北海市占79%,占被调查人数总量的75.04%;回答表示"参加过5~7个"的南宁市占21%、梧州市占14.9%、桂林市占21.7%、柳州市占19%、北海市占 16.3%，占被调查人数总量的 18.58%；表示"参加过 8~10 个"的南宁市占 5.2%、梧州市占 4.5%、桂林市占 5.8%、柳州市占 6.1%、北海市占 3.9%，占被调查人数总量的 5.1%；表示"参加过 11 个以上"的南宁市占 1.8%、梧州市占 0.6%、桂林市占 1.5%、柳州市占 1.7%、北海市占 0.8%，占被调查人数总量的 1.28%。统计结果显示被调查者中参加过 7 种以下法治宣传教育形式的占被调查总人数的 93.6%，参加过 8 种以上法治宣传教育形式的占被调查总人数的 6.4%（见图 8-9）。

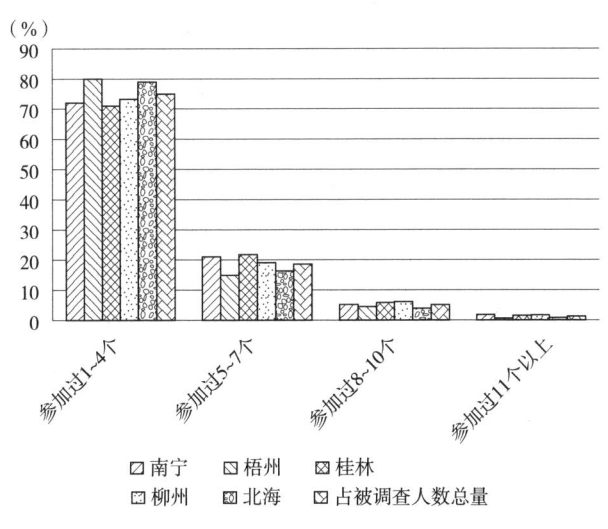

图 8-9 您参加过下列哪种法制宣传教育形式？

通过对"您对广西普法活动效果是否满意？""红灯亮时，您会跟随其他人通过吗？"两项数据统计显示，有近一半人对广西民族地区普法教育比较满意，且绝大多数人具有了守法信念，只是少部分人守法信念还不十分坚定。对参与法治宣传教育丰富多彩的活动形式上看，目前广西民族地区普法教育活动与广西"七五"普法规划要求达到的"整合资源平台，打造法治宣传教育工作特色品牌。"的目标还有较大距离。

5. 评价普法教育实效的行为指标分析

从"您过去经历维权次数是？""您如果遇到法律问题，需要法律援助或法律咨询吗?""您若遇到违法犯罪的情况是否会制止?""红灯亮时,您会跟随其他人通过吗?"四个问题考察普法教育受教者真实的法律意识和法治观念的价值取向;是否能够真正实现我国宪法、法律规范内化为个人意识和信念,外化为守法行为;是否能够做到知行合一。

对于单选题"您过去经历维权次数是?"被调查者中"没有经历过"的南宁市占 76.4%、梧州市占 66.8%、桂林市占 77.2%、柳州市占 84.6%、北海市占 69.6%,占被调查人数总量的 74.92%;回答"经历 1~2 次"的南宁市占 18.4%、梧州市占 30.8%、桂林市占 17.8%、柳州市占 13%、北海市占 23.2%,占被调查人数总量的 20.64%;回答"经历 3~4 次"的南宁市占 4.2%、梧州市占 1.6%、桂林市占 4.6%、柳州市占 1.4%、北海市占 5.4%,占被调查人数总量的 3.44%;回答"经历 5 次以上"的南宁市占 1%、梧州市占 0.8%、桂林市占 0.4%、柳州市占 1%、北海市占 1.8%,占被调查人数总量的 1%。被调查者中没有维权经历和有 2 次以下的人数分别占总被调查人数的 74.92%、20.64%,有过多次维权经历的人数占总被调查人数的 4.44%(见图 8-10)。

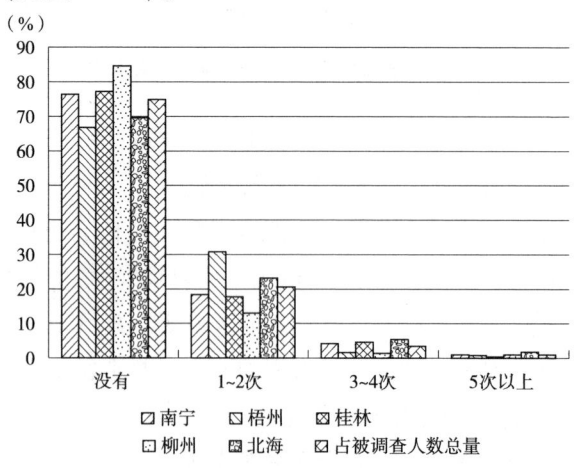

图 8-10 您过去经历维权次数是?

第八章 广西民族地区普法教育现状及实效性分析

对于单选题"您如果遇到法律问题，需要法律援助或法律咨询吗?"，被调查者中认为"非常有必要"的南宁市占 19.9%、梧州市占 19.8%、桂林市占 24.1%、柳州市占 24.4%、北海市占 17.1%，占被调查人数总量的 22.8%；认为"有必要"的南宁市占 46.8%、梧州市占 60.6%、桂林市占 58.3%、柳州市占 60.8%、北海市占 65.4%，占被调查人数总量的 40.9%；认为"可能有"的南宁市占 13%、梧州市占 12.8%、桂林市占 8.4%、柳州市占 9%、北海市占 9.2%，占被调查人数总量的 26.9%；认为"没必要"的南宁市占 20.3%、梧州市占 6.8%、桂林市占 9.2%、柳州市占 5.8%、北海市占 8.3%，占被调查人数总量的 9.3%。统计显示被调查者中有运用法律维权意识和行为的占被调查总人数的 90.7%，法律维权意识不强或不会运用法律武器的占被调查总人数的 9.3%（见图 8-11）。

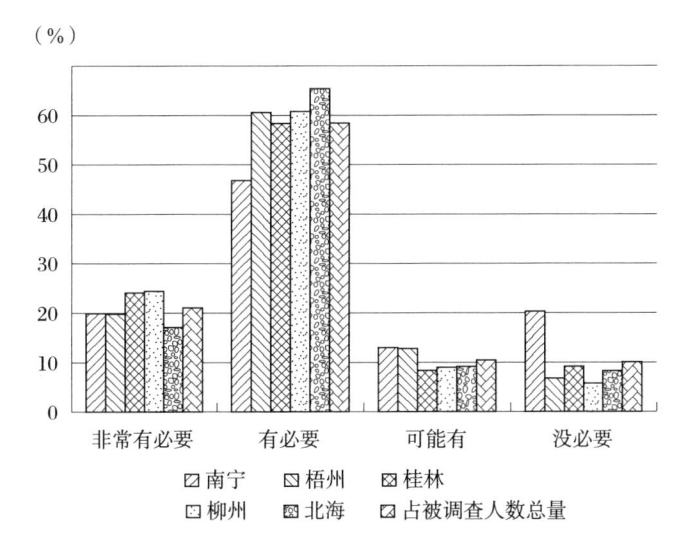

图 8-11 您如果遇到法律问题，需要法律援助或法律咨询吗?

对于单选题"您若遇到违法犯罪的情况是否会制止?"项的调研分析结果显示，被调查者中有少部分人目前还不具有勇担社会责任的意识（参见图 8-6 数据）。

对于单选题"红灯亮时,您会跟随其他人通过吗?"项的调研分析结果显示,被调查者中有少部分人目前还不具有坚定的守法信念(参见图8-8数据)。

通过对评价普法教育实效的行为指标的分析,被调查人中绝大多数人具有明显的法律意识和法治观念,且能够把个人内心信念外化为守法行为。但仍有少部分人未形成守法的意识和信念,这对广西民族地区"七五"普法时期的法治宣传教育活动提出了新的要求。

6. 评价普法教育实效的能力指标分析

从"您参加过下列哪种法制宣传教育形式?""您对自己的合法权益是否关注?""您对维权的途径是否熟悉?"三个问题考察普法教育施教者是否开展了适合该地区特点丰富多彩的、符合不同群体特点的、有地方特色的法治宣传教育实践活动;普法教育受教者是否具备了自我提升法律知识、提高法律素质、增强法律信念的能力;是否具备了处理自己日常生活中遇到的法律问题的能力。

对于单选题"您参加过下列哪种法制宣传教育形式?"项的调研分析结果显示,被调查者中有大部分人参与的法治宣传教育形式比较单调,说明普法施教者在普法宣传形式上还应加大工作力度(参见图8-9数据)。

对于单选题"您对自己的合法权益是否关注?",被调查者中回答表示"非常关注"的南宁市占12.3%、梧州市占8.5%、桂林市占9.2%、柳州市占11.6%、北海市占7.9%,占被调查人数总量的21.06%;回答表示"关注"的南宁市占10.6%、梧州市占24.2%、桂林市占29%、柳州市占19.2%、北海市占32%,占被调查人数总量的58.38%;表示"偶尔关注"的南宁市占66.7%、梧州市占44.1%、桂林市占50.4%、柳州市占58.4%、北海市占52.7%,占被调查人数总量的10.48%;表示"不关注"的南宁市占10.4%、梧州市占21.2%、桂林市占11.4%、柳州市占10.8%、北海市占7.4%,占被调查人数总量的

10.08%。在被调查者总人数中只有10.08%的人不关注或不具有保护自己的合法权益意识。绝大多数人有运用法律保护自己的合法权益的诉求（见图8－12）。

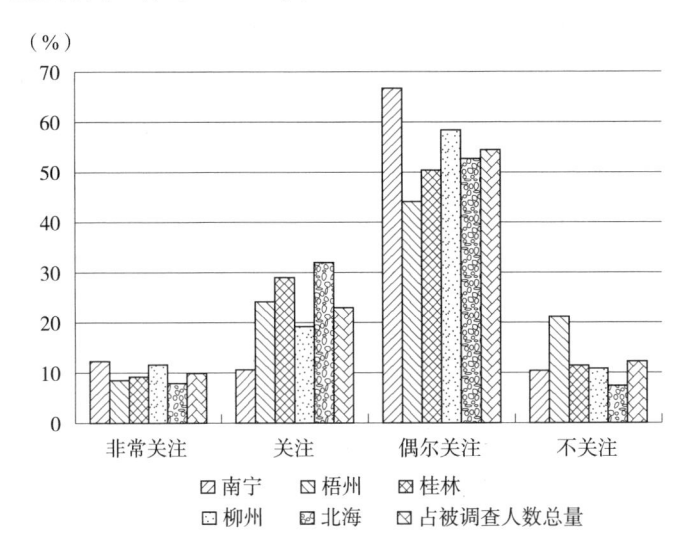

图8－12 您对自己的合法权益是否关注？

对于单选题"您对维权的途径是否熟悉？"被调查者中回答表示"非常熟悉"的南宁市占5.6%、梧州市占4%、桂林市占7%、柳州市占3%、北海市占2.6%，占被调查人数总量的4.44%；回答表示"熟悉"的南宁市占17.3%、梧州市占10.8%、桂林市占15.6%、柳州市占18.9%、北海市占7.9%，占被调查人数总量的14.1%；表示"基本熟悉"的南宁市占34.3%、梧州市占22.8%、桂林市占32.4%、柳州市占12.5%、北海市占30.7%，占被调查人数总量的26.54%；表示"不熟悉"的南宁市占42.8%、梧州市占62.4%、桂林市占45%、柳州市占65.6%、北海市占58.8%，占被调查人数总量的54.92%。被调查者中对合法维权途径熟悉、具有潜在运用法律合法维权的能力的人仅占接近一半人数，另一半人数基本不具备运用法律维权的能力（见图8－13）。

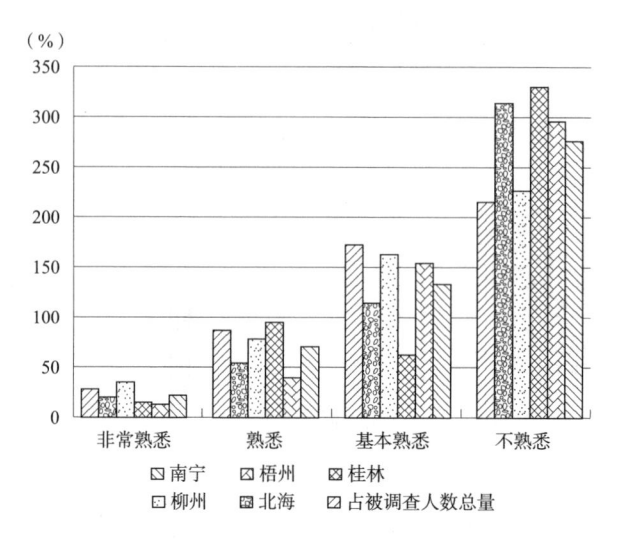

图 8-13 您对维权的途径是否熟悉?

通过问卷调查数据分析，普法教育施教者在开展适合广西民族地区特点、有地方民族特色的法治宣传教育实践活动方面还有待提升，在被调查者中绝大多数人有运用法律保护自己的合法权益的诉求，但只有近一半人数具有潜在运用法律合法维权的能力。

综上所述，通过对调查问卷逐项分析，广西民族地区普法教育正潜移默化地培育着人们的法律意识，使广大人民群众当家做主的主人翁责任感明显增强，公民的权利意识、法律意识不断提高，在民众心中已经建立起了一座法律知识的高楼。社会成员对法律的认知水平有了很大的提高，法律在社会生活中的重要性被充分认识，法律的权威性也得到了加强。同时，广西民族地区普法教育调查问卷中也揭示出了现阶段普法教育活动中存在的突出问题，结合本书前述评价普法教育实效性的六大标准，主要表现在：第一，在评价广西民族地区普法教育实效的情感标准方面，应注意施教者和受教者之间情感互动，不能只是为了完成宣传工作任务，要投入与受教者的情感交流，使受教者处于触景生情，达到寓情于乐效果；第二，在普法受教者的认知评价标准方面，只有一半多的被调查者具有了明确的明辨合法与否的能力，但同时有较多的人希望继续提高自身的法律知识，表现出对广西民族地区法治宣传教育有较高的诉求；第三，在意志评价标准方面，虽然绝大多数人具有了较强的与违法行为作斗争的意志，但仍有少部分人社会责任意识不够坚定，广西民族地区普法教育就此方面来说，效果还不够强；第四，在信念评价标准方面，绝大多数人具有了守法信念，但在打造广西民族地区普法教育丰富多彩的活动形式、有鲜明特色的资源品牌工作上，仍有一定的差距；第五，在行为评价标准方面，仍有少部分人未形成守法的意识和信念，不具有守法、用法的行为能力，这对广西民族地区"七五"普法时期的法治宣传教育活动提出了新的要求；第六，在能力评价标准方面，被调查者中只有近一半人数具有潜在运用法律合法维权的能力，但绝大多数人有运用法律保护自己的合法权益的诉求，普法教育施教者在开展适合广西民族地区特点、有地方民族特色的法治宣传教育实践活动方面还有待提升。

第三节 影响广西民族地区普法教育实效性的主要问题

随着1985年6月中共中央宣传部、司法部《关于向全体公民基本普及法律常识的五年规划》的启动，广西开展了大规模"把法律交给人民"的普法活动，面向广西各族公民普及法律常识。如前文所述，广西普法教育成效明显。首先，广西地方政府注重执政为民的理念得以彰显，民族政策更加完善，少数民族当家做主的权利得到保障，民族区域制度不断巩固，民族传统文化得到保护和弘扬，各族公民宪法观念和法律素养明显增强，社会治理法治化水平进一步提升等；其次，广西普法教育资源配置更趋合理化，从自治区到各地市财政支持力度不断加大，普法队伍日益壮大，普法工作随执法而动，普法教育资源向基层转移，推行"一村一社区一法律顾问"[①]制度等；最后，广西地区充分发挥少数民族特点开展普法宣传，如"多耶普法""鼓楼普法""普法山歌"等与少数民族的节日相交融的创新普法新形式。

但是，依照我国"七五"普法规划中"普法宣传教育机制进一步健全，法治宣传教育实效性进一步增强，依法治理进一步深化，全民法治观念和全体党员党章党规意识明显增强，全社会厉行法治的积极性和主动性明显提高，形成守法光荣、违法可耻的社会氛围"目标要求，广西民族地区普法教育存在着应加强地方民主政治建设、合理配置普法资源、充分发挥民族习惯在司法中的调适作用、增强各族公民法治理念、加大治理非法传销政策法规的宣传等问题。

一、广西民族地区民主政治建设任务艰巨

基于广西民族地区历史和现实社会发展的复杂性和特殊性，广西民族地区还存在着公民政治参与和政治意识不强、政府执政为民仍需提高、安全稳定工作有待加强等问题。

首先，少数人政治意识不强，对广西民族自治认识不清。在政治参与度方面的调研中，大部分被调查者政治立场坚定，对民族自治制度有一定了解，国家主权意识强烈，但也有一少部分民众对民主政治认识不够，不关心政治，对自己合法权益和应尽的义务不能正确履行。调查问卷"您是如何行使选举权的？"项的统计数据显示，被调查者中回答表示"非常认真行使"的南宁市占54.6%、梧州市占50.8%、桂林市占53.7%、柳州市占54%、

[①] 广西壮族自治区党委、政府. 转发自治区党委宣传部、自治区司法厅关于在公民中开展法制宣传教育的第七个五年规划的通知 [EB/OL]. 南宁：广西普法网，[2017-01-12]. http：//www.gxpfxk.com.

北海市占51.6%，占被调查人数总量的52.94%；回答表示"能够独立行使"的南宁市占23%、梧州市占20.1%、桂林市占22%、柳州市占23.3%、北海市占21%，占被调查人数总量的21.88%；表示"有时能够行使"的南宁市占11%、梧州市占9.8%、桂林市占10.6%、柳州市占10.8%、北海市占10%，占被调查人数总量的10.44%；表示"不能按自己意愿行使"的南宁市占4.9%、梧州市占6.3%、桂林市占5%、柳州市占5.8%、北海市占7.7%，占被调查人数总量的5.94%；表示"不关心"的南宁市占6.5%、梧州市占13%、桂林市占8.7%、柳州市占6.1%、北海市占9.7%，占被调查人数总量的8.8%。被调查者在选举过程中不能完全表达个人意愿和不关心选举的人占调查总人数的25.2%（见图8-14）。

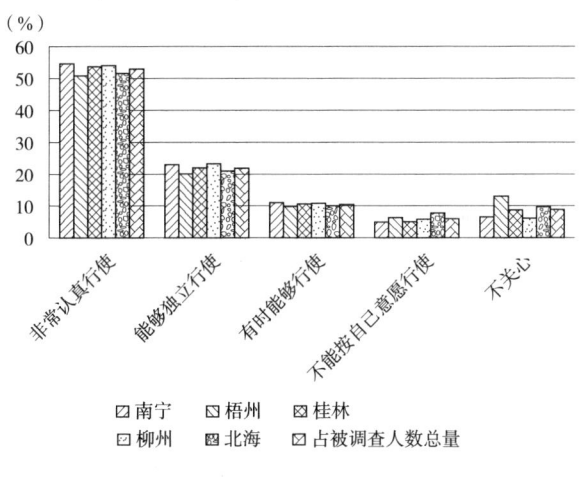

图8-14 您是如何行使选举权的？

在对"您认为广西推行民族自治法有无必要？"被调查者中回答表示"非常有必要"的南宁市占16.8%、梧州市占6.8%、桂林市占18.8%、柳州市占17%、北海市占10.8%，占被调查人数总量的14.04%；回答表示"有必要"的南宁市占22.8%、梧州市占23%、桂林市占22.2%、柳州市占32%、北海市占22.8%，占被调查人数总量的24.56%；表示"可能有"的南宁市占 30.6%、梧州市占 47.6%、桂林市占 38.6%、柳州市占 26.2%、北海市占 50.8%，占被调查人数总量的 38.76%；表示"没必要"的南宁市占 29.8%、梧州市占 22.6%、桂林市占 20.4%、柳州市占 24.8%、北海市占 15.6%，占被调查人数总量的 22.64%。说明仍有少部分人对广西民族自治制度不甚了解，对广西制定的民族自治法律法规更是不知（见图 8-15）。

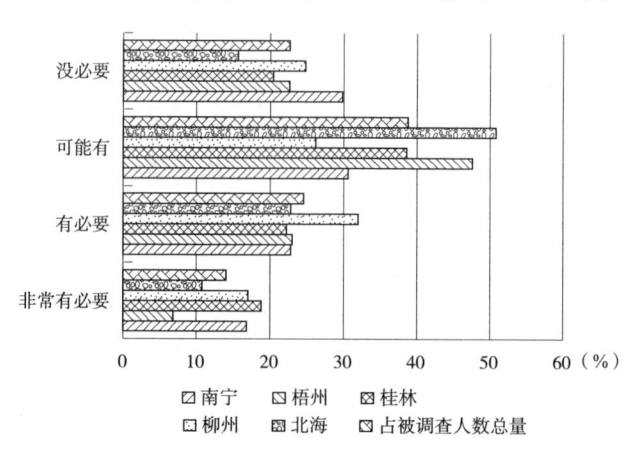

图 8-15　您认为广西推行民族自治法有无必要？

在"当国家安全和稳定受到危害时您会怎么做？"项的统计数据显示，被调查者中回答表示"用实际行动支持"的南宁市占 78.5%、梧州市占 71.6%、桂林市占 77.7%、柳州市占 78.1%、北海市占 72.3%，占被调查人数总量的 75.64%；回答表示"从言论上支持"的南宁市占 20.2%、梧州市占 25.5%、桂林市占 20.7%、柳州市占 20.5%、北海市占 24.5%，占被调查人数总量的 22.28%；表示"内心支持"的南宁市占 1.1%、梧州市占 2.3%、桂林市占 1.3%、柳州市占 0.9%、北海市占 2.4%，占被调查人数总量的 1.6%；表示"不支持"的南宁市占 0、梧州市占 0、桂林市占 0、柳州市占 0、北海市占 0；表示"不关心"的南宁市占 0.2%、梧州市占 0.6%、桂林市占 0.3%、柳州市占 0.5%、北海市占 0.8%，占被调查人数总量的 0.48%（见图 8-

第八章　广西民族地区普法教育现状及实效性分析

16)。广西民族地区大多数民族都有自己的传统习惯和传统文化来保证本民族的正统性。这种具有保守特色的正统性传统文化，如果地方政府特别是领导干部不能根据不同群体的特点，不能有针对性地开展法治宣传教育，各民族公民的法律意识和法治观念得不到提升，极易变为阻碍广西民族地区法治建设的力量。调查问卷"您认为广西现在的社会稳定状况如何？"项的统计数据显示，被调查者中回答表示"很稳定"的南宁市占84.2%、梧州市占81.5%、桂林市占83.9%、柳州市占85%、北海市占81.7%，占被调查人数总量的83.26%；回答表示"比较稳定"的南宁市占14.4%、梧州市占15.3%、桂林市占14.3%、柳州市占13.5%、北海市占14.9%，占被调查人数总量的14.48%；表示"不稳定"的南宁市占1.1%、梧州市占2.3%、桂林市占1.3%、柳州市占0.9%、北海市占2.4%，占被调查人数总量的1.6%；表示"很不稳定"的南宁市占0.3%、梧州市占0.9%、桂林市占0.5%、柳州市占0.6%、北海市占1%，占被调查人数总量的0.66%（见图8-17）。

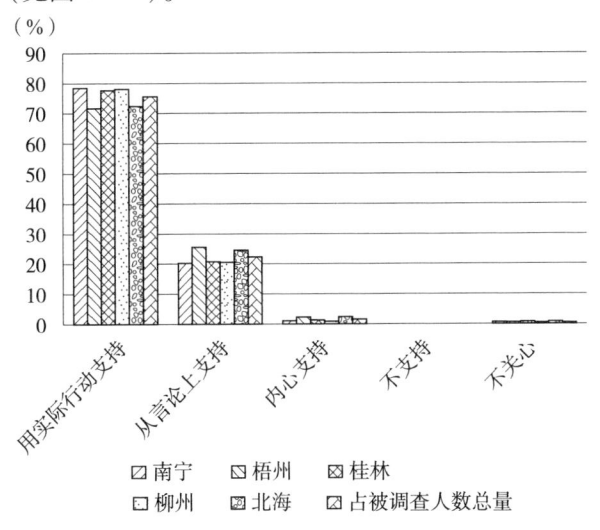

图8-16　当国家安全和稳定受到危害时您会怎么做？

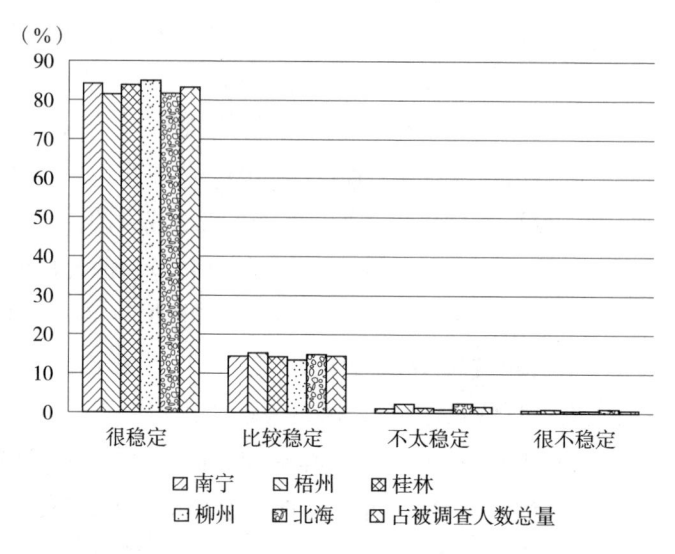

图 8-17 您认为广西现在的社会稳定状况如何？

在对"您对现在政府的管理和执法满意吗？"项的统计数据显示，被调查者中回答表示"非常满意"的南宁市占 7.6%、梧州市占 3.2%、桂林市占 9.8%、柳州市占 3.4%、北海市占 11.6%，占被调查人数总量的 7.12%；回答表示"满意"的南宁市占 34%、梧州市占 35.6%、桂林市占 31.8%、柳州市占 31%、北海市占 47.4%，占被调查人数总量的 35.96%；表示"不满意"的南宁市占 27.6%、梧州市占 18.2%、桂林市占 33.4%、柳州市占 35%、北海市占 21.6%，占被调查人数总量的 27.16%；表示"很不满意"的南宁市占 30.8%、梧州市占 43%、桂林市占 25%、柳州市占 30.6%、北海市占 19.4%，占被调查人数总量的 29.76%。表明被调查者中有 56.9% 超过半数的人对当地政府部门依法管理、依法执政、执政为民方面不甚满意（见图 8-18）。

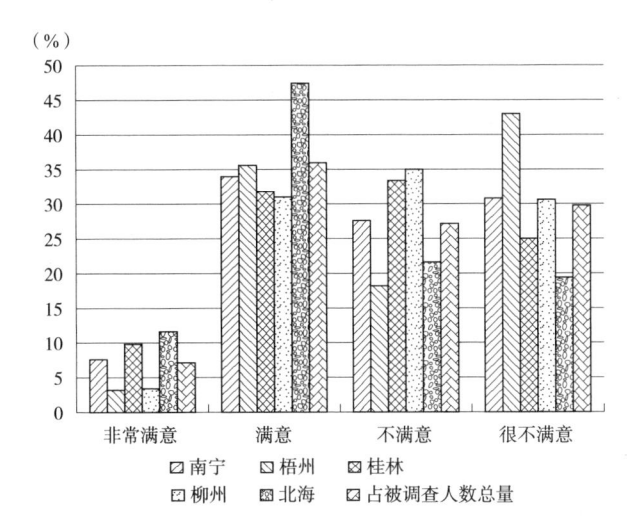

第八章 广西民族地区普法教育现状及实效性分析

图 8-18 您对现在政府的管理和执法满意吗？

根据我国"五五"普法规划中要求①，如何全面推进广西民族地区法治宣传教育在广西民族地区法治建设中的基础作用，培养公民积极参与广西民族地区民主政治建设的热情和能力，增强各民族公民宪法观念和法律素养，进一步提升社会治理法治化水平，成为广西民族地区各级党委和政府必须高度重视的问题。

二、广西民族地区法治教育资源配置有待进一步优化

普法教育的公益性决定了它应该是由政府所提供给全体公民的、人人获益的一种公共产品。这种公共产品——普法教育的受益人的范围，是衡量普法教育资源在不同社会层面上分配的合理

---

① 2006年4月27日，中共中央、国务院以中发〔2006〕7号文，转发了《关于在公民中展法制宣传教育的第五个五年规划》，其中规定："进一步学习宣传国家基本法律制度，培育民主法制观念、爱国意识和国家安全统一意识。……加强领导干部法制宣传教育，着力提高依法执政能力。领导干部要带头学法用法，树立在宪法和法律范围内活动的观念，树立国家一切权力属于人民的观念，树立国家尊重和保障人权的观念，提高依法管理经济和社会事务的能力，规范决策、管理和服务行为。"

性标准。

调查问卷"您了解的广西普法宣传的形式有哪些?"项的数据结果显示,被调查者中回答表示"了解 1~4 个"的南宁市占 17.3%、梧州市占 43.7%、桂林市占 18.6%、柳州市占 16.9%、北海市占 40.4%,占被调查人数总量的 27.38%;回答表示"了解 5~7 个"的南宁市占 71.3%、梧州市占 48%、桂林市占 70.6%、柳州市占 71.2%、北海市占 53%,占被调查人数总量的 62.82%;表示"了解 8~10 个"的南宁市占 6.4%、梧州市占 4.5%、桂林市占 5.8%、柳州市占 6.1%、北海市占 3.9%,占被调查人数总量的 5.34%;表示了解 11 个以上的南宁市占 5%、梧州市占 3.8%、桂林市占 5%、柳州市占 5.8%、北海市占 2.7%,占被调查人数总量的 4.46%。被调查者中对广西法治宣传教育活动形式了解 8 种以上的只有 9.8%,绝大多数被调查者只知道五六种法治宣传教育活动的形式,从不同地市看,各项数据中南宁市、柳州市、桂林市要明显高于梧州市和北海市的各项数据,表现出在广西区内普法教育资源分配呈现出不平等的现象(见图 8-19)。而在广西"六五"普法规划中,就罗列出了二十余种形式多样、突出地方民族特色的法治宣传教育形式。

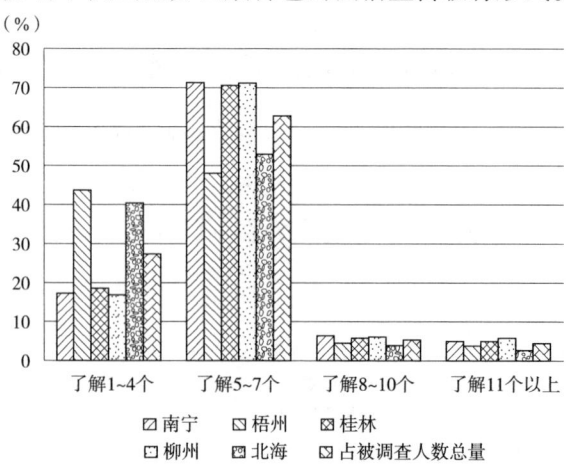

图 8-19 您了解的广西普法宣传的形式有哪些?

第八章 广西民族地区普法教育现状及实效性分析

调查问卷"您对广西实行乡村（社区）法律顾问有无必要？"项的数据统计显示，被调查者中回答表示"非常有必要"的南宁市占 19.8%、梧州市占 11.2%、桂林市占 28%、柳州市占 17.6%、北海市占 13.4%，占被调查人数总量的 18%；回答表示"有必要"的南宁市占 60.3%、梧州市占 51.2%、桂林市占 53.7%、柳州市占 56.8%、北海市占 48.9%，占被调查人数总量的 54.18%；表示"可能有"的南宁市占 6.1%、梧州市占 29.4%、桂林市占 9.7%、柳州市占 8.5%、北海市占 17.4%，占被调查人数总量的 14.22%；表示"没必要"的南宁市占 13.8%、梧州市占 8.2%、桂林市占 8.6%、柳州市占 17.1%、北海市占 20.3%，占被调查人数总量的 13.6%。在被调查者中对广西实施的一乡村（社区）一法律顾问制度持肯定态度的中总数的 72.18%，被调查者中有 27.82% 的人对该制度持否定态度（见图 8-20）。

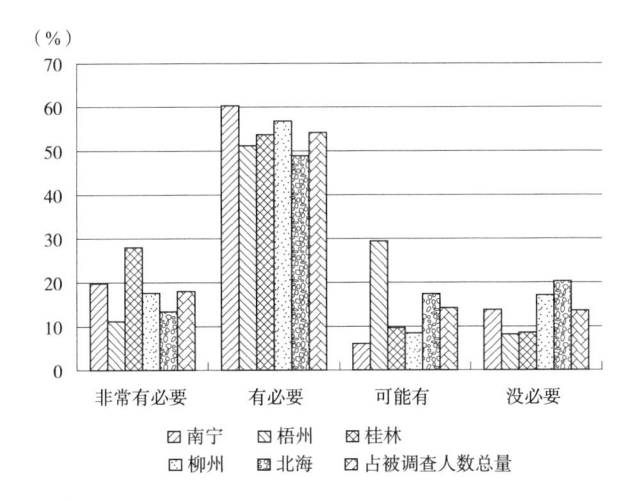

图 8-20 您对广西实行乡村（社区）法律顾问有无必要？

调查问卷"您认为法律宣传活动有必要与少数民族习惯（节日）结合吗？"项的数据统计显示，被调查者中回答表示"非常有必要"的南宁市占 9.3%、梧州市占 5.1%、桂林市占 11.9%、柳州市占4.2%、北海市占4.9%，占被调查人数总量的7.08%；回答表示"有必要"的南宁市占38.5%、梧州市占57.7%、桂林市占31.5%、柳州市占25.3%、北海市占33.3%，占被调查人数总量的37.26%；表示"可能有"的南宁市占40.4%、梧州市占19.8%、桂林市占41%、柳州市占55.7%、北海市占38.6%，占被调查人数总量的39.1%；表示"没必要"的南宁市占11.8%、梧州市占17.4%、桂林市占15.6%、柳州市占14.8%、北海市占23.2%，占被调查人数总量的16.56%。被调查者中有83.44%的人赞同把广西民族地区法治宣传教育活动融入少数民族的风俗节日中（见图8-21）。

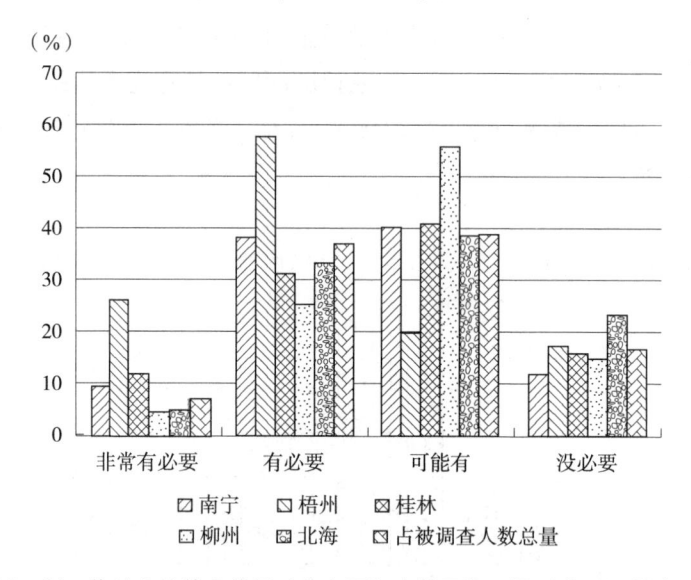

图8-21 您认为法律宣传活动有必要与少数民族习惯（节日）结合吗？

调查问卷"您愿意在民族习惯节日上宣传法律知识吗？"项的数据统计显示，被调查者中回答表示"非常愿意"的南宁市占22.6%、梧州市占5.8%、桂林市占16%、柳州市占14%、北海市占7%，占被调查人数总量的13.08%；回答表示"愿意"的南宁市占37.3%、梧州市占33.3%、桂林市占48.9%、柳州市占49.8%、北海市占30.2%，占被调查人数总量的39.9%；表示"看情况"的南宁市占21.9%、梧州市占39.6%、桂林市占19.5%、柳州市占22.6%、北海市占40.1%,占被调查人数总量的28.74%;表示"不愿意"的南宁市占18.2%、梧州市占21.3%、桂林市占15.6%、柳州市占13.6%、北海市占22.7%,占被调查人数总量的18.28%。被调查者中有81.72%的人愿意通过民族习惯节日活动学习法律知识(见图8-22)。

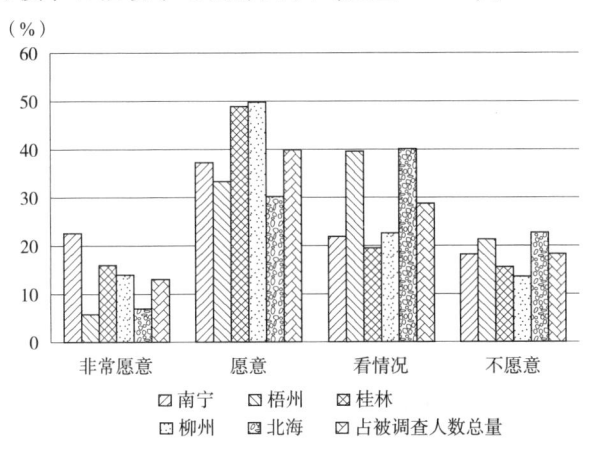

图8-22 您愿意在民族习惯节日上宣传法律知识吗?

从以上四项调查中发现,广西民族地区各族公民对开展适合少数民族特点、有民族特色的法治宣传教育活动有较大诉求,但仍有大部分人未参与到广西民族地区丰富多彩的、带有少数民族气息的法治宣传教育活动中去,还有少部分人对"一村一社区一法律顾问"制度还不甚了解。这说明广西民族地区在法治教育资源配置方面还需进一步优化。

三、广西民族地区民族习惯与法律不相适应的地方

我国当前法律并没有普遍规定习惯、习惯法的法律渊源地位,但在《中华人民共和国合同法》《中华人民共和国婚姻法》《中华人民共和国物权法》以及《中华人民共和国民族自治法》

中都对习惯的作用作了相关规定。① 在广西民族地区少数民族聚居的地方，常常会把本民族的共同利益、习惯价值融入民间条款、规约，形成在一定范围内的群众必须共同遵守、共同维护的行为规则，具有少数民族社会民间的权威，使它有着广泛的群众基础和较强的民族观念。

调查问卷"您认为少数民族的村规、民约有无必要？"项的统计结果显示，被调查者中回答表示"非常有必要"的南宁市占8.6%、梧州市占4%、桂林市占12.8%、柳州市占3.6%、北海市占5.8%，占被调查人数总量的6.96%；回答表示"有必要"的南宁市占40.2%、梧州市占58.2%、桂林市占32.2%、柳州市占28.2%、北海市占35.2%，占被调查人数总量的38.8%；表示"可能有"的南宁市占41.9%、梧州市占22.1%、桂林市占42%、柳州市占56.6%、北海市占40.6%，占被调查人数总量的40.64%；表示"没必要"的南宁市占9.3%、梧州市占15.7%、桂林市占13%、柳州市占11.6%、北海市占18.4%，占被调查人数总量的13.6%。被调查者中对少数民族的村规、民约持肯定态度的占被调查总数的86.4%，绝大多数人认为广西民族地区少数民族的村规、民约有制定和实施的必要，较少数人认为没有制定的必要（见图8-23）。

调查问卷"您认为民族习惯与国家法律哪个优先使用？"项的统计结果显示，被调查者中选择"法律"的南宁市占21%、梧州市占12.6%、桂林市占23%、柳州市占11.8%、北海市占21.2%，占被调查人数总量的17.92%；选择"民族习惯"的南宁市占25.4%、梧州市占20%、桂林市占21.4%、柳州市占19.8%、北海市占11.8%，占被调查人数总量的19.68%；表示"看情况"的南宁市占31.7%、梧州市占32.1%、桂林市占37.3%、柳州市占48.8%、北海市占28.9%，占被调查人数总量

---

① 如《中华人民共和国合同法》中有九处对"交易习惯"在民事活动中的运用予以肯定。再如《中华人民共和国物权法》第85条和第116条的规定。

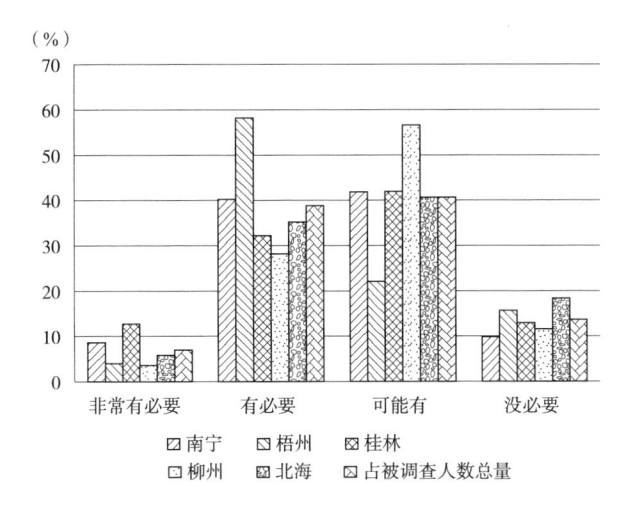

图 8-23　您认为少数民族的村规、民约有无必要?

的35.76%;表示"不知道"的南宁市占21.9%、梧州市占35.3%、桂林市占18.3%、柳州市占19.6%、北海市占38.1%,占被调查人数总量的26.64%。从该项数据中可以看出,在广西民族地区少数民族内心中民族习惯同国家法律在实施过程中还存在着某种冲突现象,少数民族公民的法律意识和法律观念还不够强(见图8-24)。

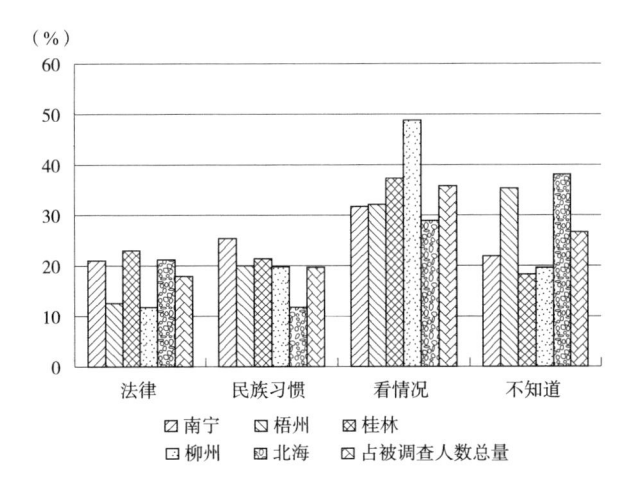

图 8-24　您认为民族习惯与国家法律哪个优先使用?

这说明少数民族地区的村规、民约以及民族习惯在各少数民族人们心中还是有相当高的地位。在广西民族地区开展法治宣传教育活动，注重提升各少数民族的法律意识和法治观念，促使各少数民族人们自觉扬弃村规、民约以及民族习惯，发挥有趋同法律价值的民族习惯在解决民间纠纷中定纷止争的作用。

四、广西民族地区公民法治理念仍需提高

法治作为人类文明的重要标志之一，体现的是人类对自身生存和发展的深切关怀。法治理念体现的是人们对法治的自由本质的认识，追求的是人的自在自为的生活形态，包含着平等、秩序、公正、正义等诸多价值诉求，是对民主法治精神的高度凝结。法治理念的形成不是一朝一夕的，而是无数代人的思想自觉与生活实践相结合的产物。社会主义法治理念体现了社会主义法治本质，即每个人解放和自由发展的内在要求，需要大力培养公民的权利意识，培养公民的法律人格，鼓励、支持更多普通民众主动参与到立法、司法等活动中，维护自身的合法权益。广西"七五"普法规划要求："在传播法律知识的同时，更加注重弘扬法治精神、培育法治理念、树立法治意识，大力宣传宪法法律至上、法律面前人人平等、权由法定、权依法使等基本法治理念。"[1]

在调查问卷"您对自己合法权益是否关注？"项的调研分析结果显示，仍有少部分人未形成完整的法律认知体系，对合法非法的分辨能力不强（见图8-12）。

在调查问卷"您过去经历维权次数是？"项的调研分析结果显示，有绝大多数人目前还不具有运用法律武器，维护自己合法

---

[1] 广西壮族自治区党委、政府.转发自治区党委宣传部、自治区司法厅关于在公民中开展法制宣传教育的第七个五年规划的通知［EB/OL］.南宁：广西普法网，［2017-01-12］.http：//www.gxpfxk.com.

权益的意识或能力（见图 8-10）。

在调查问卷"你是否知道自己的权利被侵犯过？"项的调研分析结果显示，有一半的受调查者还不具有坚定的法律意志（见图 8-5）。

在调查问卷"您是如何行使选举权的？"项的调研分析结果显示，仍有少部分人不能充分表达自己的合法参政意愿（见图 8-14）。

这充分说明当前广西民族地区公民的社会主义法治理念的自觉性和坚定性，还有一定的提升空间。以往的法治宣传教育过程中，在提升受教者的法律认知、法律情感、法律意志的培育方面还存在着一定的不足，直接影响了广西民族地区开展普法教育的实效性问题。普法教育施教者应注重开展适合广西民族地区特点、有地方民族特色的法治宣传教育实践活动。

五、广西民族地区仍是我国非法传销重灾区

我国的非法传销问题，不仅仅是涉及经济的问题，而且是一个严重的社会、政治问题。非法传销对我国社会的危害之大，不仅是它扰乱了我国社会主义市场经济的发展秩序，而且它还引发了太多的社会暴力问题，更在于它严重破坏了公民的社会道德价值观。我国《关于禁止传销经营活动的通知》要求："全国公安机关坚持对传销违法犯罪活动'零容忍'态度，继续以重点案件、重点领域、重点地区为抓手，紧盯传销犯罪新手法、新动向、新趋势，持续不断对传销违法犯罪活动开展严厉打击。"[①] 为了更有效地运用法律武器打击非法传销组织违法犯罪活动在全国范围内的蔓延，在 2009 年 2 月 28 日通过的，我国刑法修正案

---

① 关于禁止传销经营活动的通知. 1998 年 4 月 18 日国务院〔1998〕10 号.

(七)增设了"组织领导传销罪"①。又如 2013 年 3 月 12 日,在中国反传销总部网发布的"广西传销重灾区抓了 291 人"② 的新闻中,已将广西列为非法传销的重灾区。在本次调查问卷"您了解非法传销活动吗?"项的统计结果显示,被调查者中回答表示"非常了解"的南宁市占 28.7%、梧州市占 21%、桂林市占 26%、柳州市占 28.2%、北海市占 23%,占被调查人数总量的 25.38%;回答表示"比较了解"的南宁市占 51.1%、梧州市占 52.9%、桂林市占 48.9%、柳州市占 49.8%、北海市占 30.2%,占被调查人数总量的 51.48%;表示"了解"的南宁市占 13.9%、梧州市占 17.4%、桂林市占 14%、柳州市占 13.1%、北海市占 18.4%,占被调查人数总量的 15.36%;表示"没听说过"的南宁市占 6.3%、梧州市占 8.7%、桂林市占 6.8%、柳州市占 7.9%、北海市占 9.2%,占被调查人数总量的 7.78%。被调查者中对身边的非法传销了解的占被调查人数的 92.2%,被调查者中不了解非法传销活动的人占 7.8%(见图 8-25)。

问卷调查"您认为非法传销的危害性大吗?"项统计结果显示,被调查者中回答表示"非常大"的南宁市占 73.1%、梧州市占 68.3%、桂林市占 71.6%、柳州市占 72.5%、北海市占 66.6%,占被调查人数总量的 70.42%;回答表示"比较大"的南宁市占 24.4%、梧州市占 26.1%、桂林市占 25%、柳州市占 24.7%、北海市占 28.2%,占被调查人数总量的 25.68%;表示"大"的南宁市占 1.8%、梧州市占 3.5%、桂林市占 2.1%、柳州市占 1.9%、北海市占 2.7%,占被调查人数总量的 2.4%;表示"不大"的南宁市占 0.7%、梧州市占 2.1%、桂林市占

---

① 2009 年 2 月 28 日,第十一届全国人民代表大会常务委员会第七次会议通过《中华人民共和国刑法修正案(七)》,在刑法第二百二十四条后增加一条,作为第二百二十四条之一:"组织、领导以推销商品、提供服务等经营活动为名,要求参加者以缴纳费用或者购买商品、服务等方式获得加入资格。"

② 南宁公安局侦破广西一号传销大案——抓捕高层 291 人 [EB/OL]. 武汉:中国反传销总部网, [2017-03-20]. http://www.fcxzb.com/.

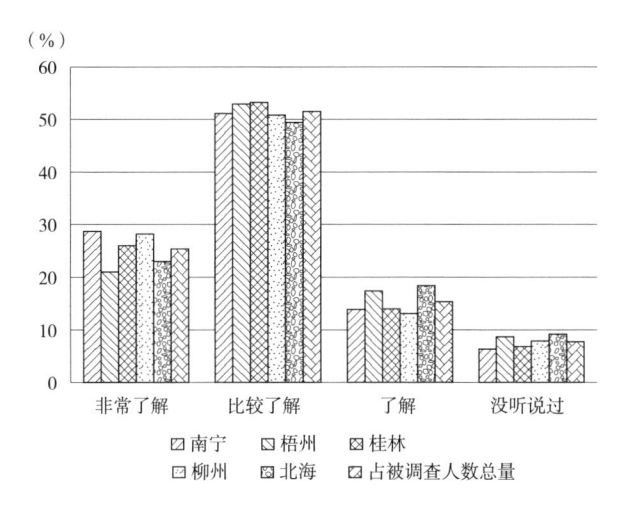

图 8-25 您了解非法传销活动吗？

1.3%、柳州市占0.9%、北海市占2.5%，占被调查人数总量的1.5%。被调查者中认为非法传销危害性大应该予以禁止的人占被调查人数的96.1%，被调查者只有极少数人认为非法传销的危害不大（见图8-26）。

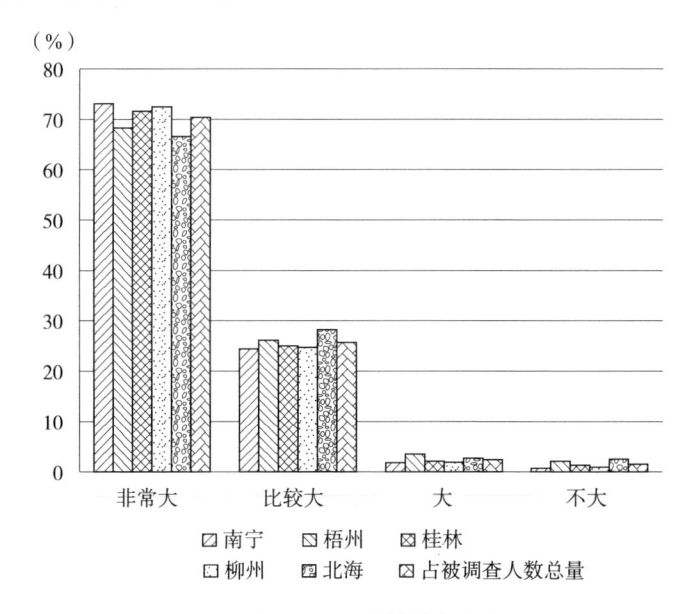

图 8-26 您认为非法传销的危害性大吗？

这说明在广西民族地区这个"全国传销重灾区"的各族人民对依法打击和治理非法传销的态度也是非常坚决的。广西自治区各级政府应不断加大对非法传销活动的治理力度和决心。

第四节　影响广西民族地区普法教育实效性主要问题原因分析

通过对广西民族地区普法教育的问卷调查和普法实施主体负责人的访谈各项数据分析，可以看到，广西壮族自治区各级党委和地方政府"紧紧围绕党和国家的工作大局开展法治宣传教育工作，紧密结合我国社会主义民主法治建设的发展和需要，宣传依法治国、建设社会主义法治国家的基本方略，宣传民主法治思想，宣传宪法和国家的基本法律，在维护社会稳定，促进社会主义市场经济的发展，推进依法治国方略的实施中，发挥了重要的基础性作用"。[①] 在当今实现"两个一百年"奋斗目标和中华民族伟大复兴中国梦的背景下，我国经济快速发展，需要法律调整各种社会关系、人际关系。按照这样的要求来衡量广西民族地区普法教育的实效，无论在民族法治宣传教育模式方面，还是法治宣传教育观念上，广西民族地区普法教育实效性上暴露出了这样那样的问题。现实中政府部门垄断了法治宣传教育的资源，导致法治宣传教育变成各级司法行政部门的独角戏，政府其他职能部门应有配合之责任，但往往是推诿、不积极；而在法治宣传教育资源的投入上受制于地方经济发展状况，政府财政投入总量不足，导致很多本该卓有成效的措施、方案无法实施；广西民族地

[①] 姚建宗. 当代中国的社会法治教育反思 [J]. 大庆师范学院学报，2011 (4)：64–70.

区各民族中部分民众受本民族宗族特点的影响,对法治宣传教育内容不关心,认为政府普及什么是政府的事,感不感兴趣、需不需要是我的事,重要的事情是搞好自家的生产、生活,好象法治宣传教育与他无关,占问卷相当多的部分人明显缺乏法律认同信念。这些问题都直接影响了广西民族地区的普法教育成效,也影响着广西乃至我国全民提升法律素养、法治观念目标的实现。

一、广西民族地区民主政治建设任务艰巨

广西民族地区是我国少数民族人口最多的省(区),各少数民族群众在长期复杂的社会生活中,形成了各具特色的本民族传统文化。

首先,社会发展历史和现实条件制约了广西民族地区少数民族群众对地方民主政治建设的热情。在对调查问卷中"您是如何行使选举权的?""您认为广西推行民族自治法有无必要?""当国家安全和稳定受到危害时您会怎么做?"项调研数据分析显示,广西民族地区大部分被调查者政治立场坚定,对民族自治制度有一定了解,国家主权意识强烈,但也有一少部分民众对民主政治认识不够,不关心政治,对自己的合法权益和应尽的义务不能正确履行(见图8-14、图8-15、图8-16数据结果分析)。这说明广西民族地区公民在当前法治国家、法治社会建设中的参与意识还不十分强烈,个人合法权利的保护意识并不高。

其次,少数民族干部执政能力有待提高。在对调查问卷"您对现在政府的管理和执法满意吗?"项的统计数据显示,被调查者中回答表示非常满意的占被调查人数总量的7.12%;回答表示满意的占被调查人数总量的35.96%;表示不满意的占被调查人数总量的27.16%;表示很不满意的占被调查人数总量的29.76%。表明被调查者中有56.9%超过半数的人对当地政府部门依法管理、依法执政、执政为民方面不甚满意(见图8-18数

据分析结果)。"政治社会环境的复杂多变,少数民族干部本身的能力限制,导致西南少数民族地区各级政府,尤其是基础政府在应对突发事件上的能力,管理复杂局面的能力,服务社会的能力还不能符合建立民主政治社会的要求。"①

今后广西民族地区在法治宣传教育开展过程中,应加强在法律至上、依法行政、依法参政等方面的引导和教育,增强公民法治意识,不断提高少数民族地区领导干部运用马克思主义民族理论,推动民族地区的经济社会的发展、化解民族间矛盾、维护民族地区稳定的能力,增强国家公务人员遵法学法,自觉守法、依法治理社会事务的意识和能力。

二、广西民族地区法治教育资源不均衡原因

我国"七五"普法规划在加强组织领导方面指出,"各地区要把法治宣传教育相关工作经费纳入本级财政预算予以保障,并建立动态调整机制"。② 我们不难想象,一个地方的经济发展状况如何,决定着当地普法教育地方财政预算投入的多少,也就直接影响了当地开展普法教育活动的后勤保障,从而对该地区普法教育活动实效性的实现和提升有着举足轻重的影响。

中华人民共和国成立后,党和国家把少数民族和民族地区的发展作为一项基本国策,使民族地区经济得到了快速发展。进入20世纪以来,党和国家高度重视中西部地区发展问题,把扶持中西部地区的发展作为区域布局的一条重要战略方针,实施有利于缓解东西部地区发展差距扩大趋势的政策,从我国国民经济和社会发展"十二五"规划开始,党中央扶持中西部发展的政策措施

---

① 吴明勇,曾咏辉. 马克思主义视域下西南少数民族地区社会发展研究 [M]. 北京:中国社会科学出版社,2013:118.
② 广西壮族自治区党委、政府. 转发自治区党委宣传部、自治区司法厅关于在公民中开展法制宣传教育的第七个五年规划的通知 [EB/OL]. 南宁:广西普法网,[2017-01-12]. http://www.gxpfxk.com.

进入全面实施阶段,支持的力度不断加大,推动了广西民族地区经济社会进入较快的发展时期。就目前的发展现状来看,广西民族地区经济和社会发展既有持续、快速、健康发展的趋势,但也存在许多困难和制约因素。诸如:(1)复杂的自然条件,脆弱的生态环境严重阻碍了民族地区经济发展。丰富的矿产资源受自然地理和人的素质、交通运输的经济基础设施和生产技术的影响。民族地区民众的法治意识淡薄加速了生态环境地不断恶化,给工业、农业带来了很大障碍,制约了民族地区经济的发展,加剧了民族地区经济社会的落后,影响了民族地区人民生活、生产的发展。(2)相对落后的基础设施,制约着国民经济快速、持续发展。交通、运输、邮电、通信等基础设施是支撑国家和地区经济运行的基础部门,也是整个生产过程的共同生产条件。仅靠民族地区自身能力,很难建立与民族地区经济发展相匹配的基础设施。民族地区尽管有很高开发热情,但落后的基础设施很难引凤筑巢。(3)民族教育的落后,劳动者素质不高。由于民族教育受特定的民族传统文化和历史条件的局限,清一色普通教育的国民教育体系,学生学非所用,用非所学,青壮年劳动技术形态的知识技能严重欠缺,缺乏教育对农民的吸引力,造成民族教育难以普及,劳动者素质低下的现状,导致民族地区人才结构和劳动者智力结构不合理。广西尽管培养出不少优秀人才,但大多存留在行政事业单位,或流向发达地区,最终导致民族地区技术人才和技术力量不足或得不到有效利用,影响劳动生产的效率和经济发展。(4)工商业起步较晚,基础薄、势力弱、效益低。1949年后,第一个五年规划期间,由于党和国家的政策引导,大批重点建设项目和工业产业移向民族地区的中心城市,民族地方的工商业得到从小到大的长足发展。改革开放后,国家在生产力布局的目标取向上发生了急剧变化,基本建设投资迅速向东倾斜,导致民族地区工商业发展后劲无力。1949年依据计划经济和应付战争需要而建设的项目,国有经济成分过高,与当地经济发展互不关联，造成国有经济与民族地方经济、中央与地方在资源、资金、利润分配等方面的矛盾，影响了民族地方经济的发展。民族地区的私营企业、乡镇企业、集体企业、个体企业，由于原有基础十分薄弱、规模小、设备落后、专业技术人才和管理人才、创新能力和动力缺乏，从而发展步履艰难。（5）地方财政困难，自我发展后劲不足。民族地区工业、农业、商业的落后状况，导致民族地区财政收不抵支。地方的投资性支出主要靠国家财政补贴和外来投资，自我发展能力差。（6）传统的民族文化观念与现代经济发展的冲突。民族地区居民的多样性、复杂性导致民族传统文化的根深蒂固，制约了人们生产生活方式，对现代的经济发展有很多的阻碍因素。更多注重自给自足、放缓灾害、依赖照顾政策、生活期望不高，缺乏自我发展意识、竞争意识、现代市场意识，这种传统的民族思想导致人们不愿走出去经商，参与市场贸易，束缚了民族地区现代经济的发展。

三、广西民族地区民族习惯法与法律冲突的主要原因

我国是一个统一的多民族国家，除汉族法律制度及法律文化外，各少数民族也有其内容丰富的带有民族特色的传统法律文化，这些传统法律文化也在随着社会的发展而变化，不同的法律文化观念决定了不同的纠纷解决意识。

首先，少数民族传统文化对法律的影响。广西民族地区少数民族在长期的历史发展中，形成了自己独特的传统文化，影响着本民族人们对自然环境、人文社会环境的适应与改造，伴随各少数民族的成长与繁衍，根植于少数民族成员的思想观念深处。各少数民族在各自不同的传统观念的影响下，形成的法律文化也不尽相同，持有不同法律文化的人们对国家法律规范的理解也不相同，国家法律、法规在少数民族地方的贯彻和执行，在一定程度上会受到民族传统文化的影响。

其次，落后的经济状况影响法律实效的发挥。唯物主义认为，生产力决定上层建筑，影响着法的发展。广西民族地区地处南部边疆，重山叠岭，其生产力的发展水平和中东部差别较大，居住、生活条件的恶劣，经济、文化水平的落后，造就了广西少数民族人们思想因循守旧、保守封闭的心态。有学者认为，"风俗习惯是长期社会历史发展的产物，是由民族的社会生活物质条件决定的，是客观存在的，因此对于少数民族的风俗习惯不应持绝对肯定或绝对否定的态度，而应当持尊重的态度"[1]。经济的不发达也决定了少数民族民众在解决纠纷时，不会首选程序复杂、耗时长、经济成本高的法律途径，相对来说按民族习惯处理更为便捷。经济状况的落后和保守封闭的思想，直接影响着国家法律在广西民族地区的适用。

最后，广西民族地方自治法律、法规、条例缺乏少数民族独特的传统法律文化内涵。受地方立法水平的限制，广西少数民族地区的立法，常常出现对国家上位法不同程度的复制，较少体现当地少数民族传统法律文化，导致所立之法与当地少数民族生活之间存在较大的缝隙。"广西民族地方保护条例多为国家法律、行政法规、规章以及政策文件的翻版，未考虑各少数民族传统文化的差异，未体现少数民族传统文化的内涵，也未考虑广西民族自治地方的民族自治特征。仅仅从国家立场出发表达国家的政治倾向和价值观念，导致少数民族民众与法律之间的疏远和隔膜"[2]，这严重影响了我国现代法律的社会调整功能的发挥。

四、广西民族地区公民法治理念有待提高的主要原因

广西是我国少数民族最多的自治区（省份），各少数民族在

---

[1] 张晓辉. 中国法律在少数民族地区的实施［M］. 昆明：云南大学出版社，1994：172.

[2] 周世中. 民族法制论［M］. 桂林：广西师范大学出版社，2015：195.

其民族历史发展中形成了具有本民族特色的传统文化，在本民族中根深蒂固。我国是一个统一的多民族国家，在现实社会中还存在着不同地域、不同民族间在经济发展、文化传统、民族利益等多方面的差异，决定了广西民族地区少数民族关系的复杂性。

首先，少数民族多元文化对树立广西民族地区公民的法治理念的影响。任何国家和民族，由于自然地理的差异、民族差异、历史差异等形成的各民族历史、社会发展、语言文字、风俗习惯、心理特征、审美情趣、文化艺术、宗教信仰等融合的独具特色的民族文化，随着历史的发展成为本民族的固有文化，并代表着本民族而存在。在人类进步的历史长河中，人类的生存不断受到来自自然的、人为的各种威胁的挑战，各民族之间不得不进行各方面的交流与合作，民族固有的文化也将随着交流与合作，在各民族之间不断相互融合和渗透，对其他民族的文化呈现出或多或少的吸纳与接受，但各民族的固有文化仍是永恒的和主流的，这就使得民族地区民族文化呈现出多元性。广西民族地区的这种多元文化既有因相互融合而产生的民族间的共性，也有因保留本民族个性而产生的民族间的差异。这就要求广西民族地区法治教育主导机构，既要认真研究少数民族多元文化的共性特征，把法治教育融入其中，充分发挥民族文化共性优势，对民族地区法治教育能够起到事半功倍的效果；同时，也要认真对待少数民族地区多元文化民族间的差异，抓住各少数民族本族固有文化的独特性，制定有针对性的法治教育措施，在各少数民族法治教育中发挥本民族固有文化的特性。改革开放以来，在党和国家对我国进行小康社会和现代化国家建设方略的推动下，广西民族地区逐步走向现代化道路的同时，多元化的民族文化在家长宗法制度、传统的保守心理、传统的封闭观念等方面表现出与现代文化的要求发生了尖锐的冲突。

其次，少数民族关系对确立广西民族地区公民法治理念的影响。譬如，我国《宪法》指出："中华人民共和国是全国各族人民共同缔造的统一的多民族国家,平等、团结、互助的社会主义民族关系已经确立,并将继续加强。"中华人民共和国成立以来,在党和国家的领导下,各民族互通有无、互相帮助,战胜了多重困难和考验,形成和睦相处融洽的民族关系,实现了整个中华民族的和谐发展。构建和谐的民族关系,极大地降低了民族间的矛盾和摩擦,维系着民族地区良好的社会治安状况,使民族地区确立现代民族价值观念、思想观念、法律意识、文化意识等有了长足的发展,对提高民族地区公民的法律认同感、法治理念有极大的帮助,对我国全民法治教育的实效具有积极的意义,对民族地区乃至整个社会的稳定具有积极作用。但是,在长期的历史发展中,仍存在一些不和谐的因素,民族关系面临着不容忽视的挑战。(1)改革开放后,我国东西部、不同民族之间的经济社会发展与居民收入水平的持续拉大,容易在民族间形成隔阂。汉族与少数民族以及各少数民族之间的经济社会方面的不同发展程度,决定了不同民族在市场经济条件下的不同发展机遇和发展地位,这种地区之间的利益关系往往容易被看成是民族之间的利益关系,不利于和谐民族关系和民族交往的构建。(2)由于地理条件的差异和历史的影响,在不同民族间形成了具有不同鲜明特色的风俗习惯、宗教信仰、生活方式、节日文化等。各少数民族为了保持本民族的特性,逐渐养成了区别于其他民族为本民族特有的民族意识、民族情感,这都阻碍了广西民族地区各民族关系的友好发展。(3)民族地区的多民族聚居和多宗教并存的历史背景和地理位置,成为毒品入境交易、枪支非法交易、民族分裂势力、宗教极端势力和暴力恐怖势力渗透和活动的重点区域。各种社会意识形态和社会价值观及各种文化的交汇、冲突,使民族地区的各民族关系面临着许多新情况和新问题。

五、广西民族地区成为我国非法传销重灾区主要原因

传销是个舶来品,20世纪80年代末,我国改革开放初期,

国外先进的直销经营管理模式悄然流入我国。在我国各种优惠政策的推动下，伴随着直销经济的发展，"金字塔式销售""老鼠会"式的销售模式也开始在国内滋生，并迅速蔓延开来。"'金字塔式销售'是指不正当的多层次的销售模式，我国台湾地区称其为'老鼠会'，是世界各国都明令禁止的非法销售模式。"[①] 这种销售模式给中国带来了严重的经济、政治和社会问题，不仅不能使参与者致富，反而为之带来了深深的痛苦——家庭的妻离子散、朋友的反目成仇，给社会增加了种种不稳定的因素。我国2005年公布的《禁止传销条例》对"传销"[②] 做了明确规定，为了把该条例规定的传销与国外的合法传销加以区分，我们习惯性添加了定语限制，即在我国统称"非法传销"，这不仅强调了传销行为在我国的违法性，也起到法律的明示作用，标志着我国进入了政府治理非法传销问题的法治阶段。

我国治理非法传销的关键在于清楚认识非法传销在我国产生及成长的原因。第一，非法传销是在我国改革开放政策"鼓励"下成长发展壮大的。作为舶来品的非法传销在我国起步之初，只是一些有"创新"精神的人通过反复试错尝试，探索出了非法传销行为在我国诸多改革政策的"鼓励"下，取得成功的经营规则，并创造了一批非法传销"成功的模范"（也即非法传销创始头目，金字塔顶），吸引了众多追求暴富的人或者具有强烈金钱欲望的人的崇拜和积极效仿。在当时改革开放政策"鼓励"下成长起来的销售管理经营模式，起初并没有引起政府的重视和社会的对抗，政府和社会也没有在其萌芽之初加以管制或扼制。正是因为有众多人崇拜、效仿和跟随，非法传销在我国改革开放的大

---

① 张浩. 非法传销揭秘［M］. 北京：东方出版社，2005：124.
② 国务院.《禁止传销条例》（自2005年11月1日起施行，2005年8月23日第444号令)."传销，是指组织者或者经营者发展人员，通过对被发展人员以其直接或者间接发展的人员数量或者销售业绩为依据计算和给付报酬，或者要求被发展人员以交纳一定费用为条件取得加入资格等方式牟取非法利益，扰乱经济秩序，影响社会稳定的行为。"

背景下得到了巩固和壮大。第二，我国非法传销主体的多元化，加大了政府治理的难度。非法传销组织对下线的发展对象有明确的目标，"一类是怀才不遇、生意失意、生活不如意者，他们属于急于改变现状的人；另一类是具有招来更多人的能力的人，这一类是非法传销组织发展的骨干，比如那些政府离退休人员、官太太、保险推销员等，他们或者有着良好的人际关系网，或者具有一定的推销经验，这两类人成为非法传销组织发展对象的首选。"① 这些目标被非法传销组织概括成"五同""四友""三亲"和"二人"，所谓"'五同'——同学、同事、同乡、同宗、同好（有共同爱好的人）；'四友'——朋友、酒友、战友、室友；'三亲'——伯亲、兄亲、近亲；'二人'——邂逅相遇的人和可邀约的人、身边的人；还有邻居和师徒等。"② 第三，非法传销组织与当地居民关系"融洽"。现在的非法传销组织已改以往的大喊大叫、熙熙攘攘、随地大小便等不良行为，与房东、居民的关系不断改善，建立起了良好的"互利"关系。"组织纪律严明"、不得"扰民"、主动提高房租租金、保护当地环境卫生、给好处费小费等，使得现代非法传销组织更加隐秘，甚至能够得到当地居民的望风、放哨的"保护"。

广西民族地区之所以成为我国非法传销重灾区，除了上述三点非法传销组织成长的共性外，广西地理位置和地方政府管制不力也是主要的原因。第一，地理条件带来了下线目标。广西民族地区地处我国南部边疆，与越南东北部山水相连，广西的8个边境县③（市）与越南的4个省④接壤，陆地边境线长达1020公里。为经济贸易、旅游观光提供了特殊的资源，吸引大量经商和旅游

---

① 马光明. 中国非法传销问题的政府治理研究 [D]. 北京：中国人民大学，2007.
② 张浩. 非法传销揭秘 [M]. 北京：东方出版社，2005：136.
③ 广西的8个边境县（市）分别是：东兴市、防城港市、宁明县、凭祥市、龙州县、大新县、靖西县、那坡县。
④ 越南的4个边境省分别是：广宁省、谅山省、高平省、河江省。

观光的人，为非法传销组织物色下线提供了资源。第二，利用广西特殊国家优惠政策诱骗下线。广西与东盟国家陆海相连，随着北部湾开发，中国—东盟自贸区，"一带一路"开发的推进，国家给予了广西民族地区西部大开发、沿海开放、少数民族边境地区开放等各项政策支持，成为国内优惠经济、民族政策最多的省份之一。而这些优惠政策，成为传销人员诱骗下线的由头，也成为许多人选择相信传销分子所言的依据。第三，部分当地人的默许助长了传销风气的盛行。"资本运作"成为广西的几个非法传销多发地市的普遍手法，大量外来人员的涌入，也为当地经济发展带来了一定的商机。第四，政府职能部门执法不力助长了非法传销的气焰。正如蔡方华认为[①]，地方政府对非法传销活动视若无睹，公安机关接到群众的非法传销组织举报后不闻不问。

我们不难看出，正是广西民族地区特殊的地理、政策及风气，造成传销活动猖獗多年、根深蒂固。

---

① 蔡方华. "传销之都"为何重蹈覆辙［N］. 北京青年报，2011-08-13.

第九章　增强广西民族地区普法教育实效性的对策

针对影响广西民族地区普法教育实效性的问题，为促进广西民族地区依法治理，发挥我国法治宣传教育活动在推进广西民族地区法治建设中的推动作用，增强公民宪法观念和法律素养，进一步提升广西民族地区社会治理法治化水平，为"十三五"时期经济社会发展和加快实现"两个建成"目标提供良好的法治环境。通过前面分析，对广西民族地区从民族政治建设方面、合理配置法治资源方面、发挥民族习惯法作用方面、把法治理念融入民族互助交往方面、加大治理非法传销方面等五个方面，展开提高广西民族地区普法教育实效性的对策研究。

第一节　广西民族地区民主政治建设对策研究

由于社会发展不平衡，交通、信息不发达等方面原因，广西民族地区经济发展缓慢，相对我国东部、中部发达地区在政治思想、政治心理、政治文化以及政治实践等方面，都存在着较大差距。各少数民族民众还未完全消除由于历史原因而对政治的恐惧，大家都对政治比较冷淡而不愿意参与进来，没有形成关心政治的习惯，更不知道通过何种程序和手段来实现自己的权利。

一、以贯彻落实民族自治法为基础推进法治进程

重视民族团结问题一直是我国在民主政治建设方面的主要经验，国家制定了一系列的法律法规来保障各少数民族人民的基本权利。构建社会主义和谐社会，离不开各项法律法规的实施，在广西民族地区推进依法治理和法治创建，更应贯彻落实好国家民族区域自治制度，结合广西民族地区的民族特点，开展法治宣传教育活动。

首先，提高广西民族地区法治宣传教育实效性，加大民族自治法律条例的宣传力度。在调研中问到对广西民族自治法的态度时，竟有被调查人数总量的22.64%回答"没有必要"，这说明仍有少部分人对广西民族自治制度不甚了解，对广西自治区制定的民族自治法律条例知其甚微（见图8-15数据结果分析）。有的人不知道什么是民族区域自治制度，也有的人不知道如何行使民族自治权利，有的滥用自治权限，为违法犯罪行为找借口。在广西民族地区法治宣传教育中，应着重加大国家法律法规和广西民族自治法律法规、自治条例中有关少数民族特殊权益保障内容的宣传力度。《中华人民共和国宪法》规定了保障少数民族基本权利的内容，在第4条中对各少数民族的平等互助团结和权利的保障做了明确规定；第50条和第64条规定了全国人民代表大会和全国人民代表大会常务委员会的组成人员，应当有适当名额的少数民族代表；第89条规定国务院保障少数民族的平等权利和民族自治地方的自治权利；第134条做了在少数民族聚居或者多民族共同居住的地区使用少数民族语言和文字的规定。《中华人民共和国民族自治法》对少数民族以及少数民族聚居区所享有的各项权利也做了较为明确的规定，不再一一列举。此外，《中华人民共和国民事诉讼法》《中华人民共和国义务教育法》《中华人民共和国就业促进法》等法律也都对少数民族在不同场合、领域中

第九章　增强广西民族地区普法教育实效性的对策

享有的合法权益做了明确的规定。广西壮族自治区各自治州、自治县也都相继出台了自治条例，对少数民族权利保护做出了更加细致的规定。广西民族地区法治宣传教育应当依托少数民族文化资源、"壮族三月三"等少数民族传统习惯节日等活动，做好民族自治法律法规的宣传。

其次，完善广西民族地区各种自治法律法规和条例。广西壮自治区各自治州、自治县的自治条例大都制定时间较早，好多已不符合现代经济、文化和社会快速发展的需要。随着我国依法治国方略的全面推进，社会法治化水平不断提高，广西民族地区出现了前所未有的问题和挑战，也需要不断完善各项自治法律法规和条例，及时调整复杂的各种社会关系。结合当前广西民族地区社会特点，认真梳理现有的民族自治法律法规和条例的完整性、系统性、科学性，增加与当前社会状况相适应的新内容，废弃过时条文和规范，以适应广西民族地区法治社会的建设，为我国"十三五"经济规划和中国梦的实现营造边境稳定、社会治安良好的法治环境。"据广西壮族自治区人大常委会法制工作委员会统计，截至2016年12月31日，我区现行有效地方性法规、自治条例和单行条例共246件，其中：自治区人大及其常委会制定的地方性法规161件；各设区的市人大及其常委会制定的地方性法规60件；各自治县人大制定的自治条例和单行条例25件。"① 《广西壮族自治区自治条例》已经起草了近20稿，至今未获全国人民代表大会常务委员会批准。主要原因是"没有明确规范的权限，没有正确定位立法内容。"② 对于该条例草案，应该进一步完善立法机制，提高立法质量，可借鉴我国香港地区特别行政法草案、自治州、自治县自治条例的制定和修改过程，聘请专家学者

---

① 我区现行地方性法规自治条例和单行条例目录［EB/OL］. 南宁：广西壮族自治区人大常委会法工委，［2017－05－12］. http://www.gxrd.gov.cn.

② 张文山. 通往自治的桥梁——自治条例与单行条例研究［M］. 北京：中央民族大学出版社，2009：76.

参与，像当时国家起草合同法、物权法既有聘请的专家组起草的草案，同时也有全国人大的草案。结合广西民族地区实际情况，可以委托专家组起草《广西壮族自治区自治条例（草案）》，不仅可以保证起草者的立法素质和立法技术，还可以保证立法质量，以便自治条例早日通过全国人大常委会批准。

最后，加强社会治安管理，营造和谐边疆。广西民族地区既是边疆国防地区，又是经济社会发展欠发达地区，也是少数民族聚居区，特殊的地理环境和社会状况，一些违法犯罪活动在影响着广西民族地区的和谐稳定发展。比如非法传销就是在广西民族地区一个典型违法活动，久治不愈，直接影响着当地的社会和谐与稳定。跨国犯罪也是广西民族地区高发的犯罪活动之一，在广西漫长的边境线上，沿边国家法治文化、法律制度的差异，为犯罪嫌疑人逃避我国法律惩罚提供了可能。广西民族地区领导、干部要不断提高分辨变化多端的新型犯罪活动的能力，团结和依靠少数民族干部和群众，发动社会各方力量，拓展情报信息范围和领域，严密防范、主动出击，有效打击各种违法犯罪活动，筑起牢固的边防铁壁。

二、以基层党组织为核心推动基层民主建设

党的基层组织是党全部工作和战斗力的基础，是团结教育群众的政治核心，是党在社会基层中的战斗堡垒。《关于加强基层服务型党组织建设的意见》明确规定："新形势下，基层党组织服务群众、做群众工作的任务更为繁重，这对强化基层党组织的服务功能提出了新的要求。"广西民族地区民族关系十分复杂，经济发展面临重大挑战，党的基层组织能否主动团结各族群众，成为提高党的执政能力的关键一环。过去因为广西民族地区居住分散、山高路远、民族语言障碍等原因，很多基层党组织作用没有得到很好的发挥，影响了党的战斗力、凝聚力和向心力。在党

中央的领导下，广西民族地区经济条件、社会资源条件、教育资源等都有了较大的改善，各基层党组织要在加大社会服务中发挥党的领导核心和政治核心的引领作用，把党的执政根基植于广西民族地区各民族群众的心中。

特别是在广西民族地区广大农村、边境线上的基础党组织，不仅担负着国家边疆的安全，也承担着关注和发现跨境犯罪线索的责任，还肩负着稳定农村、联系群众、帮助群众增收致富的责任。那么加强广西民族地区广大农村、边境线的基层党组织党员队伍建设、民主政治建设，把广西民族地区的经济发展、社会稳定和依法治理作为一个整体来通盘考虑，充分发挥各少数民族党组织和少数民族党员在民族聚居区的模范带头作用，推动广西民族地区的法治文化建设。同时，还有利于广西民族地区基层少数民族群众的民族自治权利的行使。做好广西民族地区广大农村、边境线的基层党组织发展党员和培训工作，注重把党员培养成工作骨干，提高服务群众意识和能力，密切联系群众，为群众办实事，解决群众困难。最终实现党的领导、民族自治、基层自治的有机统一，使党的领导核心作用发挥最大效能。

三、以执政为民理念提高政府执政能力建设

政府执政能力的大小及水平的高低是维系社会发展的重要保障。《广西"七五"普法规划》要求："建立领导班子和领导干部守法制度，建立健全行政机关内部重大决策合法性审查机制、重大决策终身责任追究制度及责任倒查机制，引导和督促各级领导干部把依法执政和依法行政的要求落到实处，提高领导干部依照法定权限和程序行使公共权力的能力。"以上两个规划都对政府依法执政，提高行使公共权力的能力做了明确的要求。广西民族地区各级政府尤其是地方基层政府，努力树立科学的执政理

念，用历史发展的眼光看待国内形势的变化。把当地经济全面发展、社会和谐统一、各项事务依法治理作为执政的根本目标，促进民族团结、共同繁荣发展，维护各少数民族之间的平等、互助、合作，形成强大的少数民族力量，维护国家边疆的稳定和安全。

　　但是，长期以来广西民族地区人才总量仍然不足，人力资源匮乏，人才结构不够合理，引进人才十分困难。广西民族地区人才培养的落后局面急需改变。应借鉴中东部地区先进的人才培养模式，不断提高广西民族地区对少数民族干部人才培养的能力。党和政府仍应不断加大对提高广西民族地区公民基本素质和培养少数民族后备干部的投入。第一，增加教育设施的投入，为少数民族地区的孩子创造学知识的平台，同时扩大师资队伍建设，不断加大教师培训力度，提高教师素质。第二，为了适应民族地区经济和社会的发展需要，全面提高劳动力素质，大力发展职业教育，开展实用性强的技能培训，注重培养经济、管理、贸易等方面的专业人才，为民族地区的发展服务。第三，办好民族高等教育，培养民族地区高级技术和管理人才，提高各少数民族人们的思想政治素质。第四，出台有效的人才引进措施，吸引外地优秀人才到民族地区就业。第五，重视少数民族干部队伍培养，建设一支高素质的少数民族干部队伍，提高少数民族管理本民族事务的能力。广西民族地区党委和政府要加大少数民族干部交流、挂职锻炼、专业培训、参观考察等多种形式培养人才的力度，提高少数民族干部素质，使其吸收先进的思想和领导方式，服务于民族地区的发展，发挥少数民族干部在发展广西民族地区经济、维护广西民族地区社会稳定、捍卫广西民族地区国家边疆安全等方面的独特作用。

第九章　增强广西民族地区普法教育实效性的对策

第二节　合理配置广西民族地区法治教育资源

我国普法教育活动是一项公益性惠民工程，从1986年中央制定"一五"普法规划开始，全国各省市自治区都积极响应，全国上下把普法活动开展得轰轰烈烈，各地投入了大量的工作人员保证普法教育活动有序推进。全国这么庞大的普法队伍，还需要必备的宣传器材（如宣传车、播音设备等），再加上需要发放的一些宣传资料、学习读本等，都需要一定数目的经费加以保障，活动才能开展下去，才能深入基层，才能持之以恒，才能有实效。

我们通过梳理我国七个五年普法规划中关于经费的表述，领会党中央和国家政府对我国当前法治宣传教育活动的新要求。"普及法律常识所需经费列入地方财政开支；普及法律知识所需的经费和必需的宣传设备，由各级党委、政府尽可能予以解决；法制宣传教育所需的经费，由各级党委、政府予以保证；法制宣传教育和依法治理工作所需经费应列入各级政府的财政预算，保证工作的有效运转；根据经济社会发展水平制定地方普法依法治理工作经费保障标准；各级政府要把法制宣传教育经费纳入本级政府财政预算，切实予以保障；并建立财政预算动态调整机制，把法治宣传教育列入政府购买服务指导性目录。"[①] 我们可以看出，经费问题在"一五""二五"规划是一种柔性的表述。"三五""四五"规划使用了"保证"，带有了硬性要求，在原本地方财政紧张的情况下，也会比以往适当增加一些支持。从"五

---

① 中共中央、国务院《关于在公民中开展法治宣传教育的第七个五年规划》2016年4月18日中发〔2016〕11号。

五""六五""七五"规划开始使用了带有命令性①的表述,虽然地方财政仍然紧张,但普法教育经费总会比以往有所增加,更有利于提高普法教育的实效性,这也是基于中央对我国普法教育开展20年后(从"一五"开始计算),着重考虑进一步提高普法教育实效方面的措施。这也正对应了"五五"普法规划中两处讲提高普法教育实效性;"六五"普法规划中有三处讲提高普法教育实效性;而"七五"普法规划中则用六处来强调提高普法教育实效性。由此,党中央和政府制定了详细的提高普法教育经费的保障措施,来促进新时期我国普法教育目标实现。

下面我们再来梳理广西壮族自治区五年普法规划中关于普法教育经费的表述。"对于普及法律常识所需的经费,各级财政部门应给予保证,并将其列入各级地方财政预算,专款专用;各级政府要采取切实措施,将法制宣传教育经费列入预算,保证落实到位,专款专用。法制宣传教育经费应使之与国民经济和社会发展同步增加;各级政府要把法制宣传教育和依法治理工作所需经费列入本级政府的财政预算,专款专用,保证工作的有效运转;各级政府要根据当地经济社会发展状况,制定本市、县(市、区)普法依法治理工作年度经费标准,并随着经济发展逐年增长;各部门和行业安排相应法制宣传教育专项经费,保证工作的正常开展。各地各部门根据工作需要,配备必要的宣传器材和设备;各级政府和有关部门要加强调研,探索建立全区统一的普法依法治理工作经费标准;各地要把法治宣传教育工作经费纳入本级财政预算,特别是要加大对农村、边远、民族、贫困地区的经费支持力度,切实予以保障,并建立与经济社会发展水平相适应的动态调整机制,把法治宣传教育列入政府购买服务指导性目录。各部门各单位根据职能和任务落实法治宣传教育工作专项经费并列入部门预算。积极利用社会资金开展法治宣传教育。"我

---

① 在"五五""六五""七五"普法规划中用到了"要把普法教育经费列入本级政府财政预算",在行政公文中自然就带有了"命令"性的色彩。

第九章 增强广西民族地区普法教育实效性的对策

们可以看出,广西民族地区党委和政府从普法教育活动一开始就要求把普法教育经费列入各级财政部门的预算中;在接下来的从广西"三五"到"六五"普法规划中都要求随经济发展逐年增长;而在"七五"普法规划中提出更高要求,把法治宣传教育工作经费作为专项经费来预算。可见,广西壮族自治区党委和政府一开始从思想上就认识到了,广西民族地区普法教育的高难度和复杂性,对普法教育活动给予了强有力的财政保障。但是,广西整体经济状况与我国东部或中部发达地区相比,存在着巨大的差距。因为广西的财政总量就不高,即便逐年都随经济发展增加普法教育经费,但对于广西民族地区开展法治宣传教育现状来说,仍显得投入经费总量明显不足,落实到广西民族地区基层社区和农村的普法教育资源就显得更为匮乏。尽管广西"七五"普法规划要求加大对农村、边远、民族、贫困地区的经费支持力度,但能够分配到基层社区和农村的普法教育经费难免屈指可数,这些都直接影响着该地区法治宣传教育的成效的提高。

一、增加民族地区普法财政投入

法治宣传教育资源的总量供给是与社会经济的发展密切相关的,取决于经济发展是否能够为法治教育发展提供充足的财政资源,反映着经济发展成熟程度的特征。

我国以往每个五年普法规划在都对普法经费保障措施作了明确规定,特别是在"七五"普法规划中,规定了建立普法经费动态调整机制。但在实际执行中,由于各地经济水平不一,政府对普法财政投入往往不尽如人意。我们对广西五个地市的访谈发现:(1)南宁市作为广西首府,一直是全区普法教育的"领头羊",在方式创新、工作推进、体制建设等方面起到模范与表率作用。南宁市行政区划为七区五县,截至2016年年底超过730万人口,设84个镇、15个乡、3个民族乡、2个街道办事处,2016

年的普法宣传预算经费开支为 280 万,每万人普法经费 0.38 万元。(2) 桂林市旅游业在全区较为发达,对市财政收入也有较大影响,全市辖六个城区 11 个县,截至 2016 年年底人口超过 520 万人,设 80 个镇、52 个乡、13 个街道办事处,2016 年的财政经费预算项目中普法宣传经费为 115 万,每万人普法经费 0.22 万元。(3) 柳州市是全区重工业城市,经济状况较好,辖五个市城区五个县,截至 2016 年年底人口超过 380 万人,设 49 个镇、36 个乡、30 个街道办事处,2016 年法制宣传单项经费预算开支为 159 万,每万人普法经费 0.42 万元。(4) 梧州市属广西的东大门,东边与广东接壤,辖三个城区四个县,截至 2016 年年底人口超过 340 万人,设镇 53 个、乡 7 个、街道办事处 9 个,2016 年梧州司法局在普法宣传经费上投入约 35 万,每万人普法经费 0.103 万元。(5) 北海市辖三个城区一个县,截至 2016 年年底人口超过 162 万人,设 2 个乡、21 个镇、7 个街道办事处,342 个村委会、84 个社区居委会,2016 年北海司法局普法宣传经费预算开支约为 50 万,每万人普法经费 0.31 万元。

由此对比不难看出,广西各地市对普法教育的财政投入相差巨大,地方政府对法治宣传教育经费的投入总量明显不足。广西自治区在考虑增加法治宣传教育财政投入总量的同时,更应该关注的是把有限的投入在不同地区、城乡、不同民族之间分配的合理性。追求普法教育资源公平,但不是所谓的财富平均主义。中央政府应在统筹全国各地财政资源分配的情况下,额外对民族贫困地区给予照顾和帮扶,缩小民族地区法治教育人均资源与全国水平的差距。

我国法治宣传教育资源供给性总量短缺是长期客观存在的,我们应把解决财政性、体制性和结构性短缺作为解决法治宣传教育资源不足的重点,可以通过法治宣传教育资源的合理配置,提高财政性法治教育支出在国民收入分配中的比例来解决财政性短缺;提高政府和市场在保证法治宣传教育资源配置的公平与效率来解决体制性短缺；提高政府分配法治宣传教育资源的重点倾斜来解决结构性短缺。通过政府和市场的共同作用，实现法治宣传教育资源配置公平与效益的动态平衡，达到地区间、城乡间法治宣传教育协调发展，实现全民法律素养、法治观念的增强。

二、完善政府购买服务制度

为贯彻落实《中共中央办公厅 国务院办公厅印发〈关于深入推进农村社区建设试点工作的指导意见〉的通知》（中办发〔2015〕30号）精神，广西"七五"普法规划明确指出："开展基层依法治理，推行一村（社区）一法律顾问制度，促进我区基层民主政治发展。"在广西全区推进覆盖农村居民的公共法律服务体系建设，建立"一村（社区）一法律顾问"制度。我们以广西桂林市为例，全市11县6城区共有1654个行政村和320个社区，截至2016年12月，经过一年多的努力，全市也只有669个村（社区）签订了一村一法律顾问合同，为农民群众提供公益性、均等性、普惠性、便利性的法律服务。可见"一村一法律顾问"制度的推广真是任重道远。究其原因，最大问题就是经费保障问题，尽管"一村一法律顾问"制度已被列入政府购买服务目录，但具体的资金方案迟迟未见出台，个别县率先暂定为每位法律顾问提供的咨询费用为每年3000元标准，绝大多数县未确定咨询费用标准。由于没有补助或补助太低，一些律师和法律工作者积极性不高。其次是执业人员匮乏，目前桂林市共有律师和法律工作者约700人，其中80%在市区。从供求比例上看，法律服务队伍人员严重不足，由于大多律师执业收入高且绝大部分生活在市区，到农村服务路途遥远，花费时间多，很多人不愿意去。出现这些困境，关键问题还是要政府主导部门引起重视。普法规划明确指出，各地区要把法治宣传教育相关工作经费纳入本级财政预算，切实予以保障，把法治宣传教育列入政府购买服务指导性目录。目前各地还只是把规定停留在文件上，付诸执行仍未见效果，缺乏领导执行不力的问责机制。

从已落实"一村一法律顾问"制度的村（社区）来看，一般都在村委"村（社区）法律顾问公示牌"上面标示着律师照片、姓名、执业机构、执业证号、联系电话、地址、服务时间等信息。按照原则，农村法律顾问实行聘用合同制，聘请执业律师、基层法律工作者，服务于村民委员会、村集体经济组织和村民群众，为村委、村民提供法律咨询和建议。随着生活水平和文化素质的提高，村民遇到问题都知道要依法办事，但多数人只有个模糊概念，实际操作能力比较匮乏。事实上，一村（社区）一法律顾问制度设立的背后，正是农村地区对法律的迫切需求。

三、优化民族地区农村法治教育资源的配置

广西民族地区绝对大多数人口在山区农村，且广西民族地区农村法治教育的条件比较落后，各少数民族群众法律意志不强（参见图8-5项数据），普法人员缺失、经费短缺、法律服务落后等比较突出。广西民族地区法治教育资源配置方面存在着总体资源不足，基层法律服务机构财政投入过少、规模偏小、师资结构不合理等现象。广西民族地区在分配普法教育资源时，必须考虑普法教育的公益性和普惠性，把促进公平作为法治宣传教育资源政策，保障公民依法享有受教育的权利，着力促进法治宣传教育资源配置公平，加快缩小城乡、区域间普法教育资源享有的差距。主要应从以下两个方面考虑。

第一，完善基层司法所、法律服务机构的建设。我国各地的乡、民族乡、镇级别的基层司法所、法律服务机构，直接服务的对象就是广大农村。广西民族地区大部分农民生活在山区，交通十分不便，基层司法所、法律服务机构工作人员有限，工作基础设施落后，面向常年分散生活在崇山峻岭中少数民族群众开展法

第九章　增强广西民族地区普法教育实效性的对策

治宣传教育，工作任务十分艰巨。"我国目前的法律援助还没有做到全国统一管理，由于地域数量分布不均，造成大中城市扎堆，最需要提供法律援助资源的小城镇和农村基本没有。"① 随着我国"十三五"经济社会发展和农村城镇化建设的推进，广大农村地区对法律服务的需求日趋剧增。"我国的农村法律服务并不乐观，疾风骤雨的普法活动一阵风刮走后，法律的痕迹全无。"② 譬如在乡镇司法所内设立法律援助机构，或在农村建立法律服务组织。农村法律服务组织可以请志愿者、律师、法科学生、退休的法学老师、司法工作人员参加，还可以请农村德高望重的长者参加等，这样可以大大节财政支出。"这些机构可以切实满足农民不同群体的法律需求，扎根农村，熟悉民情，专业的服务使农民获得的法律帮助和知识将保持较高的质量和实效，有助于农民正确的法律意识观念的形成。"③ 长此以往，增加农民对法律的信任度，激发农民学法守法用法的热情，提升农民法律意识、法治观念。

第二，为经济困难农民提供法律援助。我国农民收入较低，还有相当多的贫困人口，尽管我国精准扶贫工作卓有成效，但与城市相比有更大的需要法律援助的群体。当前我国涉及"三农"问题的纠纷在各地时有发生，农民难以承受打官司的高成本，国家应加大农村法律援助工作力度，加强农村法律服务机构的建设，为农民提供日常的法律咨询和帮助，及时化解矛盾纠纷。农村法律援助工作应从以下几点考虑：首先，要将农村法律援助机构设在乡镇所在地，这样能够便于农民法律咨询和求助，才能使法律援助立足服务农村一线。其次，完善执业律师对农民提供法律援助的规定，要求执业律师每年完成一定数量的涉农案件的义

---

① 高学敏. 中国公民普法教育演进研究 [D]. 上海：复旦大学，2014.
② 谢素芳. 法制宣传教育是长期任务 [J]. 中国人大，2011 (9)：22 - 23.
③ 周蓝蓝. 借力网络媒体拓展法制宣传教育新时空 [J]. 宁波经济，2011 (6)：38 - 41.

务法律援助。再次，法律援助机构合理布局。在国外，有的以一定的距离为标准设立法律援助机构，有的以一定的人口数额设立法律援助机构。我国目前法律援助机构分布十分不均，又大都集中在大中城市发达地区，恰恰偏离了急需法律援助的民族地区、农村地区。国家相关部门应从制度层面鼓励面向农民、农村提供法律服务的有效措施，引导法律援助机构向基层乡镇流动。最后，扩大我国《法律援助条例》中规定的受案范围。《法律援助条例》第19条规定当事人可以就下列事项申请法律援助："刑事案件；请求给付赡养费、抚养费、抚育费的法律事项；因公受伤害请求赔偿的法律事项；盲、聋、哑和其他残疾人、未成年人、老年人追索侵权赔偿的法律事项；请求发给抚恤金、救济金的法律事项；请求国家赔偿的诉讼案件；其他确需法律援助的法律事项。"就我国广大农村而言，涉及农民的纠纷还有"宅基地纠纷、土地承包纠纷、邻里纠纷、农民工工资纠纷等，当这些纠纷发生后，也需要法律服务。但是目前依据我国现有的法律不可能就上述纠纷向农民提供相应的法律援助。"[1] 特别是广西民族地区长年居住在边疆山区的农民，经济十分困难，处理日常纠纷能力有限。我国应对《法律援助条例》的受案规定加以完善，扩大我国涉农纠纷的法律援助范围。

第三节　充分发挥广西民族地区民族习惯法在司法中的调适作用

广西各少数民族由于历史的发展，在民族内形成成文或不成

---

[1] 卢建军. 法治认同生成的理论逻辑[M]. 北京：法律出版社，2014：144.

文的习惯法,而且都曾经起过重要的社会作用,并渗透到当前少数民族地区农村的乡规民约之中,仍然影响着民族地区的农村生产和社会生活,并已成为我国法律的一种补充,有助于实现广西民族地区纠纷的解决。但少数民族风俗习惯也可能存在与国家法律法规相抵触的消极一面。在司法中如何正确对待民族风俗习惯,关系到民族地区与国家的和谐问题,同时也关系国家法律的统一实施。

一、以使用国家法为主,兼顾本地的习惯法

在现代法治社会中,民族习惯法(少数民族地区本土规范)虽被排除在我国社会主义法律体系之外,但在少数民族地区中习惯法仍然起着化解民间纠纷、定纷止争的作用。"这些本土规范对于构建法治社会、和谐社会来说并非障碍,而是法治之源。"[1]当然,这些民族习惯法也可能隐含着部分违背法治文明精神的条条款款,在广西民族地区法治建设过程中应加以区别对待。

首先,现代法治对民族习惯法的认可。"现代法治应该融合民族习惯法,特别是融合民族习惯法中的优秀部分即有选择地融合民族习惯法。"[2] 在现实中,国家层面制定的法律法规,是在全国范围内生效实施的,无法吸纳民族习惯法中的一些优秀的条款内容。但是,可以通过民族区域自治制度,把对维护民族地区生产安全、社会稳定等有利的那部分习惯法的条款内容,融入体现到当地的民族自治条例、单行条例或村民自治的民规、民约中,以便少数民族公民更易接受,继续发挥民族习惯法在现代法治建设中的积极作用。广西民族地区地方政府应引导各少数民族崇尚现代法治文明,对我国现有法律法规没有规定或规定不明的事项,在不违背现代法治精神的前提下,在自治立法过程中吸收本

---

[1] 卢梭. 社会契约论[M]. 北京:商务印书馆,1980:73.
[2] 周世中. 周世中自选集[M]. 北京:法律出版社,2015:417.

区域内较为通行的少数民族习惯法，或用民约、规约的形式加以规定，要求大家学习并遵守，对故意违反规定的，可对其批评教育或者要求其赔偿相应的损失。

其次，习惯法在现代司法审判活动中的选择、补充适用。我国民族地区司法机关在适用法律过程中，应该对少数民族习惯法有所了解，在法律对某项情形无明确规定时，法院也可以酌情援引不违背现代法治精神的当地少数民族习惯法对案件作出合理判决。苏力学者认为，"乡民们依据他/她们所熟悉并信仰的习惯性规则提出诉讼，这是习惯进入司法的首要条件。法官对民间风俗习惯的下意识认同是一个重要条件。"① 在现实生活中，少数民族民众依据民族习惯法而行使的民事活动，司法机关应当给予适当承认和肯定。在刑事司法方面，国家对在刑法的实施中遇有当地少数民族特殊情况予以变通执行也是认可的。我国《刑法》第90条规定，民族自治地方可以根据当地少数民族特点，对我国刑法中部分条款可以制度变通或补充的规定。

总之，在我国现实情况下，村民自治制度可以吸纳某些不违背法治原则和人权原则的民族习惯法。广西民族地区应在剔除少数民习惯法中违背国家法律、法规内容部分的基础上，鼓励各少数民族通过民族习惯法实现自我管理。

二、对习惯法进行扬弃，使用体现国家法价值趋向的习惯法

以普及法律知识为要任的现代法治宣传教育，并不是一味地消灭少数民族的"村规民约""部落习惯法"等民族习惯规范。目前国内对少数民族民间法在现代司法审判中的适应研究，已成

---

① 苏力.送法下乡：中国基层司法制度研究［M］.北京：中国政法大学出版社，2000：254.

为学术界热点问题。周世中教授认为:"民族习惯法进入司法程序将起到弥补国家法的不足、规范法官的自由裁量权、定纷止争、维护当事人的权利、实现司法核心价值观、建设和谐社会的作用。"① 李剑认为:"考察当今彝族社会的纠纷解决,既是建立多元解决机制的需要,也是思考'转型期'社会法律变迁、法治建设等问题的需要。"② 张邦铺认为:"在建设法治国家的进程中,国家法如何面对少数民族习惯法是我国少数民族地区法治建设不可忽视的问题。将民族传统的纠纷解决机制进行挖掘、治理、改造纳入民族自治地方法治建设之中。"③ 当然,民族习惯规范中也有一部分内容与现行国家法不相协调,这就需要我们对民族习惯规范去粗取精、去伪存真,实现民族习惯规范与国家法的良性互动。

广西是一个生活着众多民族的省份,在长期的历史发展中,各民族群众在其社会内部自发形成了一整套日常纠纷解决的习惯和办法,各族人民群众在极端艰难的自然条件之中,依然保持了良好的社会秩序和生机蓬勃的生产模式。袁翔珠认为"大多民族习惯乃是一种'善意'的制度,起源于人类与生俱来的善良本质,因此在人类存续期间,它作为维护人类社会最基本的道德底线的品质之一而固执地存在,并且随着人类文明的进步,这一制度的作用会愈来愈大。因为越是文明的社会,就越是善意的社会,也就越需要善意的制度。"④

党的十八届四中全会决议指出:"深化基层组织和部门、行业依法治理,支持各类社会主体自我约束、自我管理,发挥市民公约、乡规民约、行业规章、团体章程等社会规范在社会治理中的积极作用。"在新的历史时期,赋予民族习惯法新的生机,使

---

① 周世中. 民族法制论[M]. 桂林:广西师范大学出版社,2015:199.
② 李剑. 凉山彝族纠纷解决方式研究[M]. 北京:民族出版社,2011:76.
③ 张邦铺. 彝族习惯法及调解机制研究[M]. 北京:法律出版社,2016:3.
④ 袁翔珠. 广西少数民族互助习惯的历史作用及现代变迁[M]. 北京:北京大学出版社,2016:21.

它们在构建社会主义法治新农村及和谐社会的政策框架下发挥应有的作用，对于利用多重法律资源在民族地区开展法治宣传教育活动，建设友好、繁荣、民主、互助的基层农村（社区），无疑具有重大的意义。因此，在民族地区法治宣传教育活动中，发掘民族习惯规范积极性一面，实现其与国家法的调适，必将有力推动广西民族地区法治现代化的进程。同时，通过对民族地区民间调解进行法治化改造，有利于加快广西民族地区群众法律意识、法治观念的树立，实现党和国家全面推进依法治国的总目标。

三、构建大调解格局，积极探索和运用多元化解纠纷解决机制

从少数民族多元传统文化的作用来看，民族习惯法是在少数民族地区沿袭了数百年的民族法律文化，其间蕴含了被少数民族民众所崇尚的民族习惯、民族传统和民族禁忌。而国家法律则是渲染现代进步的法治理念。在我国社会主义法治国家建设中，政府通过开展法治宣传教育活动，不断提升我国公民对国家法律的认同和接受，国家法律与充满少数民族特色的民族习惯法相比，"国家法律所代表的不仅是另一种知识，而且，至少在许多场合，是一种异己和难以理解的知识。"[1] 在民族习惯法与国家制定法之间，既有社会价值相一致的规范，也存在内容相冲突的矛盾，这就在少数民族地区出现了国家与少数民族之间存在有不同的法律知识摩擦互动的现象。学者范愉认为："应肯定法以外的社会规范应该成为多元化社会中调整的重要依据。"[2]

完善广西民族地区基层政府和村民委员会调解纠纷解决的机

---

[1] 梁治平. 在边缘处思考 [M]. 北京：法律出版社，2003：55.
[2] 范愉. 非诉讼纠纷解决机制研究 [M]. 北京：中国人民大学出版社，2000：636.

制。"现代中国广大农村的纠纷多发而复杂,许多案件不属于司法机关管辖或受理范围。"① 在我国西部地区,特别是少数民族地区,法律人才流失颇为严重,随着人们法律意识的增强,社会生活矛盾的法律解决需求不断扩大,民族地区司法资源尤显匮乏,构建我国非诉讼纠纷解决机制显得尤为重要。有学者认为,"在我国农村建立一种'行政—司法解决纠纷模式'是一种有效、可行的方案。"② 所谓行政—司法解决纠纷模式是指:"基层人民政府有权进行调解并做出处理决定,对所做的决定当事人必须予以执行,有异议的可向人民法院起诉,对超过一定期限的既不起诉又不执行的,基层人民政府可以采取强制措施。"为实现广大农村纠纷的非诉解决,在基层政府做出调解处理决定的同时,还需要加强农村纠纷解决组织的建设,而在我国《村民委员会组织法》中,则规定了村民委员会在维护社会治安和农村矛盾、纠纷调解的职能。而村民委员会的调解,能够充分发挥民族传统文化解决民间纠纷的作用。这样一来,地方基层政府既有精力加强国家法治建设增强基层司法力量,也为广西民族地区少数民族本土习惯法资源在解决民间纠纷方面提供了合理的效力空间。

第四节 把法治理念融入广西民族地区民族互助交往中

人们通过日常生活中的交往活动,实现人与人之间社会信息

---

① 周世中. 瑶族新石牌及其在构建和谐社会中的调整功能探析 [J]. 山东大学学报(哲学社会科学版),2007(5):7.
② 郑永流,马协华,高其才,刘茂林. 农民法律意识与农村法律制度 [M]. 北京:中国政法大学出版,2004:218.

的传递，满足双方情感、信息、观念的互动，并相互产生影响。在各交往主体之间相互产生有关法律知识、法律意识的宣传、引导和认同效果，把法治宣传教育融入到频繁的民族社会交往活动中，发挥人的主观能动作用，以一带十，以点带面，扩大法治宣传教育的相互影响，有助于广西民族地区各族人民的法律意识、法治观念的增强。

一、民族社会交往主体的多元化拓宽了法治宣传的渠道

我国是统一的多民族国家，中华民族的昌盛发展，应该是不同民族间团结、和谐的民族文化空间的共同进步和拓展。广西民族地区生活着壮族、汉族、瑶族、苗族、侗族、仫佬族、毛南族、回族、京族、彝族、水族、仡佬族等12个世居民族。随着历史的发展，各民族之间生产生活文化不断交流，各民族文化也不断相互融合和渗透，使得少数民族多元的文化之间存在着诸多的共性和差异。开展民族地区法治宣传教育应认真研究民族文化的多元性，把法治教育融入少数民族文化的共性之中，充分发挥民族多元文化在法治宣传教育中的作用，更好地运用民族文化共性在各少数民族中传播的作用传播法治文化。同时，慎重对待民族文化差异，抓住各民族文化的独特性，制定具有针对性的法治教育策略，发挥民族文化独特性在本民族中传播的独到作用。

挖掘各少数民族优秀的传统文化资源的目的，是为了更好地实现少数民族传统文化的现代转型，为构建和谐民族社会、全面提高全社会法治化治理水平、全面建成小康社会营造良好的法治环境奠定文化基础。各民族的独特民族文化，与当今占主流的社会主义社会及其社会主义现代化既有相容的因素，也有不相容的内容。经济全球化给民族文化带来了极大的希望，但也让民族文化承受着严峻的挑战和考验。这就要求我们对民族传统文化资源

进行优化选择、保护、开放和创新，在新的社会环境中产生巨大的推动力。在现代化法治社会的建设中，应努力挖掘民族传统文化中倡导的和平、追求文明、崇尚法治的文化精神和内涵。

二、民族社会交往的范围扩大了法治宣传的覆盖面

由于地理位置的原因，广西民族地区经济、社会的发展，长期受制于崇山峻岭、道路交通等诸多方面的影响，各民族社会交往主体之间、民族地区与外界之间基本处于半封闭状态。① 人们的正常社会交往受到很大的限制，严重影响了国家法律法规、政策的传播和执行。"随着民族地区交通运输的不断建设和发展，公路网络、铁路网络、航空网络以及现代化的运输工具使各民族社会交往的天然的物质屏障在逐步消除，社会交往的范围逐步拓展。"② 当今各民族之间交往的便捷，对广西民族地区开展法治教育十分有利，各族民间频繁的相互交流，法治宣传教育资料的交换、耳闻目睹趣事的口耳相传，能够使广西民族地区法治宣传教育的覆盖面不断扩大。广西民族地区法治宣传教育施教者更应重视各民族的风俗习惯、物质和文化生活方面的共同喜好，把法治宣传教育活动的内容与各民族的风俗习惯紧密结合，激励各族人民广泛积极参与。

同时，应尊重各少数民族的传统和心理素质以及民族感情的差异，并巧妙地将其融入到法治宣传教育活动中去，开发出内容更丰富更有利于少数民族接受的法治宣传教育的新形式和新方法。

---

① 在广西少数民族地区调研时发现，很多五六十岁以上的生活在大山里的村民（以女性居多），还没有出过大山，生活物资基本是自己耕种，或与邻居简单物品交换。

② 张福刚. 国家普法与民间维权——渐进式发展模式下宪政启蒙之路径选择[J]. 郑州大学学报（哲学社会科学版），2012（3）：38-41.

三、把民族多元的语言文字融入法治宣传教育活动

各民族语言文字的发展，不仅是本民族历史的纵向积累，也是不同民族多样文化之间相互交融的横向积淀，承载着民族间的相互依存、交往、吸收、冲突的过程。把这种横向的传承和积淀运用到法治宣传教育活动的资料中，使法治宣传教育活动的信息、内容、宗旨等用各民族都能接受的横向积累来呈现到各个少数民族群众手中，更能为广大少数民族人民接受，比通用汉语言文字来表述将会产生更好的效果。另外，使用本民族的语言文字，是各少数民族的权利，我国宪法及其相关法律，都对少数民族使用本民族语言文字的权利做了相应的保护规定。广西民族地方政府要注重少数民族干部队伍的建设，保证少数民族干部队伍中各少数民族的干部基数，提升广西民族地区领导干部与少数民族干部的沟通、交流能力，提高国家法律法规和各项政策、方针的执行力，充分发挥各少数民族语言文字在广播、报纸、网络等新闻媒体方面的宣传作用，改善少数民族人民对国家的法律法规、方针政策存在的"听不懂和看不懂"的现象，解决"不了解、不知道"的问题。同时，国家在依法治理过程中，充分体现各少数民族对宪法及多项法律权利的尊重。

第五节　广西民族地区加大治理非法传销的力度

中国的非法传销问题，不仅是严重的经济问题，而且是严重的社会问题和政治问题。中国非法传销的危害性，不仅在于它扰乱了中国社会主义市场经济的发展秩序，而且在于造成了太多的

第九章　增强广西民族地区普法教育实效性的对策

社会暴力问题，更在于破坏了公民的社会道德价值观，严重破坏了中国社会的和谐健康。但是，中国非法传销问题至今没有得到彻底根治，非法传销仍以惊人的速度不断拓展着其"国内市场"，其带来的社会问题也日益升级恶化。目前广西成为中国当前非法传销的重灾区，广西民族地区探索政府治理非法传销问题的新路径成为当前政府的重要任务之一。

纵观广西各地多年治理非法传销组织的过程，可以发现这样的情况——在某个地市解散了一个非法传销组织，没多久在另一个地市就会重新聚集起来，周而复始，政府治理进入了一个永无休止的怪圈。围绕这一问题，我们应注重从以下几个方面思考。

一、以普法为契机，加大治理非法传销政策法规的宣传

根据前面所述，非法传销和直销几乎同时传入国内并成长发展起来，我国绝大多数人民群众对二者的区别以及是否合法认识不清，"我们打击'非法传销''金字塔式销售''老鼠会'，同时保护正当的直销行业。"[①] 通过广西民族地区法治宣传教育，宣传非法传销的概念、外延和特征，使各民族公民明确国内非法传销与合法直销的区别，规范直销品牌网站、宣传广告内容，防止合法直销对社会大众的价值取向和行为的误导。政府在依法治理非法传销组织的同时，应严格规范管理正当直销行业规则，提高直销品牌的自我保护意识，加强直销行业的社会责任观念，防止非法传销组织利用移花接木、混淆传销与直销的概念发展非法传销组织，从而利用正当直销品牌的影响，美化非法传销的骗局。政府依法规范直销行业也是开展治理非法传销的社会法治宣传教

---

① 马光明. 中国非法传销问题的政府治理研究［D］. 北京：中国人民大学，2007.

育工作的一环，树立有社会责任感、服务广大人民群众的正当直销品牌模范的社会核心价值引领作用，处罚唯利是图、社会责任缺失、误导社会价值取向的直销宣传广告，提高政府对正当直销行业管理的法治化水平。

通过广西民族地区法治宣传教育活动，应宣传我国现有的政策和查处非法传销的案例，把非法传销组织的敛财本质公布于众，揭露其诈骗手法。还应注重宣传国家打击非法传销的决心和法律、法规、政策，威慑非法传销人员，警示地方居民远离非法传销，教育地方居民拒绝非法传销、举报非法传销，调动社会各界自觉抵制非法传销活动，积极配合政府部门依法取缔非法传销的行动。加大对常住人口、外来人口的法治宣传教育，提高出租房主的法治观念，谨慎为无正当工作的外来人员提供房源。我国《禁止传销条例》第 26 条规定了为非法传销组织提供房源和场所的相关处罚和申诉。广西民族地区各地方基层政府、街道办等部门应建立本辖区内出租房源的造册统计、出租备案、租用人员信息、租赁用途等整套管理制度，从源头上阻断非法传销组织的活动场地，并制定相应的违反上述房屋出租管理制度的处罚措施，依法规范本辖区内的房屋出租和外来人口的管理办法，加强对非法传销组织活动的监控。

二、加强政府治理法治化水平，创新监管方式

广西民族地区非法传销活动基本隐藏在街道、城郊结合部、物业小区、烂尾工程等地，活动场所具有较强隐蔽性，必须建立基层政府及其各职能机构依法参与打击非法传销活动的工作网络体系。发挥政府各基层职能部门的工作灵活性，依法开展对流动人口的监管，组织执法人员依法对辖区内巡查，认真走访辖区商户、居民，定期对出租屋、宾馆饭店的集中检查，及时发现非法传销活动的蛛丝马迹。

当前非法传销活动已不再是单纯的经济领域的犯罪行为,已演变成严重的社会性犯罪行为。非法传销组织的不断扩大,活动猖獗,已成为严重的群体公共行为,近年来多地不断升级的非法传销人员冲击政府执法部门,殴打执法公务人员的事件屡见不鲜。例如,"2014年7月4日晚6时50分左右,广元1名民警和两名协警,在南河26街坊处置一起非法传销时,在楼道内遭到传销人员围殴。危急时刻,附近居民挺身而出,手持菜刀成功制服两人"。[①] 提高广西民族地区法治宣传教育活动的实效性,培养政府领导干部应对突发事件、群体事件的能力和工作方法,实现依法对公民自由、生命和财产的保护。

另外,还要培养执法人员的科技知识和技能,适应打击非法传销组织工作手段的原始性向应用高科技监控技术的转变,工作方式从粗放型向精细型的升级,执法理念从随意治理走向依法治理,不断提高基层政府对社会治理的法治化水平,创新对本辖区居民生活、商业经营、人口变化等基本情况的监管方式,探索多部门联合治理非法传销组织的工作模式。

三、构筑立体防线,凝聚打击非法传销合力

我国在加大治理非法传销力度,各地都在加强治理政策和措施,但效果有时很不理想。非法传销组织推出了"网络营销""资本运作""合作造林"等新形式躲避治理。广西民族地区要及时应对非法传销组织活动的新特点,在新时期依法治理非法传销组织应协同各兄弟省份做好以下工作措施。

第一,构建上下、平行多部门协作执法。2013年6月3日,12个部门针对非法传销组织开展了为期三个月的专项治理活动,收到了较好的效果。但是,这样突击性的联合打击方式,难以应

---

① 四川袭警案细节:民警5次鸣枪无效——居民拔刀相助[EB/OL].人民网,[2017-05-14].http://www.people.com.cn/.

对流动性极强、已形成相当规模、活动猖獗的非法传销组织。为了彻底铲除非法传销组织，加强各级领导干部遵法学法用法的能力，提升依法决策、依法行政、依法管理的意识，在各省（自治区、直辖市）乃至全国范围内建立由各级党委、政府负责的多部门积极参与的协作执法工作机制，各司其职积极参与、相互配合、权责一致。

第二，组建非法传销人员信息平台，实现统一管理，数据共享。"构建政府治理协作信息平台，是政府治理协作机制的硬件需要。"① 一个信息建立快、信息分析快、信息输出快、信息反馈快的治理非法传销活动信息平台，能够解决以往获取非法传销组织活动信息来源的分散性、滞后性，实现快速有效的信息沟通，有助于上下级、平级政府间及时进行信息共享，果断采取相应对策。目前"国家工商总局②和商务部紧密合作，建立了直销公司查询系统，这意味着公民可以通过查询该公司是否是直销公司以确认其是否为非法传销组织；另外，各地工商部门都设有12315举报电话和专门的全国工商系统打击传销规范直销的举报投诉电话、网站、信箱，并在国家工商总局的网站公示，初步建立了信息沟通系统"。③ 但是，国家工商总局④这个系统还不能完全适应上下级、平级政府间及时进行信息共享，也没有建立非法传销组织被遣散人员基本信息、接受遣返非法传销人员法治教育信息、有无重返非法传销组织信息、被遣返后的工作信息等相关查询的数据库，还不能应对当前各地政府依法治理非法传销组织新任务的需要。仍需加大组建非法传销人员信息平台的工作力度和决

---

① 马光明. 中国非法传销问题的政府治理研究［D］. 北京：中国人民大学，2007.

② 根据《国务院关于机构设置的通知》（国发〔2018〕6号），其现为国家市场监督管理总局。

③ 孙元明. 国内城市突发事件应急联动机制与平台建设研究［J］. 重庆邮电大学学报，2007（1）：59-65.

④ 根据《国务院关于机构设置的通知》（国发〔2018〕6号），其现为国家市场监督管理总局。

心，为依法治理非法传销在全国各地流动这一顽疾，提供快捷、有效、共享的信息支持，形成打击非法传销的合力。

四、建立政府联动机制，妥善处理非法传销人群的遣散安置工作

被遣散的非法传销人员的安置工作不是单个省、市地方可以单独完成的，现存问题是不同省政府、市政府、区政府之间缺乏一个有效的统一的职责协调分工的政府联动机制，存在着责任推诿现象。加上非法传销人群流动性强，单个地方的治理很难根除，结果是非法传销组织不断地与地方政府打游击战，在较严管制区域内无法生存和发展的非法传销组织，会择机主动转移或被遣散后再重新积聚到管制相对较松的地方继续开展活动。

针对上述非法传销具有组织人员涉及面广、跨地域活流动动的特点，我国必须建立各地政府联动机制，形成全国治理打击合力。首先，由中央政府牵头，组建协调各省政府之间的统一协调机构，及时分散安置被遣散的非法传销人员返回各户籍所在地，实现各省之间被遣散的非法传销人员的属地管理①，实现治理地与接受地政府间的无缝对接，防止被遣散的非法传销人员再度集聚。其次，各省辖区内也要组建政府联动机制，按户籍所在地及时接受被遣返的非法传销人员统一管理，制定专项负责部门和人员。各接受地政府将这些被遣返回来的非法传销人员列入法治宣传教育的重点对象，集中一定时间，运用普法教育的的情感交流、逐步认知、坚定意志、树立信念、内化行为的教育引导策略，强化国家禁止非法传销的政策法规和典型案例的学习，揭露

---

① 属地管理就是接受被遣散的非法传销人员的地方，可根据遣返人员人数的多少，确定按地级市或县（市辖区）一级统一组织接受法治宣传教育，达到突出教育实效的目的。

非法传销造成的亲情伤害、人身伤害、精神伤害，让人们认识到非法传销对社会、家庭的危害性，提高人们对非法传销组织的警觉性，使得人们从内心深处建立起抵制和反抗非法传销组织侵害的防线，达到集体教育逐个突破的效果，从而彻底改变被遣返回来的非法传销人员不再重返"组织"的效果，最终断绝非法传销组织成员的源头，巩固治理成果。最后，要有对各地各级政府接受的遣返非法传销人员的教育实效的责任倒追制度①。发现非法传销组织地的政府部门，对非法传销组织逐员造册，列入非法传销人员信息平台，记录在案，实现信息平台在各地相关治理非法传销相关政府部门资源共享，如在下一个治理非法传销组织涉案人员中，发现有前科记录信息的，及时逐级上报政府组建的联动机构，直至中央政府管理机构，由中央政府实行逐级对非法传销重犯人员管辖地政府及相关职能部门进行通报，并对责任人员给予相应处理，从而提高对接受被遣返的非法传销人员法治宣传教育的实效。

---

① 责任倒追就是要发挥政府主管部门对内部工作人员的绩效考评措施的作用。

结　语

在写作进入尾声的时候，静思我国普法教育实效性之现状，感触颇多。

"普法教育是一个关于公民守法，同时牵涉立法、执法、司法的社会系统工程。全国公民法律知识的普及与法律公正实施正如普法之两翼，通过常规普法所传递的客观、中立的法律知识作为通往法治的桥梁，是公民能够参与法律实施、促进法治的良性运转的必备条件。"[1] 在我国法律实践中，生活在现实社会中的公民亲身体验和感知到的公平、正义的实现程度，公民合法权益法律保护的状况，公民国家救济途径的通畅，都将是影响我国普法教育（法治宣传教育）的实效性的主要因素。在"七五"普法规划中的一个突出亮点是我国普法教育更加注重实效性，在普法规划中提到实效性文字的表述竟达到了六次之多。可见，在我国当前为实现"两个一百年"奋斗目标和中华民族伟大复兴的中国梦新的形势下，党和政府对我国普法教育的实效性重视度之高。另外，在我国西部大开发战略背景下，广西北部湾经济区开放开发、中国—东盟自由贸易区建成和"海上丝绸之路"建设已成为我国经济发展重大战略问题，已成为国际区域经济合作新高地、中国沿海经济发展新一极。广西地区法治化程度的高低、公民法治信念的强弱、法律认同感的有无，对我国推行全面依法治国，加快建设社会主义法治国家战略进程具有重大的影响。

我国春秋后期，一些诸侯国就进行过公布成文法的努力。韩

---

[1] 黄文艺. 全球结构与法律发展［M］. 北京：法律出版社，2006：164.

非曾明确主张："法者，编著之图籍，设之于官府，而布之于百姓者也。"[①] 郑国公布"铸刑鼎"和"竹刑"，成为我国古代公布成文法最早的诸侯国。成文法的公布，结束了法律秘密的状态，使法律走向公开，也就是说，从人类社会法律起源开始，法的宣传就开始了。古罗马帝国的"十二铜表法"是西方较早公布于众的成文法。

我国已步入现代法治高度文明的社会，对全体社会公民的法律意识、法治观念、法治文化的程度有更高的要求。以国家的力量，自上而下地在全社会推行法治宣传教育，是弘扬现代民主法治建设、法治精神的重要措施。但是，也应正视我国法治宣传教育中的现实阻碍因素，需要普法教育实务部门领导干部和法治理论界学者，不断总结法治建设过程中的实际问题，丰富和发展我国现代民主法治建设的理论，更好地指导我国新时期法治宣传教育实践活动。

---

① 郑秦. 中国法制史教程[M]. 北京：法律出版社，1977：56.

参考文献

一、中文著作类

[1] 马克思，恩格斯. 马克思恩格斯全集［M］. 北京：人民出版社，1972.

[2] 中共中央编译局. 马克思恩格斯文集（第1卷）［M］. 北京：人民出版社，2009.

[3] 马克思，恩格斯. 马克思恩格斯全集（第42卷）［M］. 北京：人民出版社，1979.

[4] 马克思，恩格斯. 马克思恩格斯全集（第4卷）［M］. 北京：人民出版社，1995.

[5] 三中全会以来重要文献选编：（上、下）［M］. 北京：人民出版社，1982.

[6] 全国人大常委会办公厅研究室. 人民代表大会制度四十年［M］. 北京：中国民主法制出版社，1991.

[7] 十二大以来重要文献选编：（上，中，下）［M］. 北京：人民出版社，1986.

[8] 十三大以来重要文献选编：（上，中，下）［M］. 北京：人民出版社，1991，1993.

[9] 十四大以来重要文献选编：（上，中，下）［M］. 北京：人民出版社，1996，1997，1999.

[10] 十五大以来重要文献选编：（上，中，下）［M］. 北京：人民出版社，2000，2001，2003.

[11] 十六大以来重要文献选编：（上，中，下）［M］. 北京：中央文献出版社，2005，2006，2008.

[12] 十七大以来重要文献选编：（上，中）［M］. 北京：中央文献出版社，2009，2011.

[13] 习近平. 之江新语［M］. 杭州：浙江人民出版社，2007.

257

[14] 中共中央文献研究室. 习近平关于全面深化改革论述摘编［M］. 北京：中央文献出版社，2014.

[15] 国务院新闻办公室会同中共中央文献研究室，中国外文局. 习近平谈治国理政［M］. 北京：外文出版社，2014.

[16] 中共中央文献研究室. 习近平关于依法治国论述摘编［M］. 北京：中央文献出版社，2015.

[17] 张文显. 法理学［M］. 北京：高等教育出版社，北京大学出版社，1999.

[18] 严存生. 新编西方法律思想史［M］. 西安：陕西人民出版社，1989.

[19] 吕世伦. 西方法学思潮源流论［M］. 北京：中国人民大学出版社，2008.

[20] 孙国华，朱景文. 法理学［M］. 北京：中国人民大学出版社，2015.

[21] 付子堂. 法律功能论［M］. 北京：中国政法大学出版社，1999.

[22] 苏力. 送法下乡——中国基层司法制度研究［M］. 北京：北京大学出版社，2011.

[23] 沈宗灵. 法理学［M］. 北京：北京大学出版社，2000.

[24] 周世中. 民族法制论［M］. 桂林：广西师范大学出版社，2015.

[25] 吴明勇，曾咏辉. 马克思主义视域下西南少数民族地区社会发展研究［M］. 北京：中国社会科学出版社，2013.

[26] 张志铭. 中国法治实践的法理展开［M］. 北京：人民出版社，2018.

[27] 陈信勇. 法律社会学教程［M］. 杭州：浙江大学出版社，2014.

[28] 罗志勇. 罗斯科·庞德：法律与社会——生平、著述及思想［M］. 桂林：广西师范大学出版社，2004.

[29] 高鸿钧，等. 法治：理念与制度［M］. 北京：中国政法大学出版社，2002.

[30] 张树义，张力. 行政法与行政诉讼法［M］. 北京：高等教育出版社，2015.

[31] 丛晓峰，杨士林. 社会法与和谐社会建设［M］. 北京：中国人民公安大学出版社，2008.

[32] 刘作翔. 法律文化理论［M］. 北京：商务印书馆出版，1999.

[33] 程春明. 司法权及其配置［M］. 北京：中国法制出版社，2009.

[34] 肖德芳，何利. 法治与和谐的中国路径研究［M］. 北京：中国法制

出版社, 2014.

[35] 李升元. 公民意识教育: 法治实践的附加值研究 [M]. 北京: 中国人民公安大学出版社, 2015.

[36] 张志铭. 转型中国的法治化治理 [M]. 北京: 法律出版社, 2018.

[37] 巫昌祯. 我与婚姻法 [M]. 北京: 法律出版社, 2001.

[38] 喻中. 中国法治观念 [M]. 北京: 中国政法大学出版社, 2011.

[39] 费孝通. 中华民族多元一体格局 [M]. 北京: 中央民族学院出版社, 1989.

[40] 袁翔珠. 广西少数民族互助习惯研究极其在构建农村社会保障机制中的运用 [M]. 北京; 北京大学出版社, 2016.

[41] 戴小明, 潘弘祥. 统一·自治·发展——单一制国家结构与民族区域自治研究 [M]. 北京: 中国社会科学出版社, 2014.

[42] 广西壮族自治区地方志编纂委员会. 广西通志·总述 [M]. 南宁: 广西人民出版社出版, 2010.

[43] 张晓辉. 中国法律在少数民族地区的实施 [M]. 昆明: 云南大学出版社, 1994.

[44] 张浩. 非法传销揭秘 [M]. 北京: 东方出版社, 2005.

[45] 卢建军. 法治认同生成的理论逻辑 [M]. 北京: 法律出版社, 2014.

[46] 苏力. 送法下乡中国基层司法制度研究 [M]. 北京: 中国政法大学出版社, 2000.

[47] 张邦铺. 彝族习惯法及调解机制研究 [M]. 北京: 法律出版社, 2016.

[48] 梁治平. 在边缘处思考 [M]. 北京: 法律出版社, 2003.

[49] 范愉. 非诉讼纠纷解决机制研究 [M]. 北京: 中国人民大学出版社, 2000.

[50] 郑永流, 马协华, 高其才, 刘茂林. 农民法律意识与农村法律制度 [M]. 北京: 中国政法大学出版, 2004.

[51] 黄文艺. 全球结构与法律发展 [M]. 北京: 法律出版社, 2006.

[52] 郑秦. 中国法制史教程 [M]. 北京: 法律出版社, 1977.

[53] 徐显明. 中国法制现代化的理论与实践 [M]. 北京: 经济科学出版社, 2011.

[54] 刘飏. 依法治国的生动实践——普法依法治理十五年: (下册) [M].

北京：法律出版社，2010.

[55] 凌斌. 法治的中国道路 [M]. 北京：北京大学出版社，2013.

[56] 张伟仁. 磨镜 [M]. 北京：清华大学出版社，2012.

[57] 吴威威. 现代化视域下大学生公民责任教育研究 [M]. 北京：中国社会科学出版社，2016.

[58] 权丽华. 国家治理能力现代化背景下的乡村治理研究 [M]. 北京：光明日报出版社，2016.

[59] 季卫东. 通往法治的道路 [M]. 北京：法律出版社，2014.

[60] 江必新. 法治社会的制度逻辑与理性构建 [M]. 北京：法制出版社，2014.

[61] 夏锦文. 区域法治发展的文化机理 [M]. 北京：法律出版社，2015.

[62] 赫然，刘宇. 法社会学视野下的满族法文化活态研究 [M]. 北京：知识产权出版社，2016.

[63] 何勤华. 法治社会 [M]. 北京：社会科学文献出版社，2016.

[64] 谢晖. 法律信仰的理念和基础 [M]. 济南：山东人民出版社，1997.

[65] 刘徐州. 法律传播学 [M]. 长沙：湖南人民出版社，2010.

[66] 李林. 中国法治发展报告 [M]. 北京：社会科学文献出版社，2016.

[67] 任勇. 公民教育与认同序列重构 [M]. 北京：中央编译出版社，2015.

[68] 徐继超. 公民道德教育与公民法制教育 [M]. 北京：中国社会科学出版社，2003.

[69] 许纪霖. 中国，何以文明 [M]. 北京：中信出版社，2014.

[70] 赵旭东. 和谐社会建设中的利益冲突及其法律调整 [M]. 北京：法律出版社，2013.

[71] 茅彭年. 中国国家与法的起源 [M]. 北京：中国政法大学出版社，2013.

[72] 王耀海. 制度演进中的法治生成 [M]. 北京：中国法制出版社，2013.

[73] 王利明. 法律解释学 [M]. 北京：中国人民大学出版社，2011.

[74] 程维荣. 当代中国司法行政制度 [M]. 上海：学林出版社，2004.

[75] 陈福胜. 法治：自由与秩序的动态平衡 [M]. 北京：法律出版社，2006.

[76] 朱晓宏. 公民教育［M］. 北京：教育科学出版社，2003.

[77] 刘飏主. 依法治国的生动实践——普法依法治理十五年：（下册）［M］. 北京：法律出版社，2001.

[78] 舒扬主. 中国法学30年［M］. 广州：中山大学出版社，2009.

[79] 叶传星. 转型社会中的法律治理［M］. 北京：法制出版社，2014.

[80] 赵秉志. 现代法治理念［M］. 北京：北京师范大学出版社，2012.

[81] 严存生. 法治的观念与体制——法治国家与政党政治［M］. 北京：商务出版社，2013.

[82] 张晓辉. 多民族社会中的法律与文化［M］. 北京：法律出版社，2011.

[83] 邹彩霞. 守法论［M］. 上海：上海科学学院出版社，2014.

[84] 谢晖. 法律的意义追问——诊释学视野中的法哲学［M］. 北京：商务印书馆，2003.

[85] 朱景文. 中国法律发展报告：数据库和指标体系［M］. 北京：中国人民大学出版社，2007.

[86] 刘荣华. 当代中国农民法律素质教育研究［M］. 北京：人民出版社，2014.

[87] 刘同君. 新农村法律文化创新的解释框架转型空间知识命题图景样式［M］. 北京：中国政法大学出版社，2012.

[88] 李兰. 思想政治教育实效性研究［M］. 济南：山东人民出版社，2015.

二、中文译著类

[1] 亚里士多德. 政治学［M］. 吴寿彭，译. 北京：商务印书馆，1965.

[2] 柏拉图. 政治家［M］. 黄可剑，译. 北京：北京广播学院出版社，1994.

[3] 孟德斯鸠. 论法的精神（上册）［M］. 张雁深，译. 北京：商务印书馆，1961.

[4] 霍布斯. 利维坦［M］. 黎思复，黎廷弼，译. 北京：商务印书馆，1985.

[5] 洛克. 政府论（下篇）［M］. 叶启芳，瞿菊农，译. 北京：商务印书馆，1964.

[6] 卢梭.论人类不平等的起源和基础［M］.李常山,译.北京：商务印书馆,1962.

[7] 卢梭.社会契约论［M］.李平沤,译.北京：商务印书馆,2003.

[8] 柏拉图.文艺对话录［M］.朱光潜,译.北京：人民文学出版社,1963.

[9] 韦恩·莫里森.法理学——从古希腊到后现代［M］.李桂林,等,译.武汉：武汉大学出版社,2003.

[10] 约翰·穆勒.功用主义［M］.唐钺,译.北京：商务印书馆,1957.

[11] 奥斯丁.法理学的范围［M］.刘星,译.北京：中国法制出版社,2002.

[12] 凯尔逊.法与国家的一般理论［M］.沈宗灵,译.北京：中国法制出版社,2002.

[13] 庞德.通过法律的社会控制［M］.沈宗灵,译.北京：商务出版社,1984.

[14] 博登海默.法理学、法律哲学与法律方法［M］.邓正来,译.北京：中国政法大学出版社,2004.

[15] 诺内特,塞尔兹尼克.转变中的法律与社会 迈向回应型法［M］.张志铭,译.中国政法大学出版社,1994.

[16] 柏拉图.法律篇［M］.张智仁等,译.上海：上海人民出版社,2001.

[17] 约翰·麦·赞恩.法律的故事［M］.刘昕,胡凝,译.南京：江苏人民出版社,2010.

[18] 约翰罗尔斯.正义论［M］.何怀宏,何包钢,廖申白,译.北京：中国社会科学出版社,1988.

[19] 布莱克.社会学视野中的司法［M］.郭兴华等,译.北京：法律出版社,2002.

[20] 亚里士多德.政治学［M］.吴寿彭,译.北京：商务印书馆,1981.

[21] 西塞罗.论共和国·论法律［M］.王焕生,译.北京：中国政法大学出版社,1997.

[22] 马斯洛.人的潜能与价值［M］.林方,译.北京：华夏出版社,1987.

[23] 谷口安平.程序正义与诉讼［M］.王亚新,刘荣军,译.北京：中国政法大学出版社,1996.

[24] 星野英一.民法的另一种学习方法［M］.冷罗生,等,译.北京：法

律出版社，2008.

[25] 昂格尔. 现代社会中的法律[M]. 吴玉章，等，译. 南京：译林出版社，2001.

三、学位论文类

[1] 刘莹. 改革开放以来中国普法教育之嬗变[D]. 成都：西南交通大学，2009.

[2] 高适. 基层政府法制宣传教育的问题与对策研究[D]. 北京：中央民族大学，2012.

[3] 杨兴龙. 普法教育成效研究[D]. 上海：上海师范大学，2013.

[4] 卢刚. 新时期中国普法问题研究[D]. 长春：吉林大学，2014.

[5] 吕艳利. 农村普法与农民的法律实践[D]. 北京：北京大学，2002.

[6] 李莉. 新生代农民工普法教育研究[D]. 雅安：四川农业大学，2012.

[7] 林蕾. 论法治的大众化进路与普法的现代转型[D]. 武汉：中南民族大学，2006.

[8] 沈志林. 政府普法的沟通效果研究[D]. 上海：上海交通大学，2010.

[9] 高学敏. 中国公民普法教育演进研究[D]. 上海：复旦大学，2014.

[10] 刘颖. 公民教育中的法制教育及其价值研究[D]. 武汉：武汉理工大学，2010.

[11] 李一宁. 全民普法[D]. 南京：南京师范大学，2007.

[12] 孙春伟. 法律意识中的意识形态研究[D]. 哈尔滨：哈尔滨工程大学，2011.

[13] 郑奇勋. 民族地区法律信仰问题研究——以黔中南民族地区为例[D]. 武汉：中南民族大学法学院，2008.

[14] 王芳. 当代中国农村社会治安问题研究[D]. 长春：吉林大学，2012.

[15] 夏雨. 法治的传播之维[D]. 武汉：武汉大学，2012.

[16] 夏丹波. 公民法治意识之生成[D]. 北京：中共中央党校，2015.

[17] 王平. 电视法制信息传播与农民法律意识培育研究[D]. 南京：南京师范大学，2014.

[18] 姜海雯. 普法的历程、困境和改革[D]. 北京：中国人民大学，2012.

[19] 杨晶. 论我国普法教育存在的问题及改进[D]. 石家庄：河北经贸大

学，2015.

[20] 马光明. 中国非法传销问题的政府治理研究［D］. 北京：中国人民大学，2007.

四、期刊论文类

[1] 张明新. 对当代中国普法活动的反思［J］. 法学，2009（10）.

[2] 张志铭. 中国法治进程中的国家主义立场［J］. 国家检察官学院学报，2019（5）.

[3] 胡旭晨. 守法论纲法理学与伦理学的考察［J］. 比较法研究，1994（1）.

[4] 李洁萍. 论法治进程中的守法因素［J］. 华南农业大学学报，2005（3）.

[5] 刘同军. 论和谐社会语境下公民的守法主体精神［J］. 河北法学，2007（2）.

[6] 莫纪宏. "全面推进依法治国"笔谈之一　全民守法与法治社会建设［J］. 改革，2014（9）.

[7] 张志铭. 中国法院案例指导制度价值功能之认知［J］. 学习与探索，2012（3）.

[8] 陈和芳，蒋文玉. 守法行为的经济学分析［J］. 求索，2013（11）.

[9] 朱熙宁，王弋飞. 论法治社会下法律意识之型塑［J］. 法制与社会，2014（34）.

[10] 李双元，蒋新苗，蒋茂凝. 中国法律理念的现代化［J］. 法学研究，1996（3）.

[11] 包振宇，徐李华. 论公民守法的文化推动力——从两种区域法治概念谈起［J］. 扬州大学学报（人文社会科学版），2015（2）.

[12] 张志铭. 司法判例制度构建的法理基础［J］. 清华法学，2013（6）.

[13] 吕明. 在普法与守法之间——基于意识形态"社会粘合"功能的意义探究［J］. 南京农业大学学报（社会科学版），2012. 12（3）.

[14] 王进义. 法制宣传教育的性质、价值及创新初探［J］. 中国司法，2004（10）.

[15] 姚建宗. 当代中国的社会法治教育反思［J］. 大庆师范学院学报，2011（4）.

[16] 张维炜. "六五"普法新征程［J］. 中国人大，2011（9）.

[17] 周蓝蓝. 借力网络媒体拓展法制宣传教育新时空［J］. 宁波经济，2011（6）.

[18] 张桂森，牟永福. 突发性公共事件 呼唤政府构建应急机制［J］. 公关世界，2003（7）.

[19] 孙元明. 国内城市突发事件应急联动机制与平台建设研究［J］. 重庆邮电大学学报，2007（1）.

[20] 马剑银. 中国语境中的法律认同——移植法正当性重构的一项社会文化考察［J］. 清华法学（第十一辑），2007（4）.

[21] 汪太贤. 从"受体"的立场与视角看"普法"的限度［J］. 探索，2006（1）.

[22] 李刈. 论普法教育的法治意义［J］. 人大研究，2002（3）.

[23] 范愉. 从司法实践的角度看经济全球化与我国法制建设［J］. 法律科学，2005（1）.

[24] 张成洁. 新中国第一部《婚姻法》宣传与贯彻运动述论［J］. 河南师范大学学报（哲学社会科学版），2008（1）.

[25] 王永杰. 从独语到对话—论当代中国法制宣传的转型［J］. 复旦学报（社会科学版），2007（4）.

[26] 张苏军. 发挥新兴媒体优势，提升法制宣传教育实际效果［J］. 中国司法，2013（9）.

[27] 毕武江. 浅议少数民族地区普法教育特点和采取的方法［J］. 政法学习，1996（4）.

[28] 凌斌. 法治的两条道路［J］. 中外法学，2007（1）.

[29] 徐洁，代云. 对改进高校普法教育工作的几点思考［J］. 高教论坛，2010（5）.

[30] 施英. 为"法治"铺路——二十年普法回顾与瞻望［J］. 中国人大，2006（9）.

[31] 朱哲，郭国祥. 科学发展观视域下的小康社会建设［J］. 马克思主义与现实，2007（2）.

[32] 张明新. 对当代中国普法活动的认识与评价［J］. 江海学刊，2010（4）.

[33] 卓泽渊. "普法"二十年：回顾与前瞻［J］. 探索，2006（1）.

[34] 田玉言. 普法价值取向与法治文化建设 [J]. 中国司法, 2009 (4).

[35] 李一宁. 全民普法——一个知识/权利的视角 [J]. 南京师范大学学报, 2010 (7).

[36] 宋晓. 普法的悖论 [J]. 法制与社会发展, 2009 (2).

[37] 杨解君, 赵会泽. 法治的界域 [J]. 湖南社会科学, 2004 (4).

[38] 杨清望. 论法律服从的产生机制及实现途径明政治与法律 [J]. 政治与法律, 2012 (2).

[39] 陈大文. 中国特色社会主义法律体系教育路径解析 [J]. 思想理论教育导刊, 2012 (1).

[40] 王雅俊, 施健英. 试论我国少数民族地区的普法教育 [J]. 承德民族师专学报, 2007 (2).

[41] 姚俊廷. 普法的担当及其限度 [J]. 西部法学评论, 2010 (4).

[42] 李龙, 周刚志. 论公民意识的法治价值 [J]. 浙江社会科学, 2001 (1).

[43] 袁曙宏. 牢固树立执法为民的理念 [J]. 中国司法, 2007 (10).

[44] 王冬梅. 公民意识教育的三个维度 [J]. 政工研究动态, 2007 (21).

[45] 姜涌. 中国的"公民意识"问题思考 [J]. 山东大学学报（哲学社会科学版）, 2001 (4).

[46] 马瑞萍. 改革开放以来我国公民意识研究述评 [J]. 教学与研究, 2008 (10).

[47] 魏健馨. 论公民、公民意识与法治国家 [J]. 政治与法律, 2004 (1).

[48] 姜涌. 公民意识的自觉 [J]. 理论学刊, 2003 (5).

[49] 梅岩. 论和谐社会建设中公民意识的构建 [J]. 青海社会科学, 2007 (1).

[50] 周伟. 论强化我国民族地区法律教育的路径 [J]. 行政与法, 2009 (9).

[51] 汤润千. 公民社会与社会主义现代化 [J]. 河北师范大学学报, 2002 (1).

[52] 马长山. 法治进程中公民意识的功能及其实现 [J]. 社会科学研究, 1999 (3).

[53] 任志安. 马克思主义法律意识观与和谐社会的构建 [J]. 学习与探索, 2009 (1).

[54] 李婧. 中国特色社会主义法律体系构建的思考［J］. 思想理论教育导刊, 2008（11）.

[55] 吴敏英, 马丹. 大学生思想道德与法律素质培养意义分析［J］. 思想政治教育, 2008（10）.

[56] 芝麻糊. 普法普到公检法之感慨［J］. 江淮法治, 2006（2）.

[57] 庆启哀. 建设法治国家必须树立现代公民意识［J］. 中共合肥市委党校学报, 2007（2）.

[58] 刘鑫森. 中国"现代化"语境中的公民教育［J］. 浙江社会科学, 2004（6）.

[59] 罗猛, 赵丽萍. 我国民众尚法理念缺失的原因与对策分析［J］. 黑龙江政法管理干部学院学报, 2008（2）.

[60] 杨源. 如此普法考试［J］. 师道, 2006（4）.

[61] 凌斌. 普法、法盲与法治［J］. 法治与社会发展, 2004（2）.

[62] 严励. 法制宣传的理性思考［J］. 探索与争鸣, 2000（10）.

[63] 梅义征. 当前法制宣传教育工作的历史方位及推进方式研究［J］. 中国司法, 2009（9）.

[64] 邬碧莲. 关于法制宣传内容和形式的优化探索［J］. 普法依法治理通讯, 2005（1）.

[65] 彭勃. 法治视野下的警察执法违法行为规制［J］. 河北法学, 2005（10）.

[66] 浙江省杭州市统计局城调队. 杭州市"法治环境与市民法律意识"专项调查报告［J］. 普法依法治理通讯, 2005（11）.

[67] 郑成良. 法治公信力与司法公信力［J］. 法学研究, 2007（4）.

[68] 应星. "迎法入乡"与"接近正义"——对中国乡村"赤脚律师"的个案研究［J］. 政法论坛, 2007（1）.

[69] 刘先强. 法制宣传方式的改革与创新［J］. 普法依法治理通讯, 2005（2）.

[70] 汪太贤. 中国"普法"二十年笔谈［J］. 探索, 2006（1）.

[71] 季卫东. 论中国的法治方式——社会多元化与权威体系的重构［J］. 交大法学, 2013（4）.

[72] 谢晖. 论民间规范司法适用的前提和场域［J］. 法学论坛, 2011（5）.

［73］江必新. 法治精神的属性、内涵和弘扬［J］. 法学家，2013（4）.

［74］张维炜. 让普法融入生活［J］. 中国人大，2011（9）.

［75］谢素芳. 全民普法：神州大地上的观念革命［J］. 中国人大，2011（9）.

［76］宋方青. 普法教育与法治［J］. 高校理论战线，2001（8）.

［77］朱哲，廖丽萍. 有教无类立德树人——孔子教育思想的伦理意蕴［J］. 伦理学研究，2009（9）.

［78］关保英. 公民法律素质的测评指标研究［J］. 比较法研究，2011（1）.

［79］方宏伟. 农村普法所面临的系统性矛盾［J］. 行政与法，2007（6）.

［80］黄荣林. 中学普法教育的问题与对策［J］. 学校党建与思想政治教育，2010（4）.

［81］张砚秋. 论转型期我国的公民意识教育与培养［J］. 思想政治工作研究，2007（11）.

［82］骆端，唐正旭. 错位与回归：六五普法规划的宏观构想［J］. 法治与社会，2010（8）.

［83］张坤世. 普法热中的冷思考［J］. 行政与法，2000（2）.

［84］董成美. 制定我国1954年宪法若干历史情况的回忆［J］. 法学，2000（5）.

后　记

本书是在我的博士论文《广西民族地区普法教育实效性研究》的基础上，增加了公民守法的基础、守法动机、守法的状态、守法与普法的关系等理论内容，结合博士论文中的广西普法教育实践考察相关数据修订而成。

本书的写作出版首先要感谢我的两位导师，一位是我的硕士导师广西师范大学法学院的黄竹胜教授，一位是我的博士导师武汉理工大学马克思主义学院的朱喆教授。他们为人真诚直率，为学认真严谨。在我人生数年求学期间，黄老师和朱老师的言传身教，让我不仅初入学术门径，领略学术之博大精深，更对人生有了一番新的感悟。特别是我的博士论文从选题的确定、资料的收集、提纲的修炼、观点的论证直到最后成文，无不得益于黄老师和朱老师的匠心点拨。一念至此，感激于心。感谢武汉理工大学马克思主义学院的徐志远教授、陈波教授、张志伟教授、郭国祥教授，以及广西师范大学的林春逸教授、汤志华教授，诸位老师以深厚的学养为我们展现着知识的魅力，让我体会到知识所带来的愉悦感。

还要感谢广西师范大学法学院研究生张磊磊、吕及时、高争、宋彦、刘志超、张梦歌、林彦龙、唐小坤等同学，在实地问卷调查、访谈调研数据统计、整理记录、稿件成形及勘校等方面付出的辛勤劳动；还有广西桂林市、南宁市、柳州市、梧州市、北海市、百色市司法局负责法治宣传工作的同志不吝提供相关数据及资料。你们给予的巨大支持和帮助，点点滴滴，不忘于心。

最后感谢为本书出版提供资助的广西师范大学法学院，学院领导时常关心书稿的撰写进展，法学院的同事们亦对本书中的相关问题提出宝贵建议，是你们的不吝指导才使得本书顺利完稿。

党的十八届四中全会为建设社会主义法治国家吹响了全面进军的号角，确立了"科学立法、严格执法、公正司法、全民守法"十六字方针，为我国法治社会建设指明了新的方向。本书通过"全民守法"理论与地方法治教育实践相结合，考察了广西民族地区法治建设的经验与不足。在书稿付梓带来欣慰之时，更多的是遗憾。尽管经过了多次修改，但由于本人能力与水平有限，仍无法对一些问题作出透彻的分析，难免书中会有错漏、片面性，乃至错误，敬请学界前辈、专家和同仁不吝指正。